个人理财

主　编　林萍　吕超
副主编　刘岩　于迪
参　编　徐丹

内容简介

《个人理财》以任务为导向，讲述了个人理财基础知识、个人理财需求与规划、教育理财规划、住房理财规划、保险理财规划、股票理财规划、基金理财规划、互联网金融理财规划、外汇及黄金理财规划、纳税规划、退休养老规划、财产分配与传承规划。本书配有阅读资料、案例、知识链接等，增强了教材的可读性和趣味性。

版权专有　侵权必究

图书在版编目（CIP）数据

个人理财／林萍，吕超主编. —北京：北京理工大学出版社，2020.3（2022.7重印）
ISBN 978-7-5682-8180-5

Ⅰ.①个… Ⅱ.①林…②吕… Ⅲ.①私人投资 Ⅳ.①F830.59

中国版本图书馆 CIP 数据核字（2020）第 030410 号

出版发行／北京理工大学出版社有限责任公司
社　　址／北京市海淀区中关村南大街5号
邮　　编／100081
电　　话／(010)68914775(办公室)
　　　　　(010)68944990(批销中心)
　　　　　(010)68911084(读者服务部)
网　　址／http://www.bitpress.com.cn
经　　销／全国各地新华书店
印　　刷／北京虎彩文化传播有限公司
开　　本／787毫米×1092毫米　1/16
印　　张／13　　　　　　　　　　　　　　　责任编辑／时京京
字　　数／300千字　　　　　　　　　　　　　文案编辑／时京京
版　　次／2020年3月第1版　2022年7月第4次印刷　责任校对／刘亚男
定　　价／58.00元　　　　　　　　　　　　　责任印制／李志强

图书出现印装质量问题，请拨打售后服务热线，本社负责调换

前 言
QIAN YAN

随着经济的快速发展，我国居民个人财富急剧增加，人们追求财产的保值增值，个人理财已逐渐成为公众生活中不可缺少的一部分。近年来，保证财富安全、财富传承和子女教育一直为高净值人群最关注的财富目标，普通百姓家庭对保险、股票、债券、基金、外汇、黄金等理财工具的需求也正迅猛增长。各高校纷纷开设金融、保险、投资理财等专业，个人理财规划课程正是这些专业的必修课程。

本书分为十二个项目，项目一为个人理财基础知识，项目二为个人理财需求与规划，项目三为教育理财规划，项目四为住房理财规划，项目五为保险理财规划，项目六为股票理财规划，项目七为基金理财规划，项目八为互联网金融理财规划，项目九为外汇及黄金理财规划，项目十为纳税规划，项目十一为退休养老规划，项目十二为财产分配与传承规划。

本教程具有如下特点：

1. 以学生为主体，培养学生技能。教材以任务为导向，配以课后实训和练习题，强调学生的参与性，锻炼学生的专业技能。

2. 注重可读性和趣味性。在每个项目中配有导入案例、阅读资料、案例分析、知识链接等，增强了教材的可读性和趣味性，同时培养学生思考问题和解决问题的能力。

本书具体分工如下：项目一、项目二由于迪编写，项目三、项目九由徐丹编写，项目四、项目五、项目十二由林萍编写，项目六、项目七、项目八由吕超编写，项目十、项目十一由刘岩编写。

在本教材编写中参考并借鉴了众多专业学者的著作和研究成果，并从互联网上选用了部分案例和资料，在此表示诚挚的谢意！

由于编者水平有限，书中难免有疏漏和不当之处，欢迎读者提出批评意见。

编 者

目录
MU LU

▶ 项目一　个人理财基础知识 ……………………………………………………… (1)

　　任务一　个人理财概述 …………………………………………………………… (1)
　　任务二　个人理财的基本理论 …………………………………………………… (7)
　　项目小结 ………………………………………………………………………… (19)

▶ 项目二　个人理财需求与规划 …………………………………………………… (20)

　　任务一　个人理财需求分析 ……………………………………………………… (20)
　　任务二　个人理财规划 …………………………………………………………… (24)
　　任务三　个人理财财务分析 ……………………………………………………… (28)
　　任务四　个人理财风险的衡量 …………………………………………………… (32)
　　任务五　个人理财规划实务 ……………………………………………………… (35)
　　项目小结 ………………………………………………………………………… (40)

▶ 项目三　教育理财规划 …………………………………………………………… (42)

　　任务一　教育理财规划相关理论 ………………………………………………… (42)
　　任务二　教育理财规划实务 ……………………………………………………… (50)
　　项目小结 ………………………………………………………………………… (51)

▶ 项目四　住房理财规划 …………………………………………………………… (55)

　　任务一　住房理财规划概述 ……………………………………………………… (55)
　　任务二　购房理财规划 …………………………………………………………… (58)
　　项目小结 ………………………………………………………………………… (65)

▶ 项目五　保险理财规划 ………………………………………………………… (67)

　　任务一　认识风险 ……………………………………………………………… (67)
　　任务二　保险认知 ……………………………………………………………… (72)
　　任务三　人身保险 ……………………………………………………………… (81)
　　任务四　保险规划 ……………………………………………………………… (82)
　　项目小结 ………………………………………………………………………… (83)

▶ 项目六　股票理财规划 ………………………………………………………… (85)

　　任务一　股票入门 ……………………………………………………………… (85)
　　任务二　股票的基本面分析 …………………………………………………… (86)
　　任务三　股票投资的技术分析 ………………………………………………… (93)
　　项目小结 ………………………………………………………………………… (99)

▶ 项目七　基金理财规划 ………………………………………………………… (102)

　　任务一　证券投资基金的特点及类型 ………………………………………… (102)
　　任务二　证券投资基金的当事人 ……………………………………………… (106)
　　任务三　封闭式基金 …………………………………………………………… (107)
　　任务四　开放式基金 …………………………………………………………… (109)
　　任务五　基金产品的选择 ……………………………………………………… (115)
　　项目小结 ………………………………………………………………………… (119)

▶ 项目八　互联网金融理财规划 ………………………………………………… (121)

　　任务一　互联网金融理财概述 ………………………………………………… (121)
　　任务二　网络贷款理财 ………………………………………………………… (123)
　　任务三　众筹理财 ……………………………………………………………… (126)
　　任务四　互联网消费金融 ……………………………………………………… (129)
　　项目小结 ………………………………………………………………………… (132)

▶ 项目九　外汇及黄金理财规划 ………………………………………………… (135)

　　任务一　外汇投资 ……………………………………………………………… (135)
　　任务二　黄金投资 ……………………………………………………………… (139)
　　任务三　收藏品投资 …………………………………………………………… (142)
　　项目小结 ………………………………………………………………………… (144)

► 项目十 纳税规划 ·· (145)

　　任务一　纳税规划概述 ··· (145)
　　任务二　个人所得税概述 ·· (146)
　　任务三　个人所得税应纳税额的计算方法 ··· (150)
　　任务四　个人所得税的特殊计税方法及税收优惠政策 ····························· (156)
　　任务五　个人所得税的规划 ·· (160)
　　任务六　个人其他税种的纳税规划 ·· (164)
　　项目小结 ·· (165)

► 项目十一 退休养老规划 ··· (168)

　　任务一　退休养老规划概述 ·· (168)
　　任务二　制订退休养老规划的方法 ·· (171)
　　任务三　制订退休养老规划的工具选择 ·· (173)
　　任务四　制订退休养老规划的步骤 ·· (178)
　　项目小结 ·· (179)

► 项目十二 财产分配与传承规划 ·· (181)

　　任务一　财产分配规划 ··· (181)
　　任务二　财产传承规划 ··· (191)
　　项目小结 ·· (197)

► 参考文献 ··· (199)

项目一

个人理财基础知识

【知识目标】
1. 了解个人理财的定义、内容和作用。
2. 掌握货币时间价值的类型。
3. 掌握生命周期理论、资产配置与风险控制理论。

【能力目标】
1. 能够运用货币时间价值计算方法。
2. 能够分析生命周期不同阶段的特征及理财需求。

任务一 个人理财概述

曾几何时,"人不理财,财不理你"这句话传遍神州大地,而个人理财的概念也顺应人们对美好生活的追求而走进了千家万户。其实,人类社会初有剩余价值之时,个人理财在深度和广度上都是十分有限的。随着人类进入现代社会,人们的生活水平有了极大的提高,在基本的温饱得到满足之后,人们又有了更多的追求,希望能够更好地规划自己的财务,以实现未来更高的生活目标。随着金融业及投资理财工具的发展,人们对个人理财的需求在广度和深度上不断扩展,不仅需要多品种、全方位的理财产品,在时间跨度上也开始扩展到人的整个生命周期;不仅希望得到由专业机构和专业理财师提供的专业理财服务,也希望通过对个人理财相关知识的学习,能自主地对自己的财务需求进行合理的规划。个人理财正是顺应人们的这种深层次财务规划需要而产生的专业活动。

一、个人理财的定义

个人理财,又称理财规划、理财策划、个人财务规划等。根据美国理财师资格鉴定委员会的定义,个人理财是合理利用财务资源、实现客户个人人生目标的程序。国际理财协会认为:"理财策划是理财师通过收集整理顾客的收入、资产、负债等数据,倾听顾客的希望、要求、目标等,在专家的协助下,为顾客制订储蓄计划、保险投资对策、节税对策、财产事业继承对策、经营策略等设计方案,并为顾客的具体实施提供合理的建议。"

本教材编写组认为,从客户理财需求的角度分析,个人理财可分为个人生活理财与专业投资理财两个部分。个人生活理财是个人的自发行为,是指个人通过对个人理财知识的学习，自发地对生活中个人及家庭所需面对的各种财务事宜进行妥善安排，从而使生活品质得到不断的提高。自发的生活理财活动贯穿于人们的衣食住行、生老病死等全过程。省吃俭用、量入为出，以及提升生活质量、有计划地平衡收入与支出等活动，都是个人自发的理财行为。

专业投资理财是指专业理财人员根据个人或家庭所确定的阶段性的生活与投资目标，按照个人或家庭的生活、财务状况，围绕其收入消费水平、预期目标、风险承受能力、心理偏好等情况，进行以资产效益最大化为原则、针对人生不同阶段（如青年期、中年期、退休期）的个人或家庭财务安排，并在财务安排过程中提供有针对性的、综合化的、差异性的理财产品和理财服务的过程。

二、个人理财的内容

个人理财就是通过制订财务计划，对个人或家庭的财务资源进行适当管理以实现生活目标的过程，包括个人理财需求与规划，现金、储蓄和消费规划，个人银行理财，个人保险规划，个人证券投资（股票、基金、债券）和其他理财活动（房产、外汇、黄金、金融衍生品等）。这也是本书的主要内容。

（一）个人理财需求与规划

个人理财规划是综合使用银行产品、证券、保险产品等金融工具，来对人生的重大事件进行理财活动和财务安排。人生事件中的重大规划主要包括储蓄和消费规划、教育规划、保险规划、投资规划、退休规划和遗产规划等。

（二）现金、储蓄和消费规划

现金和储蓄规划是为满足个人、家庭正常的生活需求、消费需求和资产保值需求而对现金和储蓄进行的管理和规划活动。储蓄规划是所有理财活动的源头，通过分析家庭现金流结构，寻找增加家庭储蓄的可能方式，设计出合理的家庭储蓄策划方案，从而提高家庭的储蓄额。现金规划的目的是，既要使个人、家庭所拥有的资产保持一定的流动性，满足家庭日常费用和意外事件开销的需要，又要使流动性较强的资产保持一定的收益。

消费规划是对个人、家庭的消费资源进行合理的、科学的、系统的管理，使个人、家庭在整个生活过程中保持消费资源的财务收支平衡，最终达到终生的财务安全、自主、自由的目标的过程。可见，任何涉及个人消费性资源的活动都属于消费规划的范畴。但是，消费的合理性没有绝对的标准，只有相对的标准。消费的合理性与客户的收入、资产水平、家庭情况、实际需要等因素相关。

（三）个人银行理财

银行理财是指个人或家庭利用商业银行提供的包括个人财务设计、投资理财、代理收付、代理保管、转账汇兑结算、资金融通、信息咨询等在内的全方位、综合性金融产品或服务来管理自己的财富，进而提高财富效能的活动。

银行理财的主要内容包括储蓄、银行理财产品和银行代理理财产品。个人投资者和商业银行是理财活动的主体。个人投资者在银行理财过程中面临的风险主要有信用风险、汇率风险、通货膨胀风险、政策风险和道德风险等。国内商业银行当前的理财产品主要包括货币型理财产品、债券型理财产品、贷款类银行信托理财产品、新股申购类理财产品和结构性理财产品等。代理理财产品主要有基金、股票、保险、信托、国债、黄金等。

（四）个人保险规划

保险是指投保人根据合同约定，向保险人支付保险费，保险人对于合同约定的可能发生的事故因其发生而造成的财产损失承担赔偿保险金责任，或者当被保险人死亡、伤残且达到合同约定的年龄或期限时，承担给付保险金责任的商业保险行为。从法律角度看，保险是一种合同行为。投保人向保险人缴纳保费，保险人在被保险人发生合同规定的损失时给予补偿。

所谓个人保险规划，就是针对人生中各个阶段所面临的风险，定量分析财务保障需求额度，并利用保险方式做出适当的财务安排，以避免风险发生时给生活带来冲击，从而拥有高品质生活的一种财务筹划活动。

（五）个人证券投资

1. 股票投资理财

股票是股份证书的简称，是股份有限公司为筹集资金而发行给股东作为持股凭证，并借以取得股息和红利的一种有价证券。每股股票都代表股东对企业拥有一个基本单位的所有权。股票是股份公司资本的构成部分，可以转让、买卖或作价抵押，是资金市场的主要长期信用工具。

股票理财规划是指投资者依据自身的投资收益预期目标及风险承受能力，在对股票市场走势和股票理财产品未来的风险、收益进行分析判断的基础上，对股票投资过程的主要环节进行筹划的行为。股票理财规划的制订，是投资者股票投资的初始阶段，是将投资理念转化为投资收益的中间环节，是投资者股票投资决策的具体表现。股票投资是一项收益高、风险大的投资活动，只有采取正确的投资策略，才能规避风险（特别是抵御通胀风险），获取收益。

2. 基金投资理财

证券投资基金是一种利益共存、风险共担的集合证券投资方式，即通过发行基金份额，集中投资者的资金，由基金托管人托管资金，由基金管理人管理和运用资金，从事股票、债券等金融工具投资，并将投资收益按基金投资者的投资比例进行分配的一种间接投资方式。证券投资基金具有集合投资、专业管理、组合投资、分散风险的特点，在运作中实行制衡机制，利益共享，风险共担。

证券投资基金理财规划是指在购买基金以前对自身的实际情况和拟购买基金进行充分认识的过程，其目的在于确保所购买的基金符合自己的投资目标和风险承受能力。规划步骤为：确定自身风险承担能力，设定理财目标和策略；考虑基金规模及市场关系，综合考核基金的表现；挑出优于同类型基金的产品，打造自己的投资组合；定期检视基金及投资组合，并做好资产配置。证券投资基金是一种长期投资产品，投资者必须制定一项长期有效的策略来进行基金投资理财。具体而言，基金投资成功与否取决于投资者的理财规划、投资策略和技巧以及是否遵循科学的投资程序。

3. 债券投资理财

债券是国家或地区政府、金融机构、企业等机构直接向社会借债、筹措资金时，向投资者发行，并且承诺按特定利率支付利息，按约定条件偿还本金的债权债务凭证。债券的票面要素包括债券面值、票面利率、付息期、偿还期。按照不同的标准分类，可以将债券分为不同的类型。

影响债券价格的主要因素包括待偿期、票面利率、投资者的获利预期、企业的资信程度、供求关系、物价波动、政治因素、投机因素。投资者在进行债券投资时，要综合考虑不同债券的收益性、安全性和流动性，选择与自身特点相匹配的品种（风险、期限结构）。

（六）其他理财活动

个人的其他理财活动包括房地产投资、外汇投资、黄金投资和收藏品投资等。由于这些投资活动需具备专业投资知识，一般的投资者较少涉足。

三、个人理财的作用

通过对个人的财务需求进行科学系统的规划，不仅可以提高理财者当前的生活水平，还可以帮助其实现未来的生活目标。因此，从经济学的角度来讲，个人理财需求的产生是市场发展和选择的结果。随着我国社会和经济的发展，个人理财将对每个人产生重要的作用。具体来看，个人理财对理财者而言，具有以下几个方面的重要作用。

（一）提高生活水平

每个人都希望能够过上有车有房、衣食无忧的丰裕生活，但并不是每个人的收入都能使自己过上这种生活。因此，如何使自己的所得在保证财务安全的条件下获得尽量高的回报，就成为人们非常关注的一个问题。然而，投资需要丰富的实务经验和专业技能，普通人在这方面往往力不从心。例如，一些比较保守的人为了规避风险，把所有的积蓄都放在银行。这样做虽然可以保证绝对的财务安全，却以牺牲回报率为代价，不利于个人生活水平的提高。而另一些在投资方面比较激进的人，可能一味地考虑高回报而忽视了潜在的风险。高风险、高回报的投资，成功了固然可喜，而一旦失败，则可能给个人的财务安全造成极大的威胁。个人理财规划则可以通过自身的学习、规划、风险控制等手段保证财务安全，或者通过财务策划人员的专业服务来弥补个人在投资经验与技能方面的缺陷，从而确保理财者在财务安全的前提下获得较高的回报，提高个人的生活水平。

对于个人生活水平的提高，我们还可以从生命周期的角度来看待。我们知道，人在其一生的各个阶段，人力资源和收入水平不是呈水平的直线，而是有上升也有下降，有高峰也有低谷。一个人在他经济独立到结婚的这段时间里，人力资源处于一个急速上升的阶段，而收入则可能是一生中最低的。但这个阶段的花销并不少，结婚、买房的压力让年轻人不得不节约开支。在度过了这个最困难的阶段之后，个人的事业开始有所成就，收入也逐渐上升。但随着子女长大，他们接受高等教育的费用成为家庭的主要负担。个人的收入并不会一直上升，进入退休年龄后，人力资源开始退化，收入也开始有所下降。而在正式退休之后，收入的重要组成部分——工薪收入便停止了。个人只有早做准备，才可以维持期望的生活水平。

总的来说，人在其一生中，收入的获取是非常不平均的。一个人如果不提早做好整体的规划，就可能出现有钱的时候大手大脚、潇洒自在，而收入下降的时候处境困窘的情况。个人理财规划可以站在一个整体规划的角度，帮助理财者制订人生不同阶段的目标与计划，使其在保证财务安全的前提下享受更高质量的生活。

（二）规避风险与保障生活

现代人面对的是一个瞬息万变的世界，风险无处不在，任何人在任何时候都有可能遭遇意外事件。如果早做安排，则可以将意外事件带来的损失降到最低限度，从而达到规避风险、保障生活的目的。个人所面对的风险主要有两类：一类是微观风险，即与个人自身相关的风险，如失业、疾病伤残、意外死亡等；另一类是宏观风险，即由宏观因素所带来的风险，这种风险对个人来说是无法控制的，如通货膨胀、金融风暴、政治动荡等。

以上这些风险都会给个人的财务安全带来一定程度的冲击。而通过个人理财规划，事先采取有针对性的防范措施，从而可以帮助自己有效地化解或降低风险带来的损失，当风险来临时就不会惊慌失措了。例如，当一个人由于某些原因而失业时，如果还比较年轻，又没有结婚，那么自然不必过于担心，但是，如果其年纪较大且家庭负担又很重，那么失业将会给其个人及家庭的生活造成很大的影响。针对失业的风险，个人理财规划通过预先准备充足的失业保险以及保持资产的流动性等方式，将对风险的预测纳入财务规划中。这样，即使理财者真的失业了，也不必为一家人的生活发愁。再比如，通货膨胀是经常被人们忽视的一个风险因素，因为在宏观经济状况较好的时候，通货膨胀率一般都比较低。但这并不代表通货膨胀是无关紧要的因素。事实上，当人们忽视通货膨胀的时候，它正在默默地侵蚀着人们的财富，尤其在出现恶性通货膨胀时，这种侵蚀效果更加明显。我国在1993年、1994年时，通货膨胀率连续超过10%，高于当时的银行存款利率。如果当时个人财富主要以银行存款的形式存在，那么实际上这些财富在不断地缩水。个人理财规划可以在面对高通货膨胀率时，通过调整资产组合，如减少银行存款、增加房地产投资的比例等，来规避通货膨胀的不良影响，避免财富受到侵蚀。

（三）为子女的成长和教育打好经济基础

天下所有的父母都希望自己的子女可以健康茁壮地成长，并且能够接受高等教育，以便在未来竞争激烈的商业社会中立于不败之地。然而，养育子女的费用通常是很高昂的，尤其是出国留学的教育支出，并不是每个家庭都可以承受的。如果父母等到面对这些支出时再做打算，恐怕为时已晚。因此，做父母的应当提前规划子女未来的教育支出。

通过个人理财规划，可以将子女的养育、教育等计划纳入家庭的整体财务规划中，为养育和教育支出提前做好规划，避免因为财务上的困难而影响对子女的培养和教育。

四、个人理财在国内外的发展现状

（一）个人理财在国外的发展

个人理财最早在美国兴起，并且首先在美国发展成熟。

1. 个人理财业务的萌芽时期

20世纪30年代到60年代通常被认为是个人理财业务的萌芽时期。从严格意义上讲，这个阶段，对个人理财业务的概念未明确界定，那时的个人理财业务主要是为保险产品和基金产品的销售服务。因此，这一时期没有出现完全独立意义上的个人理财业务。它的主要特征是：个人金融服务的重心都放在了共同基金和保险产品的销售上，几乎没有金融机构为了销售产品而专门建立一套流程或方法来建立与客户的关系、搜集数据和进行综合财务规划。

因此，在这个时期，专门雇用理财人员或金融企业为客户做一个全面的理财规划服务的观念还未形成。

2. 个人理财业务的形成与发展时期

20世纪60年代到80年代通常被认为是个人理财业务的形成与发展时期。1969年12月，在芝加哥，13位来自金融服务部门的实务工作者和1位作家聚在一起商讨创立一种产业，其后被命名为理财业。作为这个小组中唯一一位非专业人士，劳伦·丹顿（Loren Dunton）领导大家创立了理财学院（College for Financial Planning），至今仍然存在；同时创建了国际理财人员协会，也就是今日的理财师协会（Financial Planning Association，FPA）。在很短的时间内，消费者就意识到，除了购买金融产品之外，还有许多可以使自己获得财务收益的方式。如果聘请专业的理财规划师帮助自己确立理财目标，然后开发一个全面的理财计划以达到该目标，那么个人将能够更好地获得财务收益。同时，理财人员也认识到，财务规划的过程不仅可以帮助客户获得更高的财务收益，也能提高理财师自身的实务成果。但是，在这个阶段，个人理财业务的发展并非一帆风顺。起初，理财业务仍然以销售产品为主要目标，外加帮助客户合理规避繁重的赋税。事实上，从20世纪70年代到80年代初期，个人理财业务的主要内容就是合理避税，提供年金系列产品，参与有限合伙（即投资者投资合伙企业，但只承担有限责任），以及投资于硬资产（如黄金、白银等贵金属）。直到1986年，伴随着美国税法的改革以及里根总统时期通货膨胀率的显著降低，个人理财业务的视角才逐渐变得全面和广泛，开始从整体角度考虑客户的理财需求。此时，发达国家的金融业开始普遍实行为客户提供全方位服务的经营策略，强调与客户建立"全面、长期"的关系。同时，在银行内部也进行了充分的组织机构和职能调整。理财业务融合传统的存贷款业务、投资业务和咨询等业务，开始向平民化发展。

3. 个人理财业务的成熟时期

20世纪90年代是个人理财业务日趋成熟的时期，许多人涌入个人理财行业。个人理财业务在这一时期的繁荣可以归因于良好的经济态势以及不断高涨的证券价格。伴随着金融市场的国际化、金融产品的不断丰富和发展，这一时期的个人理财业务不仅开始广泛使用衍生金融产品，而且将信托业务、保险业务以及基金业务等相互结合，从而满足了不同客户的个性化需求。

同时，在这一时期，理财人员取得的财务策划收入大幅增长；作为独立的高等教育机构，理财学院迅速扩张；另外，美国高校中以学术项目来设置的理财专业的数量也在增长；理财日趋专业化，专门协会、认证组织纷纷成立，如注册金融策划师协会（CFP）、特许金融分析师（CFA）、特许财富管理师协会（CWM）、国际注册财务咨询师协会、退休理财协会、遗产规划协会等，这些资格认证和专业机构的出现以及高校对理财专业的重视，标志着个人理财业务开始向专业领域发展。

（二）个人理财在国内的发展

与发达国家相比，中国个人理财业务的发展历程非常短暂。20世纪80年代末到90年代是中国个人理财业务的萌芽阶段，当时的商业银行开始向客户提供专业化投资顾问和个人外汇理财服务，但大多数的居民还没有理财意识和概念。从21世纪初到2005年是中国个人理财业务的形成时期，在这一时期，理财产品、理财环境、理财观念和理财意识以及理财师专业队伍的建设均取得了显著的进步。中国理财产品规模以每年10%～20%的速度增长，2005年，达到了250亿美元。从2006年开始，伴随着金融市场和经济环境的进一步变化，个人理财业务进入了大幅扩展时期，客户对理财的需求日益增长，同时，银行、保险、证券、信托、基金等金融机构对理财业务的重视程度也显著提高，不断开发新的理财产品，提供优质的理财服务。但是，目前国内金融业普遍缺乏既熟悉银行业务，又精通证券交易、保险等金融业务的高素质的、专业的、训练有素的全能型财务规划师。为此，2003年，中华人民共和国劳动和社会保障部（现为中华人民共和国人力资源和社会保障部）正式设立理财规划师职业，颁布了《理财规划师国家职业标准》；2004年，国家职业技能鉴定专家委员会理财规划师专业委员成立；2005年，国家理财规划师正式展开培训工作；2006年，开始实行国家理财规划师资格全国统考制度。截至2006年年底，全国理财规划师人数已经超过了1万人。

任务二　个人理财的基本理论

货币的时间价值和风险计量与管理是理财学的两大基石，而生命周期理论与客户的风险属性分析则是个人理财规划理论的基础。因此，在进行个人理财规划之前，必须对以上知识有一个透彻地理解和熟练地运用。

一、货币时间价值

（一）货币时间价值的含义

所谓货币时间价值，是指在不考虑风险和通货膨胀的情况下，货币经过一定时间的投资和再投资所产生的增值，也称为资金的时间价值。从经济学理论的角度而言，现在的一单位货币与未来的一单位货币的购买力之所以不同，是因为要节省现在的一单位货币不消费而改在未来消费，则在未来消费时必须有大于一单位的货币可供消费，作为弥补延迟消费的贴水。货币之所以具有时间价值，至少有以下3个方面的原因。

①货币可用于投资，获得利息，从而在将来拥有更多的货币。
②货币的购买力会因通货膨胀的影响而随时间改变。
③一般来说，未来的预期收入具有不确定性。投资可能产生投资风险，需要提供风险补偿。

（二）与货币时间价值相关的几个概念

1. 终值

终值是现在的货币折合成未来某个时点的本金和利息的合计数，反映了一定数量的货币在将来某个时点的价值。终值通常用 FV 表示。

2. 现值

现值是指未来某一时点的一定数额的货币折合为相当于现在的本金。现值与终值的概念是对货币时间价值最好的衡量方式，它们反映了保持相等价值和购买力的货币在不同时点上数量的差异。现值通常用 PV 表示。

3. 时间

货币时间价值的参考系通常用 t 表示，或用 n 表示期数。

4. 利率（或通货膨胀率）

利率是影响货币时间价值程度的波动要素，某一度量期的实际利率是指该度量期内得到的利息金额与此度量期开始时投资的本金金额之比。实际利率其实可以看作单位本金在给定的时期中产生的利息金额。利率通常用字母 i 表示。

5. 必要报酬率

必要报酬率是指进行投资所必须赚得的最低报酬率，它反映的是整个社会的平均回报水平。

6. 实际报酬率

实际报酬率是项目投资后实际赚得的报酬率。只有在一项投资结束之后，结合已经取得的投资效益，才能够评估出实际的报酬率水平。

7. 期望报酬率

期望报酬率是一项投资方案估计能够达到的报酬率，它反映的是投资者心中所期望的报酬率水平。

（三）货币时间价值的计算

1. 单利

单利是只就初始投入的本金计算利息的一种计算制度。按照这种方法，只就初始投入的本金计算各年的利息，所生利息不加入本金重复计算利息。单利不是货币时间价值的表现形式，不能以单利计算货币的时间价值。单利只适合于特定情况下的计算，比如商业票据的贴现利息的计算、单利计息条件下债券利息的计算等。

假设用不同的计算符号来表示一些财务指标：PV 代表现值（本金、初始金额），FV 代表终值，i 代表利率水平，I 代表利息额，n 代表时间周期数，则单利终值、单利现值和单利利息额的计算公式如下：

$$FV = PV(1+ni)$$

$$PV = \frac{FV}{1+ni}$$

$$I = ni$$

【例1-1】某公司于2018年1月1日发行了面值为1 000元，年利率为4%，半年期，一次性还本付息的短期公司债券。如果投资者购买一张该债券，其到期的本利和是多少？

到期的本利和为：

$$FV = PV(1+ni) = 1\,000 \times \left(1 + \frac{1}{2} \times 4\%\right) = 1\,020(元)$$

2. 复利

复利是本金和利息都要计算利息的一种计算制度。在复利制度下，一个重要的特征是，上一年的本利和要作为下一年的本金计算利息。

（1）复利终值

复利终值的计算公式如下：

$$FV = PV(1+i)^n$$

其中，$(1+i)^n$ 为复利终值系数，它表示 1 元钱的本金在特定利率和期数条件下到期的本利。复利终值系数可以简记为 $(F/P, i, n)$。为了便于计算，可以根据利率与期数，查询"复利终值系数表"来确定复利终值系数。

【例 1-2】 某人从银行贷款 100 万元，贷款期限为 3 年，贷款利率采用复利计算，年利率为 6%，则该贷款期满后需归还的本利和是多少？

贷款期满的本利和为：

$$\begin{aligned} FV &= PV(1+i)^n \\ &= 100 \times (1+6\%)^3 \\ &= 119.10 (万元) \end{aligned}$$

（2）复利现值

复利现值的计算公式如下：

$$PV = \frac{FV}{(1+i)^n}$$

其中，$\frac{1}{(1+i)^n}$ 为复利现值系数，记作 $(P/F, i, n)$。它是复利终值系数的倒数，可以通过查询"复利现值系数表"获得。

【例 1-3】 某公司发行面值为 100 万元，年利率为 6%，10 年期，单利计算，到期还本付息的债券。在投资者要求的必要报酬率为 8% 的情况下，最高买价不能超过多少？

该债券的内在价值为：

$$\begin{aligned} PV &= FV(P/F, i, n) \\ &= 100 \times (1+6\% \times 10) \times (P/F, 8\%, 10) \\ &= 160 \times 0.4632 \\ &= 74.112 (万元) \end{aligned}$$

因此，其最高买价不能超过 74.112 万元。

（四）年金

年金是指在一定时期内系列、等额收付的款项，通常记作 A。年金的特征是，在一定的时期内，每次收付款的时间间隔相同、收付的金额相等、现金流的方向相同。例如，退休后每个月固定从社保部门领取的养老金就是一种年金，每个月定期定额缴纳的房屋贷款月供、每个月定期定额购买基金的月投资额、向租房者每月固定收取的租金等，均可视为一种年金。年金有多种形式，如保险费、直线法下计提的固定资产折旧、等额分期付款以及零存整取或整存零取储蓄等。

年金按其每次收付发生的时点不同，可分为普通年金、预付年金、递延年金和永续年金。

1. 普通年金

普通年金又称后付年金，是指于各期期末收付的年金。

(1) 普通年金终值

普通年金终值的计算公式如下:

$$FV = A\frac{(1+i)^n - 1}{i}$$
$$= A(F/A, i, n)$$

其中,$(F/A, i, n)$ 为 1 元年金终值,代表的是 n 期 1 元的普通年金在 i 的利率水平下的终值,又称为年金的终值系数,可以通过查询"年金终值系数表"得到。

【例 1-4】某家庭计划未来 10 年,每年年底在银行为其子女存储教育基金 10 000 元,假设年复利为 8%,则这笔年金的终值是多少?

这笔年金的终值为:

$$FV = A\frac{(1+i)^n - 1}{i}$$
$$= A(F/A, i, n)$$
$$= 10\,000 \times (F/A, 8\%, 10)$$
$$= 144\,865.6(元)$$

(2) 偿债基金

偿债基金是指为了使年金终值达到清偿到期债务或满足企业到期特定的财务需要而于每年年末等额存入银行或支付给相应机构的存款准备金。1 元年金终值的倒数为 1 元偿债基金。

【例 1-5】假设某人打算积累一笔 10 年后的养老基金 10 万元,为此设置积累年金,年必要报酬率为 8%,则每年年末应存入的金额为多少?

每年年末应存入的金额为:

$$A = FV\frac{i}{(1+i)^n - 1}$$
$$A = FV/(F/A, i, n)$$
$$= 10 \times 8\%/[(1+8\%)^{10} - 1]$$
$$= 0.690\,29(万元)$$

(3) 普通年金现值

普通年金现值指为在每期期末取得相等金额的款项,现在需要投入的金额,即各期期末的现金流量相当于现在的价值。

普通年金现值的计算公式如下:

$$PV = A(P/A, i, n)$$

1 元年金现值记作 $(P/A, i, n)$,可以通过查询"年金现值系数表"得出结果。

【例 1-6】假设某人将在未来 10 年内每年年底获得 10 000 元的分红收入,年复利率为 6%,则这笔年金的现值为多少?

$$PV = A(P/A, i, n)$$
$$= 10\,000 \times 7.3601$$
$$= 73\,601(元)$$

(4)年资本回收额

年资本回收额是指收回现在的投资而应于未来每年年末等额回收的金额,即根据年金的现值计算的年金额。1元年金现值的倒数称为1元资本回收额或资本回收系数,表示收回现在1元的投资而应于未来每年年末回收的数额。

【例1-7】假设有一项100万元的投资,在必要报酬率为8%、投资期为10年时,每期期末回收多少才是基本合理的?

年资本回收额为:

$$A = PV/(P/A,i,n)$$
$$= 100/6.71008$$
$$= 14.903(万元)$$

因此,每期期末回收14.903万元才是基本合理的。

2. 预付年金

预付年金是于每期期初付款的年金,又称为即付年金。由于没有预付年金的终值和现值系数表,因此预付年金的终值和现值的计算需要将其转化为普通年金。

(1)预付年金终值

n 期预付年金终值是 $(n+1)$ 期普通年金的终值减去 A。

预付年金终值的计算公式如下:

$$FV = A(F/A,i,n+1) - A$$
$$= A[(F/A,i,n+1) - 1]$$

【例1-8】某保险公司每年初向被保险人收取保费6 000元,期限为4年,年复利率为7%。这笔年金的终值是多少?

这笔年金的终值为:

$$FV = A(F/A,i,n+1) - A$$
$$= 6\,000 \times [(F/A,7\%,5) - 1]$$
$$= 6\,000 \times 4.7507$$
$$= 28\,504.2(元)$$

(2)预付年金现值

n 期预付年金现值是 $(n-1)$ 期普通年金的现值加上第一期期初的年金 A。

预付年金现值的计算公式如下:

$$PV = A(P/A,i,n-1) + A$$
$$= A[P/A,i,n-1) + 1]$$

【例1-9】某人在每月月初领取工资3 000元,连续6个月,年复利率为12%。这笔年金的现值是多少?

年复利率为12%,则月复利率为1% ($\dfrac{12\%}{12}$)。

这笔年金的现值为：

$$PV = A(P/A, i, n-1) + A$$
$$= 3\,000 \times [(P/A, 1\%, 5) + 1]$$
$$= 3\,000 \times 5.8534$$
$$= 17\,560.2(元)$$

3. 递延年金

递延年金是指第一次支付发生在第二期或者第二期以后的普通年金。其终值的计算与普通年金终值的计算相同。

计算方法一：按照 n 期普通年金和 m 期复利贴现。设递延期数为 m，付款期限为 n。递延年金的现值计算方法有两种。

递延年金现值的计算公式如下：

$$P = A(P/A, i, n)(P/F, i, m)$$

计算方法二：$(m+n)$ 期普通年金的现值，减去 m 期普通年金的现值。

递延年金现值的计算公式如下：

$$P = A(P/A, i, m+n) - A(P/A, i, m)$$

【例1-10】假设某人现购置一套住房，前3年不用付款，从第4年年末起分4年等额还本付息10万元，银行的年复利率为10%。房屋的现值为多少？

房屋的现值为：

$$P = A(P/A, i, m+n) - A(P/A, i, m)$$
$$= 10 \times [(P/A, 10\%, 7) - (P/A, 10\%, 3)]$$
$$= 23.82(万元)$$

4. 永续年金

无限等额支付的年金称为永续年金，即期数趋向于无穷远的普通年金。

永续年金现值的计算公式如下：

$$P = A/i$$

【例1-11】小王欲购买W公司的优先股，该优先股面值为1 000元，票面利率为6%，如果小王要求的必要报酬率为8%，则该优先股的现值是多少？

该优先股的现值为：

$$P = A/i$$
$$= 1\,000 \times 6\%/8\%$$
$$= 60/8\%$$
$$= 750(元)$$

二、生命周期理论

生命周期理论是由美国经济学家莫迪利安尼与宾夕法尼亚大学的布伦博格、安多共同创建的。其中，莫迪利安尼做出了尤为突出的贡献，并因此获得诺贝尔经济学奖。生命周期理论对消费者的消费行为提供了全新的解释，该理论指出，个人是在相当长的时间内计划他的消费和储蓄行为的，以便在整个生命周期内实现消费的最佳配置。也就是说，一个人将综合考虑其即期收入、未来收入以及可预期的开支、工作时间、退休时间等诸因素，来决定目前的消费和储蓄，以使其消费在一生内保持相对平稳的水平，而不至于出现消费水平的大幅波动。

在理财领域，个人的生命周期与家庭的生命周期紧密相连。任何个人及家庭都有其诞生、成长、发展、成熟、衰退直至消亡的过程，在生命周期的不同阶段，个人与家庭的发展都有其不同的特征、任务、需求与目标。

个人及家庭的生命周期是指从青年单身期、家庭形成期（建立家庭，生养子女）、家庭成长期（子女长大就学）、家庭成熟期（子女独立和事业发展到巅峰）和家庭衰老期（退休到终老而使家庭消灭）的整个过程。这五个阶段的特征和财务状况如表1-1所示。

表1-1 个人及家庭生命周期各阶段特征及财务状况

	青年单身期	家庭形成期	家庭成长期	家庭成熟期	家庭衰老期
阶段特征	从参加工作到结婚，单身	从结婚到子女出生，家庭成员随子女出生而增加	从子女出生到其完成学业，家庭成员数目固定	从子女完成学业到夫妻均退休，家庭成员数目随子女独立而减少	从夫妻均退休到夫妻一方过世，家庭成员只有夫妻两人（也称为空巢期）
收支状况	收入仅为单身者个人收入，收入比较低，消费支出大	收入增加，以夫妻两人收入为主，支出随家庭成员的增加而上升	收入以双薪收入为主，支出随成员固定而趋于稳定，但子女上大学后，学杂费负担重	收入以双薪收入为主，事业发展和收入达到巅峰。支出随成员数目减少而降低	以退休双薪收入为主，或有部分理财收入、变现资产收入。医疗费用提高，其他费用降低
储蓄状况	个人储蓄较少	随家庭成员增加而下降，家庭支出负担重	收入增加而支出稳定，在子女上大学前，储蓄逐步增加	收入达到巅峰，支出可望降低，为准备退休金的黄金时期	大部分情况下，支出大于收入，为耗用退休金阶段
居住状况	和父母同住或租房	和父母同住或自行购房、租房	和父母同住或自行购房、租房	与老年父母同住或夫妻两人居住	夫妻居住或和子女同住
资产状况	资产较少，也可能为负资产，即负债（如消费信贷）	可积累的资产有限，家庭成员年轻，可承受较高的投资风险	可积累的资产逐年增加，要开始控制投资风险	可积累的资产达到巅峰，要逐步降低投资风险，准备退休	逐年变现资产来应付退休后生活开销，投资应以固定收益工具为主
负债状况	无负债或轻度负债（如贷款购车、信用卡贷款消费等）	通常背负高额房贷	若已购房，则缴付房贷本息，降低负债	应该在退休前把所有的负债还清	应该无新增负债

通过表1-1可以看出，个人及家庭在其生命周期的不同阶段有不同的特征，相应地，其每个阶段对个人理财的需求也是不同的。因此，根据人生不同阶段的特点，个人及家庭在其生命周期的不同阶段的理财策略也应当是不同的。

在青年单身期，收入较低而消费支出较高，资产较少而负债较多，净资产可能为负，此时的理财重点是提高自身获得未来收益的能力，如加大人力资本方面的投资。此阶段，有风险偏好的人可承担较大的风险，其理财组合中除了储蓄，还可以有债券类、股票类、股票型基金等理财产品。

家庭形成期是家庭的主要消费期，经济收入增加而且生活稳定，家庭已经有一定的财力和基本生活用品。为提高生活质量，往往需要较大的家庭建设支出，如购房、购车等。如果是贷款购买的，每月还需要有月供之类的较大开支。此时的理财重点是保持资产的流动性和扩大投资，其理财组合中，流动性较好的存款和货币基金的比重可以高一些，投资股票等高风险资产的比重应逐步降低。

在家庭成长期，家庭有稳定收入，最大开支是医疗保健费、子女教育及智力开发费用。此时精力充沛，又积累了一定的工作阅历和投资经验，风险承受能力增强，可以考虑建立具有不同风险收益的投资组合。

在家庭成熟期，父母的工作能力、工作经验、经济状况都达到巅峰状态，子女已完全自立，债务也逐渐减轻。此时主要考虑为退休做准备，应扩大投资并追求稳健理财，建立国债、货币市场基金等低风险产品的投资组合。

家庭衰老期的收益性需求最大，这时的理财一般以保守防御为原则，目标是保证有充裕的资金安度晚年，因此投资组合中，债券比重应该最高。

三、资产配置与风险控制理论

（一）资产配置原理

1. 资产配置的概念

资产配置是指依据所要达到的理财目标，按资产的风险最低与报酬最佳的原则，将资金有效地分配在不同类型的资产上，构建增强投资组合报酬与控制风险的资产投资组合。

资产配置之所以能对投资组合的风险与报酬产生一定的影响，在于其可以利用各种资产类别、各自不同的报酬率和风险特性以及彼此价格波动的相关性，来降低投资组合的整体投资风险。通过资产配置投资，除了可以降低投资组合的下跌风险，还可以稳健地增强投资组合的报酬率。

维持最佳资产投资组合，必须经过完整缜密的资产配置流程，内容包括：投资目标规划、资产类别的选择、资产配置策略与比例配置、定期检视与动态分析调整等。投资者欲构建一组最佳资产配置，只要依照上述资产配置流程建立规律性的投资循环，便可有效地建立及维持资产配置最适化，进而达成中长期投资理财目标。

2. 资产配置的基本步骤

（1）了解个人的基本情况

在对个人进行资产配置和产品组合前，不能一味地从产品出发而不顾个人的实际情况。个人在选择产品前，应对自身的情况进行全面、清晰的了解，掌握相关的信息，尤其是年龄、学历、家庭结构、职业职位、收入状况、理财目标、理财任务、风险偏好、投资经验、资产结构、性格喜好等，了解这些个人基本情况是进行资产配置的基础与前提。

（2）生活设计与生活资产拨备

任何一个人都不能把全部资产用于投资而不顾基本的生活需要，因此，个人在进行投资前，一定要预留一部分货币资金用于生活保障，建立生活储备金，为投资设立一道防火墙。

家庭投资前的现金储备包括以下几个方面：一是家庭基本生活支出储备金，通常为 6~12 个月的家庭生活费；二是用于不时之需和意外损失的家庭意外支出储备金，通常是家庭净资产的 5%~10%；三是家庭短期债务储备金，主要包括用于偿还信用卡透支额、短期个人借款、3~6 个月的个人消费贷款月供款等的款项；四是家庭短期必需支出，主要是短期内可能需要动用的买房买车款、结婚生子款、装修款、医疗住院款、旅游款等。这些用于保障家庭基本开支的费用一般可以选择银行活期、七天通知存款或半年以内定期存款方式，或者购买货币基金等流动性、安全性好的产品，绝不可进行股票或股票型基金的投资，否则一旦出现投资亏损或被套，将极大地影响家庭的正常生活。

（3）风险规划与保障资产拨备

建立家庭基本生活保障储备后，还不能将余钱用于投资，而应建立各种保险保障，从而为自己的投资建立第二道防火墙。前述现金储备只能保障短期的生活，却无法应对中长期的巨大风险，如失业、疾病、意外、养老等。

建立家庭保障包括三个方面：一是家庭主要成员必须购买齐全的社会保险，包括医疗保险、失业保险、工伤保险、生育保险、养老保险等，无论客户是老板还是失业者，都必须购买社保，为自己和家庭建立最基本的一道保障防线（无业者可以以个人名义直接到社保局缴纳社保费）；二是为家庭成员购买重大疾病保险、意外保险、养老保险等商业保险，以弥补社保保障不足的缺点；三是根据家庭需要购买车险、房险等财产保险。

（4）建立长期投资储备

在建立了短期现金储备和中长期保险保障后，个人及家庭剩余的资产就是可投资资产，可以根据个人及家庭的需求，用这部分闲置资金来购买理财产品。但是，人们一般理解的闲置资金就是指多年的积蓄，事实上，未来可以预期的年度或月度结余也是可以用于投资的闲置资金。通常可以通过定期定额投资基金的方式为自己和家庭建立长期投资组合，如养老投资基金、父母赡养投资基金、子女教育投资基金等。每个月只要投资 1 000 元购买指数基金，若此基金的年收益率达到 10%，坚持投资 20 年后就变成了数百万元的巨额财富，实现小钱积累成大钱的投资目标。

（5）建立多元化的产品组合

完成上述资产配置后，个人及家庭手中拥有的金额较大的闲置资金就是可以进行投资理财的款项了。个人及家庭可以自己进行投资组合，也可以根据理财经理的推荐进行投资组合。但在进行投资组合时，要避免常见的结构重复、类型相似、风险放大等问题。因此，在选择理财产品和进行投资组合时，要根据自身的风险偏好、资产状况、个体特征和不同需求来科学、主动地进行产品组合设计，使产品组合中，高、中、低风险的产品比例比较合理，然后根据设计好的产品组合结构，面向不同类型、不同行业、不同市场寻找和选择最佳产品，并形成一个符合自身需要和特点的投资组合。这样一个多元化的科学的产品组合才能为其实现收益与风险的最佳匹配，实现财富增值与生活需求的理想结合。

3. 常见的资产配置组合模型

通常，我们将权证、期权、期货、对冲基金、垃圾债券等视为极高风险、极高收益资产；将股票、股票型基金、外汇投资组合等视为高风险、高收益资产；将金银、部分理财产品、集合信托、债券基金等视为中风险、中收益资产；将债券、债券基金、理财产品、投资分红险视为低风险、低收益资产；将存款、国债、货币基金视为无风险、低收益资产。下面，针对不同风险收益的投资产品和个人的风险偏好，介绍几种最适合的资产配置组合模型。

(1) 金字塔形

在金字塔形资产结构中，存款、债券、货币基金、房产等低风险、低收益资产占50%左右，基金、理财产品等中风险、中收益资产占30%左右，而高风险的股票、外汇、权证等资产比例最低，这种根据资产的风险度由低到高、占比越来越小的金字塔型资产结构，其安全性、稳定性无疑是最佳的。

(2) 哑铃形

在哑铃形资产结构中，低风险、低收益的储蓄、债券资产与高风险、高收益的股票基金资产比例相当，占主导地位，而中风险、中收益的资产占比最低。这种结构两端大，中间小，比较平衡，使投资者可以充分享受黄金投资周期的收益。

(3) 纺锤形

在纺锤形资产结构中，中风险、中收益的资产占主体地位，而高风险、低风险的资产占比比较低，这种资产结构的安全性很高，很适合成熟市场。

(4) 梭镖形

这种资产结构几乎没什么低风险的保障资产与中风险的理性投资资产，几乎将所有的资产全部放在了高风险、高收益的投资市场与工具上，属于赌徒型的资产配置。毫无疑问，这种资产结构的稳定性差、风险度高，但是投资力度强、冲击力大，如果遇到黄金投资机遇，更能集中资源，在短时间内博取很高的收益。

(二) 个人理财风险管理

风险管理是一个认识、确定、评估的决策过程，它通过对风险的识别、衡量和控制，以最小的成本将风险导致的各种不利后果减小到最低限度。理财主体在信息资源、经济资源上的匮乏，使个人理财面临极大的不确定性，而我国居民承受风险的能力普遍不强。因此，在进行个人理财时，加强风险管理非常重要。

1. 个人理财风险的识别

风险的识别是对尚未发生的潜在的各种风险进行系统的归类和全面的识别，它是风险管理的重要基础与前提。个人理财的风险可分为宏观环境的风险和微观环境的风险。宏观环境的风险有政治风险、经济风险和法律风险，譬如国家的政治体制、经济环境、法律制度、金融政策等方面发生的变化。微观环境的风险是针对具体项目而言的，如证券投资风险、耐用品消费风险和教育投资风险，或者家庭成员遭受伤害或死亡等产生的健康风险、失业风险等。在这些风险中，金融风险的影响是最大的。个人理财所面临的金融风险有通货膨胀风险、违约风险、利率风险、购买力风险、变现力风险和汇率风险等，这里仅介绍其中几种。

(1) 违约风险

违约风险是指证券发行人无法按期支付利息或支付本金的风险。证券的违约风险程度由信用评级机构评定,一般来说,政府发行的证券违约风险很小,可作为无风险证券;企业发行的证券风险大,但收益也更高。

(2) 利率风险

利率风险是指由于市场利率的波动而引起资产价格下跌,使投资者蒙受损失的风险。利率风险对没有违约风险的国库证券也是不可避免的。一般来说,短期证券由于期限较短,相比长期证券来说,利率风险要小得多,因而在预测短期内市场利率不会有大的波动时,也可以不考虑此类风险。

(3) 购买力风险

购买力风险是指由于通货膨胀而使资产到期或出售所获取的货币实际购买力下降的风险。在通货膨胀时期,购买力风险是投资者需要考虑的因素。一般的变动收益证券比固定收益证券抵抗购买力风险能力强,实物资产比货币资产抵抗能力强。

(4) 变现力风险

变现力风险是指投资者不能在短期内以合理的价格出售资产的风险。个人持有短期证券的目的在于,在保证流动性的前提下,提高盈利性。如果不能及时变现,必将使个人/家庭在面临突发性资金需求时非常被动,甚至陷入财务困境中。

常见投资工具与几种常见风险之间的关系如表1-2所示。

表1-2 常见投资工具与几种常见风险之间的关系

投资风险	储蓄	普通股	债券	基金	保险	房地产	黄金	外汇	收藏品
本金损失风险	很小	较大	较小	中等	较小	较大	较小	较大	中等
购买力风险	大	很小	较大	较小	大	大	大	较小	较小
变现力风险	很小	很小	较大	很小	很小	很大	较小	较小	较大
利率风险	很大	较大	很大	较大	中等	中等	很小	很小	很小

2. 个人理财主体的风险态度

在个人理财中,风险态度(理论上称风险厌恶系数)和风险承受能力(理论上称风险容度)是确定合理的理财目标和资产配置方案的重要因素。任何投资者宁愿要肯定的某一报酬率,而不愿意要不肯定的同报酬率,这种现象称为风险反感。面对风险,人们通常会要求提高收益率来补偿,我们称之为风险补偿金。要求的风险补偿金多少取决于他们对待风险的态度,越反感风险的人要求的风险补偿金越高。根据理财主体对待风险的不同态度,可以将他们划分为风险偏好型、风险厌恶型和风险中立型。不同的风险态度是由不同的风险承受能力决定的,风险承受能力与个人财富、受教育程度、年龄、性别、婚姻状况和职业等因素密切相关。

3. 个人理财风险的衡量

风险衡量就是对风险存在及发生的可能性以及风险损失的范围与程度进行估计和衡量。衡量方法有定性分析方法和定量分析方法。定性分析方法是指通过对个人的家庭背景、社会关系、个人财富、受教育程度、年龄、性别、婚姻状况和职业等影响个人风险承受能力的因素的了解，确定其风险态度和风险承受能力水平。譬如，了解个人更看重本金安全性还是盈利性，看重本金安全性的人很可能是风险厌恶者，而看重盈利性的人很可能就是风险追随者。定量分析方法主要是数学统计方法，即用一组较小的样本观察值对一组较大的未知观察值进行理论预测。在风险管理研究中产生了4种风险的度量模式，这些模式在个人理财中仍然适用，它们是方差模型、LPM模型、VaR模型和风险调整价值度量模式，专业理财师在评估个人风险态度过程中多采用定性的方法。

4. 个人理财风险的控制

在对风险进行全面的分析之后，风险管理者可以通过运用各种风险控制工具，力图在风险发生之前清除各种隐患，减少损失产生的原因及实质性因素，将损失的后果减小到最低限度。个人理财风险控制的主要工具有风险回避、风险保留、风险分散、风险转移。

(1) 风险回避

风险回避指个人在决策中对高风险的领域、项目和方案进行回避，进行低风险选择，比如不购买信用条件不好的企业债券；做好防火、防盗工作，妥善保管信用卡、存款密码；在借给他人款项时充分考虑对方的偿还能力和借款用途，签订民间借款合同；不轻易为他人提供担保或抵押等。风险回避能够在风险事件发生之前完全消除某一特定风险可能造成的种种损失，但有时候，消极的回避风险意味着放弃利益，而且有些风险是无法回避的，回避一种风险的同时，有可能产生其他新的风险。

(2) 风险保留

由于风险是客观存在的，任何风险都不可能被完全化解，所以每个家庭需建立家庭应急基金来应对风险。对偿债风险而言，借入资金的总量和结构一定要与未来现金流入总量和结构相适应，以避免还债期过于集中和还债高峰出现过早。同时，借入款项时要做到短期融资，短期使用；中、长期融资，中、长期使用，特别是在住房按揭这种长期负债的安排上。另外，对投资金额、成交价格、成本费用设定界限，不得突破，将风险严格控制在一定范围内。

(3) 风险分散

风险投资的风险分散是指个人通过科学的投资组合，如选择合适的项目组合、不同成长阶段的投资组合、投资主体的组合，使整体风险得到分散、降低，从而有效控制风险。在证券投资中，可以选择足够数量的证券进行组合，使非系统风险逐步化解。我国股票种类还不太多，同时投资于10种股票，就能达到分散风险的目的了。另外，可以对股票、储蓄、国债和保险进行投资组合，再按1/3法对风险大、中、小的证券进行分配或加入投资基金。在风险分散中，应当注意两点。第一，高风险项目和低风险项目适当搭配，以便在高风险项目失败时，通过低风险项目弥补部分损失。第二，项目组合的数量要适当：项目数量太少时，风险分散作用不明显；而项目数量过多时，会加大项目组织的难度，导致资源分散，影响项目组合的整体效果。

(4) 风险转移

风险转移是指风险承担主体有意识地将损失或与损失有关的财务后果转嫁给他人的方式。这种风险转移可分为三种形式：转移引起风险或损失的投资、联合投资、参与保险。例如，通过订立经济合同，将风险及可能的损失转移给别人，在债权投资中设定保证人；在交易市场上进行套头交易，买进现货时卖出期货，或卖出现货时买进期货等。尤其是那些所从事职业具有较大风险的个人，如经营货运或客运的个人，可以通过购买保险或定期按比例提取一定的资金建立理财风险基金来达到转嫁风险的目的。

项目小结

本项目介绍了个人理财的定义、内容和作用，个人理财在国内外的发展现状；介绍了货币时间价值、生命周期理论、资产配置与风险控制理论；详细分析了货币时间价值的几种类型和计算方法、生命周期不同阶段的特征及理财需求、资产配置的类型和风险控制的方法。

本章习题

一、名词解释

个人理财　货币时间价值　现值　终值　实际报酬率　期望报酬率　年金　普通年金　预付年金　递延年金　永续年金　资产配置　利率风险　违约风险　变现风险　购买力风险

二、思考讨论题

1. 个人理财的主要内容有哪些？
2. 对理财者而言，个人理财有何作用？
3. 货币为什么具有时间价值？影响货币时间价值的因素有哪些？
4. 生命周期各阶段的特征是什么？对个人理财有何影响？
5. 资产配置的基本步骤包括哪些？
6. 常见的资产配置组合模型有哪些？
7. 个人理财所面临的金融风险有哪些？
8. 个人理财风险控制的主要工具有哪些？

三、案例分析题

王先生今年48岁，夫妻俩都在工厂打工，月收入共6 000元左右，孩子正在上初中，家里有1位老人，家庭月开销约1 700元，有1套住房。有存款1万多元，投资股票15万元，无其他投资产品。一家人都买了保险。夫妻俩买的是重大疾病险，给孩子买的是储蓄型保险，年交总保费6 000元左右。孩子于2018年9月份将升入高中。

思考：

1. 该家庭对应其所处的生命周期阶段，应确立什么样的理财目标？
2. 如何规划孩子教育和夫妻养老？如何控制风险？

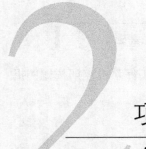

项目二 个人理财需求与规划

【知识目标】
1. 了解个人理财需求的内容、理财目标的制定方法、个人理财规划的内容和个人理财风险的形成。
2. 掌握个人理财规划的流程和影响个人或家庭风险承受能力的因素。

【能力目标】
1. 能够对个人的财务状况进行初步分析。
2. 能够对个人理财的风险进行初步衡量。

任务一 个人理财需求分析

人生最基本的理财需求来自消费。消费包括日常衣、食、住、行的各项开支和休闲娱乐的消费。消费之后剩余的收入可以作为储蓄，或者通过投资增加资产的成长，以支付未来的消费。然而，未来的消费除了需要资产的支持之外，还需要保险的保障。因为我们生活在一个不确定的环境当中，假如丧失工作能力或者意外身亡，保险提供的保障能够让自己的父母、配偶或子女未来的消费维持在一定的水平。个人理财规划就是帮助理财主体认识自身的理财需求，确立合理理财目标的重要性，从而使其更好地制订和执行消费计划与投资规划。

一、个人理财需求的内容

人生的理财需求大致可以分为五类。

（一）实现收入和财富的最大化

财富指的是个人拥有的现金、投资和其他资产的总和。要积累个人财富，个人支出就必须小于其收入。所以说，个人财富的最大化最终是通过增加收入和适当控制支出来实现的。增加收入的途径可以是寻找薪水更高的工作或者进行投资，具体的方式取决于个人的能力、兴趣和价值观念；控制支出的方法主要是把所有支出项目细分为可控支出和不可控支出，在力保不可控支出的前提下，尽量降低不必要的可控支出，如过多的服装费用和旅游费用。

（二）进行有效消费

个人收入通常有两个用途：消费和储蓄（储蓄今后会转化为投资）。由于消费开支常常占用了个人收入的大部分，所以对这部分资金的有效使用是十分重要的。通过学习一定的个人理财规划技巧，比如保存好个人的财务记录，进行现金预算，合理使用信用额度，购买适当的保险和选择合理的投资工具等，就可以控制个人的日常开支，实现有效消费。

（三）满足对生活的期望

人在一生中有各种各样的目标，有足够的储蓄，拥有自己的房产和汽车，没有负债，达到财务的安全和自主，有一份高薪的工作，这些都可以成为人的生活目标。这些目标往往难以同时实现，这意味着个人必须在这些目标中进行选择和规划。对于个人来说，这种规划必须有一个"终生"的视角，也就是说，人们应该分清在个人/家庭生命周期的不同阶段，什么是最重要的、必须实现的目标，而什么目标对当前而言较为次要，从而合理、全面地安排自己及家庭的生活。

（四）确保个人财务安全

财务安全是指个人对其现有的财务状况感到满意，认为自己拥有的财务资源可以满足其所有的必要开支和大部分期望实现的目标。一般来说，个人对其财务方面的事务有较强的信心，确保个人财务安全的标准有以下几点。

①有一份稳定而充足的收入。
②工作中有发展的潜力。
③有退休保障。
④有充足的紧急备用金，以备不时之需。
⑤有一定的房产（如果是分期付款，则要有足够的资金来源）。
⑥购买了合适且充足的保险。
⑦有实物资产方面的投资。
⑧有合理的金融投资组合。
⑨制订了有效的投资规划、税收规划、退休计划和遗产管理规划。

不同的人对财务安全的要求会有差别，以上标准只能作为参考。

（五）为退休生活和留下遗产而积累财富

对于许多人来说，为退休后的生活提供保障是他们进行储蓄的目的之一。由于退休后收入会减少，而个人往往已经习惯了原有的生活状态，所以，为了不降低生活水平，个人需要在退休前将一部分收入作为退休基金留作他日所用。此外，在一些较为传统的国家，为子女留下一份相当数额的财产（遗产）也是个人的人生目标或理财目标之一。

二、个人理财的目标

不同的人在人生的各个阶段对理财有不同的规划，对个人理财所期望达到的目标也不同。按照其对目标制定的频率和实现时间的长短来区分，个人理财的目标可以分为以下几种。

（一）短期目标

短期目标通常是指那些需要客户每年制订和修改的，并在较短时期内（一般为5年以内）实现的愿望，比如减少日常生活开支用于购买汽车，或为增加自己人力资本的培训积蓄经费。

(二) 中期目标

中期目标是指那些制订后在必要时可以进行调整,并希望在一定时期内(一般为6~10年)实现的愿望,比如子女教育经费的筹集、购房首付款的积累等。

(三) 长期目标

长期目标通常是指那些一旦确定,就需要客户通过长时期(一般为10年以上)的计划和努力才能实现的愿望。典型的长期目标包括退休生活保障计划、遗产计划与管理等。

实际上,短期目标和长期目标是相对而言的,不同的人对同样的财务目标会有不同的判断。例如,一般情况下,退休计划属于长期目标,但对于已经接近退休年龄的客户而言,该目标就应该算是中期目标,甚至是短期目标了。另外,随着时间的推移,同一个客户的目标性质也会改变。例如,一个25岁的单身客户,他未来子女的高等教育规划一般需要15~20年的时间,那么,帮助子女完成学业对于该客户来说就是一个长期目标。20年之后,该客户45岁,其子女已经上大学或即将上大学,这时,实现子女教育目标就转化成了中期目标或短期目标。个人/家庭生命周期的理财目标如表2-1所示。

表2-1 个人/家庭生命周期的理财目标

客户类型	短期目标	长期目标
大学高年级学生	租赁房屋 获得银行信用卡的信用额度 满足日常支出	偿还助学贷款 开始个人投资计划
25岁以上、已工作的单身客户	储蓄、建立备用基金 购买汽车、实现旅游计划 进行人力资本投资 合理削减日常开支	购买自己的住房和汽车 构建投资组合 建立退休基金
25岁以上、已工作的单身客户(三口之家)	将旧的交通工具更新 子女的教育开支 增加收入 购买保险	购买更大、更舒适的房屋 增加子女教育基金的投资 使投资工具多样化,分散投资风险
50岁左右、已婚客户(子女已独立)	购买新的家具 提高投资收益的稳定性 进行退休生活保障投资	出售原有房产 订立遗嘱 退休后的旅游计划 养老金计划的调整

三、制定个人理财目标应注意的问题

以上我们介绍了个人理财需求的内容和个人理财目标的种类,这些目标可以改善个人家庭的现有财务状况,也可以帮助其完成某个人生计划。事实上,并不是所有个人提出的理财目标都可以实现。个人的理财需求,必须是在结合其现有的财务状况,并进行科学分析的基础上,才能制定出适合其条件的理财目标体系,为其以后的理财规划提供科学依据。具体来说,个人/家庭在制定理财目标时,应注意以下问题。

(一) 区分必要目标和期望目标

个人理财的必要目标是指在正常的生活水平下必须要完成的计划或者满足的支出；期望目标是指在保证正常的生活水平后，期望可以完成的计划或者满足的支出。

一般而言，个人理财的必要目标包括保证日常饮食消费、购买或租赁自用住宅、支付交通费用和纳税费用等。这些必要目标在进行个人理财规划时应该优先考虑，这些项目的具体内容可以在损益表的"支出"项目中详细列出。

而个人理财的期望目标有很多，如旅行计划、换购豪华别墅、送子女到国外留学、投资开店等。所有的个人理财规划都必须在满足其必要目标所需的开支后，再将收入用于其期望目标。如果个人/家庭没有足够的资金满足前者，那么后者就需要进行调整。

(二) 制定理财目标要遵循的原则

必须针对不同个体的具体情况来确定理财目标的合理性，除了区分理财目标是否必要以外，在制订理财目标时还必须了解以下几个基本原则。

(1) 制订理财目标要具体化，并且要明确财务目标

例如，某人/家庭希望为自己的子女积蓄一笔资金以备将来出国留学，那么就必须调查和预计出国留学的费用，并且明确从现在起距离子女留学的时间，这样才能通过货币的时间价值理论计算出这笔经费的具体金额，也就是自己通过一次性累积或年金的方式在未来应该准备的经费。只有详细具体地描述，才能进行科学的分析和规划。

(2) 将现金储备作为理财目标

在人们的日常生活中，必然会出现一些无法预计的开支，这些意外开支同样会影响个人理财规划的完成。所以，预留一定数额的应急现金是个人理财规划的目标之一。当然，现金储备的数量要根据个人/家庭的需要而定。

(三) 理财目标必须具有合理性和可实现性

理财目标必须具有合理性和可实现性，而且不同的计划之间应该没有矛盾。例如，个人/家庭的储蓄目标是每年将收入的25%进行储蓄，然后将剩余资金用于投资计划；但如果其收入的85%必须用于偿还住房按揭贷款和汽车消费贷款，那么其25%的储蓄计划显然无法实现。此外，一个经常发生的情况是，个人对自己的财务状况较为乐观，对理财目标有过高的期望，认为自己先期制定的任何理财目标都能实现。例如，一个年总收入为8万元的家庭把短期目标设定为，5年内提前偿还住房抵押贷款50万元。显然这是难以实现的，因为该家庭忽略了其生活的日常开支和其他需要支出的费用，以及在投资计划中需要承担的风险。所以，个人/家庭对理财目标的制定要考虑合理性和可实现性；同时，在执行理财目标时，也要根据实际情况对它进行修改。

(四) 分清目标的先后顺序和主次关系

通常，个人/家庭有不止一个理财目标，而且这些目标无法一次完成。因此，个人/家庭应将所有目标按重要程度列出，并用时间加以区分——哪些是短期目标，哪些是长期目标，且在有关目标后面标明预计实现的时间。

(五) 改善个人/家庭总体财务状况比仅仅创造投资收益更重要

有一些个人/家庭十分重视投资目标，常常过于关注投资收益率，而忽视了从总体上改

善其财务状况。实际上,后者往往能为其带来更大的收益。例如,对于个人的收入,是优先考虑偿还债务还是用于投资,这要根据个人收入多少和所在国家的税收制度决定。假定一个国家对居民每年 5 万元以上的收入征收 42% 的税,该居民的债务正好是 5 万元,年利率 10%,而且利息是不可以免税的。如果该居民将收入的 5 万元用于投资,则其投资的税后收益要至少等于其债务的利息,这样,其税前投资收益率至少要达到 17%。如果当时的市场投资环境不足以实现这一收益率,则该居民应该先偿还债务,因为这样可以同时减少税收支出和债务负担,从而改善财务状况。

(六) 短期目标、中期目标和长期目标要兼顾,不可厚此薄彼

不同的人对目标的重视程度不同,大部分人由于财务安排中的短视行为,一般会比较看重短期目标的完成,很少会重视长期财务目标。这些目标对他们而言实在是太远了。因此,个人/家庭在对理财目标进行规划时,除了根据自身的需要对不同的目标有所侧重外,一定要注意各种目标的重要性和彼此之间的互补性。无论是长期目标还是短期目标,只有从目标的重要性出发进行考虑,并通过个人理财规划将各种目标结合起来,合理安排,才能从总体上提高个人理财规划的质量。

四、合理的理财目标体系的特点

①灵活性,即可以根据时间和外在条件的变化做适当的调整。
②可实现性,即在个人/家庭现有的收入和生活状态下是可以实现的。
③明确性和可量化性,即个人/家庭对目标实现状态、风险、成本和实现的时间都有清晰的认识,并且可以用数字描述出来。
④对不同的目标有不同的优先级别,同级别的目标之间没有矛盾。
⑤该目标可以通过制订和执行一定的行动方案来实现。
⑥实现这些目标方法应该是最节省成本的。

任务二 个人理财规划

一、个人理财规划的内容

人的一生都会历经就学、就业、成家至退休,每个人都会对事业、家庭、居住和退休进行规划,围绕这些规划必然涉及财务问题,个人理财规划就是根据个人不同生命周期的特点(通常以 15 岁为出发点),针对学业、职业的选择,以及家庭、居住、退休所需要的财务状况,来进行理财活动和财务安排。

如果我们按年龄层次把个人生命周期比照家庭生命周期分为 6 个阶段,则各个阶段的特点和理财活动如表 2-2 所示。

表 2-2 个人生命周期各阶段的理财活动

年龄	15~24 岁	25~34 岁	35~44 岁	45~54 岁	55~60 岁	60 岁以后
家庭形态	以父母家庭为生活重心	择偶结婚、有学龄前子女	子女上小学、中学	子女进入高等教育阶段	子女独立	以夫妻两人为主

续表

年龄	15~24岁	25~34岁	35~44岁	45~54岁	55~60岁	60岁以后
理财活动	求学深造，提高收入	量入为出，攒首付钱	偿还房贷，筹教育基金	收入增加，筹退休金	负担减轻，准备退休	享受生活规划、遗产
投资工具	活期和定期存款、基金	活期存款、股票、基金	自用房产投资、股票、基金	多元投资组合	降低投资组合风险	固定收益投资、遗产
保险计划	意外险、寿险	寿险、储蓄金	养老险、定期保险	养老险、投资型保险	长期看护险、退休年金	领退休年金至终老

从表2-2可以看出，人在其一生的不同阶段有不同的理财活动和理财需求，如果在早期能学习这些理财知识，对理财需求和目标进行合理规划，则更可能实现自己的人生目标。具体来说，个人理财规划的内容主要包括以下几个方面。

（一）现金和储蓄规划

现金和储蓄规划是为满足个人和家庭正常的生活、消费需求和资产保值需求而对现金和储蓄进行的管理和规划活动。储蓄规划是所有理财的源头，通过分析家庭现金流结构，寻找提高家庭储蓄的可能方式，设计出合理的家庭储蓄策划方案，从而提高家庭的储蓄额。而对现金的规划，目的是既要使个人、家庭所拥有的资产保持一定的流动性，以支付日常家庭费用和意外事件开销，又要使流动性较强的资产保持一定的收益。因此，在考虑现金规划的工具时，应以流动性为主要考察因素，在此基础上保证一定的收益性。

（二）消费规划

人生需要消费，消费需要规划，小到吃饭、穿衣，大到买房、买车等花销，都可以归入消费规划的范畴。说得专业一点，消费规划是对个人、家庭的消费资源进行合理、科学、系统的管理，使个人、家庭在整个生活过程中保持消费资源的财务收支平衡，最终达到终生的财务安全、自主、自由的过程。可见，任何涉及个人消费性资源的活动都属于消费规划的范畴。但是，消费的合理性没有绝对的标准，只有相对的标准。消费的合理性与客户的收入、资产水平、家庭情况、实际需要等因素相关。在实际的消费规划中，要注意以下几个方面。

1. 即期消费和远期消费

例如，城市白领中的"月光族"，他们的即期消费固然潇洒，但其长远的财务状况令人担忧。确定一个合理的结余比例和投资比例，积累一定的资产，不仅是平衡即期消费和未来消费的问题，也是个人理财、实现钱生钱的起点，即理财从储蓄开始。

2. 消费支出的预期

例如，结婚成家、子女教育及保险支出等都可能带来消费支出的增加，在安排这些人生大事的时候，要在财务上有充分的准备。

3. 孩子的消费

家庭应帮助孩子建立一个合理的金钱观。孩子作为家庭的一员，如果其消费水平明显高于家庭其他成员的消费水平，不仅是对其他成员的忽视，对孩子自身的成长也是不利的。

4. 住房、汽车等大额消费

随着社会的发展和生活水平的提高，住房和汽车消费在生活消费中所占比重越来越大。汽车和住房很容易成为人们攀比和炫耀的亮点，所以在这两项消费中，很容易出现超出消费能力的提前消费或过度追求高消费，给个人财务状况带来危害。

(三) 教育规划

教育规划包括个人教育规划和子女教育规划两种。个人教育规划是指对个人自身的教育规划。子女教育规划是指个人或家庭为子女将来的教育费用进行规划，对子女的教育又可以分为基础教育、大学教育及大学后教育。大多数国家的高等教育都不属于义务教育的范畴，因而对子女的高等教育规划通常是所有教育规划项目中花费最高的。

家庭在进行教育规划时，首先要对其子女的基本情况（如子女人数、年龄、预期受教育程度等）进行分析，以确定当前和未来的教育资金需求。其次，要分析家庭当前和未来预期的收入状况，确定子女教育规划资金的主要来源。最后，分析教育规划资金供给与需求之间的差距，并在此基础上运用各种常用的投资工具来弥补教育规划资金供给与需求之间的差额，完成教育规划目标。由于教育资金用途的特殊性，应当更加注重投资的安全性，因此，在投资时要侧重于选择风险较低的保值工具。

(四) 保险规划

人的一生可能会面临一些不期而至的风险，为了规避、管理这些风险，人们可以通过购买保险来满足自身的安全需要。除了专业保险公司提供的商业保险之外，由政府的社会保障部门提供的包括养老保险、医疗保险、失业保险在内的社会保险，以及雇主提供的团体保险也是家庭管理非投资风险的工具。

随着保险市场的竞争加剧，保险产品除了具有基本的转移风险、补偿损失的功能之外，还具有一定的合理避税、投资、融资作用。因此，个人或家庭通过保险规划可以保证生活的安全、稳定。

(五) 投资规划

投资是指投资者运用持有的资本来购买实际资产或金融资产，或者取得这些资产的权利，目的是在一定时期内获得资产增值和一定收入。投资的最大特征是用确定的现值牺牲换取可能的不确定的未来收益。

个人或家庭所拥有的资金首先用来满足日常消费，如果有贷款，要考虑先还贷款；剩余的，在可预见的短期或长期时间内不用的资金则可用来投资，以获得较高的收益。为了分散风险，在进行投资时一般需构建投资组合，而投资组合的构建依赖不同的投资工具。对于个人来说，单一品种的投资产品很难满足其对资产流动性、回报率以及风险方面的特定要求，所以，投资规划要在充分了解理财主体风险偏好与投资回报率需求等基础上，把资金分配在不同的实物资产或金融工具上，以及同种实物资产或金融工具的不同产品上，以实现在特定风险基础上设定的收益水平，并在特定的收益水平上尽量降低风险。

(六) 退休及遗产分配规划

一般而言，退休规划包括利用社会保障的计划，购买商业性人寿保险公司的年金产品的计划，以及企业与个人的退休金计划等。一个完整的退休规划包括工作生涯设计、退休后生活设计及自筹退休金部分的储蓄投资设计。由个人的退休生活设计引导出退休后到底需要花费多少钱，由个人的工作生涯设计估算出可领多少退休金（企业年金或团体年金）。退休后需要花费的资金和可领取的资金之间的差额，就是个人应该自筹的退休资金。个人自筹退休金的来源：一是运用过去的积蓄投资；二是运用现在到退休的剩余工作生涯中的储蓄来累积。退休规划的最大影响因素分别是通货膨胀率、工资薪金收入成长率与投资报酬率。

遗产分配规划是将个人财产从一代转移给下一代，从而尽可能实现个人为其家庭所确定的目标而进行的一种合理安排。遗产规划的主要目标是高效率地管理遗产，并将遗产顺利转移到受益人的手中。这里的高效率包括两方面的内容：一方面，遗产安排要花费一定的时间，应在最短的时间内完成；另一方面，处理遗产需要一笔费用，而且可能面临遗产税（中国关于遗产税的立法正在讨论中）的征收，因此，应最大限度减少遗产处理过程中的各种税费。

二、个人理财规划的流程

（一）明确理财主体的理财目标

个人理财规划应该围绕理财目标来制订，不同的理财主体由于环境、态度和需求各不相同，理财目标也不相同。个人应根据自身的财务状况和实际需求设定合理的理财目标。对理财目标的设定要按照短期、中期和长期区分不同的投资期限，因为不同的理财目标会有不同的投资期限，投资期限不同，风险水平也不同。

（二）分析评估理财主体的财务状况和风险承受水平

由于每个人或家庭对于风险的承受能力是不一样的，在制定理财目标后，需要对理财主体当前的财务状况进行分析，确定其风险承受水平，以判断理财目标的合理性。对理财主体财务状况的分析主要是对其资产负债表和现金流量表进行分析。对资产负债表的分析主要是对其当前所掌握的各种资源（包括现金、现金等价物、住宅、汽车在内的各类自用资产和可以生息的各类金融资产），以及所负担的各种债务（包括短期和长期负债）进行分析。对现金流量表的分析是对其在一定期间内的收入（包括工作所得、经营所得、投资所得、偶然所得等）与支出（包括各种固定支出与变动支出）进行分析。而财务比率分析则是在资产负债表和现金流量表所提供数据的基础上，用财务比率的形式，更直观地反映理财主体当前的收入水平、财务自由度水平等财务状况。根据分析结果，确定其风险承受水平，必要时对理财目标进行适当的调整。

（三）制订个人理财规划方案

个人理财规划方案的制订是整个个人理财活动的最重要部分，是理财目标能否实现的关键。在对理财主体的风险偏好、财务状况和理财目标等多个方面进行详细分析后，即可根据其目标和风险承受能力确定个人理财规划方案。在制订方案时，要参考多方面的情况，既要保障投资目标的实现，又要意识到投资风险的客观存在，注意对投资风险的规避和分散。

（四）执行个人理财规划方案

制订好个人理财规划后，接下来的工作就是对该规划进行执行。在执行的过程中，要兼顾准确性、及时性和有效性的基本原则。准确性原则主要是指计划的执行者应该在资金数额分配和品种选择上准确，这样才能保证理财主体既定目标的实现；及时性原则主要是指计划执行者要及时地落实行动措施，根据自身情况和市场的变化及时地进行计划调整；有效性原则主要是指执行者要使计划的实施能够有效地实现理财规划方案的预定目标，使其财产得到真正的保护或者实现预期的增值。只有兼顾这三项原则，理财规划方案才能够得到有效的执行。

（五）监控个人理财规划方案的实施

任何宏观或微观环境的变化都会对个人理财规划的执行效果造成影响，因此，理财主体必须定期地对其理财规划的执行和实施情况进行监控和评估，就实施结果进行评价，并根据实际情况对规划进行适当的调整。

任务三　个人理财财务分析

理财主体在明确了理财目标后，接下来就需要对其财务状况进行分析，全面了解个人或家庭的资产、负债、收入和支出情况，预测这些财务要素未来的发展趋势，掌握其整体财务特点，并找出存在的问题和需要改进的地方，从而为修订理财目标和制订合理的理财规划方案奠定坚实的基础。

一、宏观经济背景分析

经济环境对财务策划有着很大的影响，在不同的经济环境下，同一个理财主体提出的财务策划可能完全不同。因此，要做出合理的财务策划，理财主体必须十分熟悉所处地区的宏观经济背景。这样，才能使财务策划满足自身的理财目标。影响个人财务状况的宏观经济因素主要有两类：市场参与者和影响个人财务状况的经济因素。前者主要包含金融市场发展、社会保障制度、税收政策、财政和金融政策等影响因素，后者包含经济周期、物价水平、通货膨胀率、利率及汇率、就业水平等影响因素。

二、资产负债表分析

（一）个人或家庭的资产负债表

个人或家庭的资产负债表是总括反映其在特定日期的财务状况的会计报表。它在优化家庭消费结构、帮助家庭资产快速增值、建立个人信用评价体系等方面发挥着重要的作用。

个人或家庭资产负债表的内容包括资产科目和负债科目。其中，资产科目主要包括现金及活期存款、预付保险费、定期存款、国债、企业债券、基金及股票、房地产、汽车及家电等；负债科目主要包括信用卡贷款余额、消费贷款余额、汽车贷款余额、房屋贷款余额等。家庭资产负债表如表2-3所示。

表2-3　家庭资产负债表

资产		负债	
现金及活期存款		信用卡贷款余额	
预付保险费		消费贷款余额	
定期存款		汽车贷款余额	
国债		房屋贷款余额	

续表

资产		负债	
企业债券、基金及股票		其他	
房地产			
汽车及家电			
其他			
资产总计		负债总计	

在家庭资产负债表中有一个重要的公式，可以简单表述如下：

$$净资产 = 资产 - 负债$$

资产负债表显示了个人或家庭全部的资产和负债状况，通过对其进行深入的分析，不仅可以了解具体的资产、负债信息，而且能够掌握其资产和负债结构，为下一阶段的理财规划和投资组合奠定基础。

（二）资产负债表的财务分析

个人或家庭资产负债表的财务分析主要包括以下四个方面：净资产分析、负债比率分析、资产结构分析和应急能力分析。

1. 净资产分析

由于理财主体的具体情况不同，其所持有净资产的理想数值不能一概而论。我们只能根据理财主体的净资产、收入水平、当地的消费水平等进行比较分析。假定某人已经工作多年，收入处于某大城市的中等以上水平，则可以分以下几种情况进行讨论，如表2-4所示。

表2-4 理财主体的净资产分析

客户净资产状况	财务分析结果
净资产为负	目前的财务状况不容乐观，有必要将近期的债务尽快偿还，同时尽快增加收入
净资产/年收入 < ½	有必要控制开支，需要更多地进行储蓄或投资，同时努力工作，使收入增加
½ < 净资产/年收入 < 3	如果客户还年轻，则其财务状况良好；如果客户已经超过45岁，则有必要采取措施增加其净资产
净资产/年收入 > 3	客户目前的财务状况良好

2. 负债比率分析

负债按其用途可分为个人使用资产负债、投资负债与消费负债。个人使用资产负债是指用来购买个人使用资产（如房屋与汽车）的抵押贷款；投资负债是指因为投资金融资产而形成的负债；消费负债主要是指因消费而形成的短期负债，如信用卡透支。负债比率分析主要是通过对客户的负债与资产的比较，衡量其财务风险状况，具体的分析主要通过对客户的负债资产的比较，衡量其财务风险状况。具体的分析指标如表2-5所示。

表2–5 理财主体负债比率分析指标

指标名称	计算方法	指标分析
个人使用资产贷款比	$\dfrac{个人使用资产贷款额}{个人使用资产市值}$	该指标会随着个人使用资产未还款余额、资产市场价值的变化而变化。指标的降低说明客户在个人使用资产上债务负担的减轻
投资活动融资比率	$\dfrac{投资负债}{金融资产市值}$	股票融资融券、证券抵押贷款等都应计入投资负债，客户可利用其财务杠杆效应来加速资产的增长
消费负债与资产比率	$\dfrac{消费负债额}{总资产}$	在个人理财中应该尽量避免消费负债，消费负债不宜超过总资产的一半

3. 资产结构分析

资产结构分析主要是对资产负债表中不同资产类型之间的关系进行分析。根据资产的流动性，可将其分为固定资产和流动资产。保持一定的资产流动性是个人或家庭应付日常生活开支、偿还到期债务和应对紧急开支的必然要求。因此，在资产的构成中要保证3～6个月平均开支的现金及现金等价物性质的流动资产。此外，根据资产的性质可将其分为金融资产、实物资产和无形资产。根据高风险高回报的投资规则，许多理财主体为了追求资产的快速增值，将投资集中到风险性较高的金融资产中，从而提高了自身资产结构的风险水平。

4. 应急能力分析

资产的流动性一方面指资产的变现能力，另一方面指资产变现过程中的价值损失水平。普通居民要保持一定的资产流动性，主要是应付日常生活开支需求、应急需求和投机需求。在应急需求方面，主要是应对失业或失能导致的工作收入中断，以及应对紧急医疗或意外灾变所导致的超支费用。前者一般要求3～6个月的固定支出，后者则根据当地的医疗收费状况、客户的保险状况等因素来确定。

衡量个人或家庭资产应急能力的指标有两个：失业保障月数和意外或灾变承受能力，其计算方法如下：

$$失业保障月数 = \frac{存款、可变现资产或净资产}{月固定支出}$$

$$意外或灾变承受能力 = \frac{可变现资产 + 保险理赔金 - 现有负债}{5～10年生活费 + 房屋重建装潢成本}$$

其中，可变现资产包括现金、活期存款、定期存款、股票、基金等，不包括汽车、房地产、古董字画等变现性较差的资产；固定支出除生活费用开销以外，还包括房贷本息支出、分期付款支出等已知负债的固定现金支出；失业保障月数的指标高，表示即使失业也暂时不会影响生活，可审慎地寻找下一份适合的工作。最低标准的失业保障月数是3个月，6个月较为妥当。

三、现金流量表分析

（一）个人或家庭的现金流量表

个人或家庭的现金流量是指某一时期内个人或家庭现金流入和流出的数量。个人或家庭的日常经济活动（主要指消费、投资和筹资）是影响现金流量的重要因素，但并不是所有的经济活动都影响现金流量,如将现金存入银行、购买3个月内到期的公司债券等,用现金购买家电、长期债券等,会影响现金流量净额的变动。

现金流量表中的现金流入项目一般包括工作所得(家庭所有成员的工资、奖金、津贴等),经营所得(自有产业的净收益),投资收益(现金股利、资本收益、租金收入、利息收入、其他投资收入等)和其他所得(劳务报酬、稿酬、失业保险所得、退休金、救济金等)。现金流量表中的现金支出项目一般包括日常消费支出(饮食、服装、房租、水电、医疗、教育、娱乐、交通、通信、赡养、纳税、维修等),投资支出(购买股票、基金、债券、外汇、房地产等各种投资项目)和其他支出(偿还债务、进行个人培训等费用开支)。

现金流量表一般以"现金流入—现金流出—现金净流量"这一方程式为基础,采用多步式列示,最终计算并填列本期现金净流量。个人或家庭现金流量表如表2-6所示。

表2-6 个人或家庭现金流量表

现金流入	金额	备注	现金流出	金额	备注
工资			日常消费支出		
奖金			饮食支出		
津贴和补助			房租支出		
劳务收入			服装支出		
经营所得			水电支出		
收回投资或分红			医疗支出		
利息收入			教育支出		
租赁收入			娱乐支出		
债权收入			投资支出		
典当物品所得			股票支出		
返还保费收入			保险支出		
馈赠			按揭贷款月供款		
退休金			其他支出		
遗产继承			偿还债务		
其他现金流入			培训支出		
现金流入合计			现金流出合计		
现金净流量		现金流入合计-现金流出合计			

在制作现金流量表时,每个项目都是可以改变的。表2-6中的"备注"栏便于使用者简要记录那些相对异常的收入或支出项目。表2-6只是一个例子,不同的个人或家庭,收入来源和支出项目可能是不同的,若某些项目永远都不会出现,则可以删除;对那些不是每个月都会发生的项目,建议保留;也可以增加一些没有的项目。通过对不同时期现金流量表的对比,可以获得现金流入、流出的变动额度,并从变动的总体趋势上把握个人或家庭的财务状况。

(二) 现金流量表的财务分析

个人或家庭现金流量表的财务分析主要是对其现金流入（收入）和现金流出（支出）状况进行分析，以判断其收支水平和财务自由度水平。具体指标包括以下三项。

1. 消费率

消费率是消费支出占总收入水平的比率。消费支出主要包括日常的衣、食、住、行、教育、娱乐、医疗等支出。在西方经济学中，居民的消费需求是由基本消费和边际消费率、收入水平所决定的。边际消费率为每增加1元所得而增加的消费金额，通常为30%~60%，并随着收入水平的增加而呈现递减的趋势。因此，收入水平越高，消费率就越低，财务自由度也就越高。

2. 自由储蓄额

所谓自由储蓄额，是指可以自由决定如何运用的储蓄。其计算公式如下：

$$自由储蓄额 = 总储蓄额 - 已经安排的本金还款及投资$$

其中，已经安排的本金还款及投资包括房贷应定期摊还的本金额、应缴储蓄型保费额、应缴定期定额投资额等。

自由储蓄额可以满足短期的理财目标和奢侈消费需求，如旅游、添购家具电器，也可以用来提前还清贷款。自由储蓄额占总收入的比率被称为自由储蓄率。自由储蓄率一般以10%为目标。

3. 流动性比率

流动性比率是流动资产与月支出的比值。其计算公式如下：

$$流动性比率 = \frac{流动资产}{月支出}$$

该比率反映家庭的应急储备状况及支出能力的强弱，通常情况下，流动性比率为3~6较为合适。资产的流动性与收益性呈反比，流动性越强，则收益性越差；反之亦然。所以，应保持一定的流动性资产，其余用于扩大投资，以期取得更高的收益。

任务四 个人理财风险的衡量

不确定性是风险产生的条件，它包括主观和客观两种形态。客观是充分条件，不具备客观不确定性就不存在结果的差异性，主观不确定性是产生风险的必要条件，不具备主观不确定性便不会产生风险管理的要求。个人理财活动同时具备了客观不确定性和主观不确定性双重条件。从客观不确定性来说，个人理财活动受理财环境的影响和制约，国家的政治体制、经济环境、法律制度、金融政策等宏观环境的变化和理财主体自身所处的微观经济的不确定性都可能导致个人理财结果的差异性。从主观不确定性来说，理财主体在理财过程中总少不了对事务的判断和对未来结果的预期，但由于个人对环境认知能力有限和可获取的资源不足，预期常常与实际结果不符。所以，这是一项充满风险的经济活动。

一、个人理财风险的内涵

财务风险是资本流通的产物，资本流通的始点是本金，只要把货币作为本金来运作，就有无法实现本金增值的风险。因此，财务风险起源于资本垫支之初对资本增值的期望，表现为达不到期望增值结果的可能性。个人理财风险是指理财活动中预期收益的不确定性，它是客观不确定性和主观不确定性的统一。客观不确定性是指未来结果的多样化以及结果之间质的差异，主观不确定性是指对未来结果和发生可能性的期望的差异。个人理财风险是一个客观范畴，理财风险是客观存在的，因为它的成因是客观存在的，但理财风险的选择是主观的，因为风险是可度量的。它不同于意外事件，意外事件只具有客观不确定性，它的发生不需要个人的参与，而风险是对预期的偏离，风险的大小受人们的预期的影响，所以不同的人对风险的判断是不同的。

二、个人理财风险的形成

个人理财是个人垫支并回收资本的财务活动及形成的财务关系，它包括筹资、消费、投资、分配几个环节。财务风险是资本流通的产物，资本流通是财务风险的集聚和转移过程。

（一）筹资阶段

垫支的资本可能来源于现在和未来的收入，也可能来源于对外的负债。由于收入要满足未来的消费需求，对外负债到期时要偿还本金和利息，因此，筹资阶段是所有财务风险的启动点。

（二）消费阶段

个人取得的收入首先要用来满足个人日常的消费和耐用消费品的购买，在这一阶段，货币转化为消费品，包含了资本支付的风险和资本配置的风险。信用消费使购买和支付的时间分离，意味着未来无法付款的信用支付风险。而所购买的消费品是日用消费和耐用消费品的组合，如果两者配置比例不合适，不但会影响生活的水平，还会造成现在和未来现金流的闲置或紧缺。

（三）投资阶段

个人手中的闲置资金可以用于投资，投资品种的选择决定了投资的风险和收益，长短期间的搭配则影响资金的流动性。如果投资不当，则会带来资本消耗和支付风险。

（四）分配阶段

分配阶段连接着两次循环，一方面，前面投资和消费的不当造成的支付和资源配置的风险在这一阶段都会释放出来；另一方面，资金的分配不仅存在购买力风险和再投资风险，还会影响下一次的筹资活动。

三、个人或家庭的风险属性

风险是对未来预期的不确定性，是可以被度量的。同样的风险在不同的理财主体那里会有不同的感受，因此，每个理财主体对待风险的态度都是不一样的。理财主体的风险属性是进行理财规划要考虑的重要因素之一。

个人或家庭的风险属性可以由以下三个方面构成。

（一）风险偏好

风险偏好反映的是理财主体主观上对风险的态度，也是一种不确定性在理财主体心理上产生的影响。产生不同的风险偏好的原因较复杂，但与其所处的文化氛围、成长环境有很深的联系。比如我们常说美国人喜欢冒险，而中国人强调平安是福。

（二）风险认知度

风险认知度反映的是理财主体主观上对风险的基本度量，这也是影响人们对风险态度的心理因素。同样的风险，不同的人对其认知的水平是不一样的，人们对风险的认知水平往往取决于其个人的生活经验。比如，房地产市场和股票市场都具有很高的风险，但是几年前，我国股票市场持续下跌而房地产市场持续增长，结果有为数不少的人不能正确评估房地产市场和股票市场的风险。

（三）实际风险承受能力

实际风险承受能力反映的是风险在客观上对理财主体的影响程度，同样的风险对不同人的影响是不一样的。例如，用10万元来炒股票，其风险是客观的，但对一个仅有10万元养老金的退休人员和一个有数百万元资产的富翁来说，产生的影响是截然不同的。

上述三个方面对每个理财主体都是不一样的。综合上述三个方面就构成了一个理财主体的风险属性。对待不同风险属性的理财主体，当然应当采用不同的理财方式，同时，理财主体的风险承受能力也会影响他的理财行为。

四、影响个人或家庭风险承受能力的因素

影响个人或家庭风险承受能力的因素主要包括以下几个方面。

（一）年龄

一般而言，客户年龄越大，所能够承受的投资风险越低。通常情况下，年轻人的人生与事业刚刚起步，面临着无数的机会，他们敢于尝试，敢于冒险，偏好较高的风险；而到了退休年龄，心态自然就比较保守，做人做事比较稳重，而且这个年龄也不允许犯大的错误，一般理财偏好趋于保守。

（二）资金的投资期限

如果用于投资的一笔资金可以长时间持续进行投资而无须考虑短时间内变现，那么这项投资可承受风险的能力就较强。相反，如果一项投资要准备随时变现，那么这项投资可承受风险的能力就较弱，应该选择更安全、流动性更好的产品。

（三）理财目标的弹性

理财目标的弹性越大，可承受的风险越高。若理财目标时间短且完全无弹性，则采取存款的方式以保本保息是最佳选择。

如果某项投资是为了子女的教育或者父母的赡养，那么这笔资金就必须在保证安全性的前提下在特定时间内获得理想的收益。这样的理财目标既缺乏金额弹性又没有时间弹性，对理财工具的风险偏好较低。相反，如果个人计划一笔资金用于未来购车，则可以有较大的理财目标弹性，可根据收益状况来决定该笔资金的投资期限和购车的时机及档次。

（四）投资者主观的风险偏好

投资者主观上可以承受本金损失风险的程度是因人而异的。个人的性格、阅历、胆识、意愿等主观因素所决定的个人态度，直接决定了一个人对不同风险程度的产品的选择与决策。

一个人越是有着复杂的家庭结构,其所承担的社会责任也就越重,如三代同堂之家、单亲家庭,在收入来源单一的情况下,就不会有高风险的理财偏好,也不宜从事高风险的投资。否则,一旦失败,将给家庭带来巨大的冲击。相反,对于家庭结构相对简单的人来说,其所负担的社会责任与压力较小,可以尝试高风险的投资。

(五) 学历与知识水平

一般来说,掌握专业技能和拥有高学历的人,对风险的认识更清晰,管理风险的能力更强,往往能从事高风险的投资。而对投资知识相对缺乏的人来说,高风险投资失败的可能性就要大得多。

(六) 财富

资金充裕是否就意味着愿意承担更高的风险呢?这个问题要求我们首先区分绝对风险承受能力和相对风险承受能力这两个概念。绝对风险承受能力由一个人投入风险资产的财富金额来衡量,而相对风险承受能力由一个人投入风险资产的财富比例来衡量。

一般地,绝对风险承受能力随财富的增加而增加,因为投资者将更多的财富用来投资,而相对风险承受能力未必随财富的增加而增加。

除了上述因素外,还有许多其他的理财特征会对个人理财方式和产品的选择产生很大的影响。因此,应根据自身的实际情况和风险承受能力选择适合自身的理财方式,以使个人理财风险在自己的承受范围内。

任务五　个人理财规划实务

我们将通过一个案例来具体分析个人理财规划的流程,明确在制订和执行个人理财规划时应当注意的内容——如何确立合理的理财目标、进行财务状况分析时应使用的方法和内容、个人理财风险衡量的方法和控制风险的方法等。

一、理财需求素材

(一) 家庭成员基本情况

黄先生今年35岁,在供电局工作,职业稳定;有一个6岁的儿子,家庭成员身体健康;夫妻每月总收入7 000元(税后),年底总奖金约1万元。

(二) 家庭每月开支

每月日常开支4 000元(其中,公用生活费1 500元,衣食费2 000元,交通费300元,其他200元);房屋为一次性购买,无还贷压力。

(三) 家庭财务状况

现有活期存款1万元,定期存款10万元,债券及基金、股票13万元。

(四) 家庭目前及未来保障状况

1. 本人现有保障如下:

①中国人寿简易人身保险,每年交240元。

②中国人寿鸿寿养老保险,每年交1 700元,购买到2028年,一次性领取10万元。

2. 家人投保状况如下:

①为儿子购买平安鸿利两全保险(分红型),保金为3万元,交20年,每年要交2 730元,每3年次返还分红。

②妻子没有购买保险。

(五) 家庭预期理财目标

家庭预期理财目标如下:

①计划2年内购买一辆15万元左右的汽车。

②为儿子准备教育金。

③计划在第7年购买另一套房(价值50万元)。

二、家庭当前财务状况和现金流量分析

家庭资产负债表、家庭月度现金流量表、家庭年度税后收支表如表2-7~表2-9所示。

表2-7 家庭资产负债表　　　　　　　　　　　单位:元

资产		负债	
现金及活期存款	10 000	房屋贷款余额	0
人民币定期存款	100 000		
外币现金及存款			
股票及股票基金	12 000		
自用房地产	0		
人寿保险	0		
资产总计	122 000	负债总计	0

表2-8 家庭月度现金流量表　　　　　　　　　单位:元

收入		支出	
本人收入	5 000	房屋支出	0
其他家人收入	2 000	公用费	1 500
其他		衣食费	2 000
		交通费	300
		医疗费	
		其他	200
合计	7 000	合计	4 000

表2-9 家庭年度税后收支表　　　　　　　　　　　　　　单位：元

收入		支出	
年终奖	10 000	保险费	5 000
债券利息和股票分红	2 000	教育费	2 000
证券买卖差价		其他	
其他	12 000		
合计	24 000	合计	7 000

分析结果：

①该家庭的资产分为固定资产和金融资产，资产负债率为0%，在合理范围内，但资金利用效率不足。

②家庭总资产为12.2万元，因房产数额未提供，目前主要为金融资产，资产结构较为合理。

③黄先生一家年收入8.4万元，加上年终收入2.4万元，共10.8万元，属于中等收入家庭；正处于家庭成长期的开始阶段，家庭责任重大。

④从收入来看，工资收入占89.4%，占了主导地位。

⑤从支出来看，生活费占主要地位，各项费用的数额基本控制在合理的范围内，年度结余占收入的60.42%左右。

⑥金融资产的一半集中于银行存款，收益率不到3%，无法实现资产的保值增值。

⑦保险保障较为合理，但数额不足。

三、家庭合理的理财目标

家庭合理的理财目标如下：

①家庭资产及现金管理。

②计划2年内购买一辆15万元左右的汽车。

③为儿子准备教育金。

④计划在第7年购买另一套房（价值50万元）。

⑤为妻子购买一份保险，为儿子购买一份教育保险。

四、理财方案

（一）资产及现金管理方案

1. 节约消费，为投资提供更多资金

黄先生一家理财的来源基本为收支结余，虽然日常支出控制在合理范围内，但如能精打细算，还可以在保证生活质量的情况下减少支出，为投资规划提供更多的资金。

2. 购买保险，提高家庭稳定性

黄先生家庭收入主要为夫妻两人的工资收入，所以有必要通过购买保险来保障自己的收入能力，保险额度至少为年支出的10倍，约50万元。并且，最好再为妻子和孩子购买大病健康险和意外险。

3. 选择风险中下的投资组合

目前的1万元现金可以不动，黄先生需要照顾孩子，赡养老人，所以应至少准备6个月的生活费用作为应急准备金。当然，这1万元除了存进银行之外，还可以投资于货币基金市场来提高收益率。

对于剩下的13万元资产，因为黄先生的理财观念保守，也就是承担风险能力偏低，所以建议选择风险中下的投资组合。60%的资金选择低风险的固定收益类产品，如人民币理财产品、货币基金或者债券，收益率可达到3%左右；40%的资金选择中等风险的投资，包括基金和券商集合理财产品等，收益率可达到10%左右，这样，总收益率可达到6%左右。

（二）购车规划

2年内购买15万元左右的轿车。因购车为奢侈品支出，不建议使用现有金融资产购买。现在年储蓄6万元左右，可以作为首付，在今年年末购买，其余部分进行贷款，贷款额9万元，5年内还清，月还款额1 500元左右，对生活影响不大。

（三）子女教育规划

黄先生家庭的主要理财目标是子女教育规划。儿子今年6岁，马上要上小学，目前月结余3 000元，扣除掉1 500元车贷还款，尚余1 500元，可以全部进行基金定投，到孩子满18岁时，可以积攒6.0673万元，足够孩子上学用了。

（四）购房规划

计划7年后购买价值50万元的住房。可以将现有的23万元资产全部配置在房产规划上，按照6%的年收益率，7年后可以变成34.58万元。到时车贷已还清，可以贷款16万元，贷10年，月还1 700元左右，基本上和家庭收入情况吻合。

（五）保险及退休规划

黄先生每年年底有24 000元的收入，减去支出7 000元，剩余17 000元。可以为妻子和儿子购买一定的大病健康险和意外险，保费金额在5 000元左右。剩余的12 000元全部配置在国债、人民币理财产品等保本产品上，用于养老筹划。

五、理财方案分析

该方案能够根据黄先生一家的实际情况，综合运用多种理财产品，为客户提供比较理想的理财建议，具有较高水平。

（一）方案思路清晰

个人理财设计的基本业务流程为：分析个人/家庭的预期理财目标和财务状况→确定合理的理财目标→制定理财方案→实施理财方案→对理财方案的实施情况进行监控和评估→分析个人/家庭情况的变化→调整理财目标→调整理财方案→实施新的方案……

该方案是在对黄先生家庭预期理财目标和财务状况进行了解的基础上设计的，方案设计合理，思路清晰。

（二）对该家庭的信息了解全面，理财目标明确，理财建议有坚实的基础

该方案选择了收入稳定的三口之家作为理财对象，具有较强代表性。方案明确指出了家庭的理财目标，对其信息掌握得较为全面和充分，包括基本信息中的家庭情况、投资偏好、生活态度，财务信息中的资产负债、收入支出和风险状况。这些情况中既有定性的分析，又有定量的数据，较为全面和充分地把握了该家庭的状况，这为理财建议提供了坚实的基础。

（三）考虑多方面的因素，综合性强

该方案综合考虑了上述家庭在各个方面的财务需求，包括购置房产、子女教育、养老计划，在进行财务分析时，考虑了通货膨胀、工资上涨。方案中使用的未来现金流数据均是扣除了通货膨胀后的实际数据，在投资建议中，考虑了本外币多种投资品种。这就使得该方案综合性强，分析全面。

另外，该方案的展示形式生动有力，语言表达清晰明了。

六、结论启示

（一）理财方案的设计必须以理财主体为中心

个人理财方案设计是一种个性化的服务，方案设计的每一步流程都必须体现"以理财主体为中心"的思想。所以，收集理财主体的详细数据，分析他的实际情况对方案的设计非常重要。同时，个人理财是一种互动的业务，理财目标确定、理财方案的设计都要在理财主体的参与下进行，只有这样，才能设计出符合理财主体特点和需求的理财方案。

（二）综合考虑所有因素

个人理财方案的设计是一个十分复杂的过程，中间涉及许多因素，既要对现实社会中各种制度进行细致分析，又要对理财主体进行调查和主观判断，而且要对某些经济变量、资产价格或家庭未来状况进行预测。因此，必须综合考虑所有相关因素。理财计划是对未来的预期和安排，任何理财计划都需要对一些待定情况做出假设，这些假设是决策的基础，所以假设必须要合理，尽可能贴近实际。

（三）理财方案设计要有全局观

理财计划具有综合性和动态性，因此，理财方案设计应有全局意识，不能孤立地分析每一部分。不同类型的投资工具的收益风险特征有很大区别，实证分析表明，资产分配决策是决定投资回报率高低的最重要因素，而各类资产内部投资工具的选择却并非最关键的因素。在资产配置时，首先要明确各类资产的比例，然后在各类资产中选择具体的投资工具，保持整体的平衡。在方案的实施过程中，还必须经常注意理财主体情况的变化，以便及时调整理财方案，适应不断变化的环境。

项目小结

本项目主要介绍个人理财需求与规划的基本内容。介绍了个人理财需求的内容和个人生命周期不同阶段的理财目标；说明了个人理财规划的内容和流程；分别从宏观经济环境、资产负债表和现金流量表三个方面介绍了对理财主体的财务状况进行分析的方法和内容；分析了个人或家庭的风险属性和影响其风险承受能力的因素。

本章习题

一、名词解释

期望目标　必要目标　现金和储蓄规划　消费规划　教育规划　保险规划　投资规划　退休及遗产分配规划　资产负债表　现金流量表　消费率　流动性比率　风险偏好　风险认知　实际风险承受能力

二、思考讨论题

1. 个人理财需求的内容有哪些？
2. 制定个人理财目标应注意哪些问题？
3. 一个合理的理财目标体系应该具备哪些特点？
4. 个人理财规划主要包括哪些内容？
5. 在消费规划中要注意哪些问题？
6. 个人理财规划的流程是什么？
7. 对个人或家庭资产负债表和现金流量表进行的财务分析包括哪些内容？
8. 个人或家庭的风险属性由哪些内容构成？
9. 影响个人或家庭风险承受能力的因素包括哪些？

三、案例分析题

吴先生现年24岁，本科学历，广东外企职员，参加工作近两年，年税后收入56 000元，每年的收入预计有15%～20%的递增；有单位购买的四险一金和补充医疗保险，另有投保近2年的太平洋鸿运年保险2份（保额2万元）和重疾医疗保险（保额4万元）。

吴先生父亲现年52岁，私企质检员，工作较不稳定，年税后收入18 000元，有基本社保和医保；身体状况欠佳，患有2型糖尿病。吴先生母亲现年51岁，教师，年税后收入64 000元，有公费医疗和定期寿险（保额5万元）。

家庭资产负债情况：目前有现金及存款22万元，还有4套房产。其中一套自用房产价值90万元；两套房产总价值68万元，用于出租；还有一套按揭房产价值31万元（公积金贷款20万元，等额本息还款，月供1 289元），自用兼出租。除房贷外，有信用卡贷款6 000元待还。

家庭其他收入及支出情况：吴先生家庭年日常生活开支24 000元，含交通费和医疗费各2 000元，娱乐、交际费用年支出各5 000元；商业保险费年支出7 416元；房屋贷款年支出15 468元，年度支出共计56 884元。现有房屋年租金收入33 900元，利息收入6 000元/年。

家庭投资偏好与理财观念：父母属于保守型人士，房屋不打算卖掉，希望一直出租（租金收入稳定）。

理财目标：建立家庭现金流规划，做好流动性储备；解决家庭成员风险保障不足的问题；吴先生希望两年后结婚，届时还清房屋贷款 20 万元。

思考：

请根据吴先生的理财目标及其家庭风险属性，为其制订一套理财方案。

四、衍生思考题

在理财实务中，作为理财人员需要随时和客户沟通交流，请思考在与客户接触中要注意哪些礼仪。

项目三
教育理财规划

【知识目标】
1. 掌握子女教育理财规划的特点及意义。
2. 掌握教育理财规划的各种工具。

【能力目标】
1. 学会教育理财规划需求分析,了解教育目标总费用的构成。
2. 了解各阶段子女教育需求的不同特点、教育储备的优势及局限性,选择教育金保险应考虑的问题。
3. 通过实训学会制订教育规划方案。

任务一 教育理财规划相关理论

教育理财规划在中国家庭中主要是为子女准备接受高等教育的费用。近年来,随着高等教育学费的逐年提高和整个社会重视知识氛围的形成,子女教育理财规划已经成为家庭理财规划中非常重要的一部分。

教育理财规划即教育投资规划,是指为积累实现预期教育目标所需要的费用而进行的一系列资金管理活动,可分为本人教育投资规划和子女教育投资规划。个人教育投资规划是指对自身的教育;子女教育投资规划是指为子女将来的教育费用进行策划和投资,又包括基础教育投资和高等教育投资。

一、子女教育理财规划的特点及意义

子女教育金理财规划必须是专款专用,不能将这一笔资金挪去购房或购车;另外,子女教育金的理财工具宜保守,而保本是最高指导原则。获利性较高的理财工具风险性也高,一般开始累积的时间要早,可选择部分资金投入高风险理财工具,比例不宜高于10%。

(一) 子女教育理财规划的意义

1. 良好的教育对于个人意义重大

接受良好的教育是提高自身本领和适应市场变化的重要条件,在市场经济条件下,劳动者收入与受教育程度成正比。

2. 教育费用逐年增加

随着社会经济的发展,人们的收入水平有了很大提高,为提高教育费用负担水平提供了

基本保证。独生子女制度使得家庭加大了对子女教育的投入。教育费用急剧增加，占家庭开支的比例日益扩大，已经成为很多家庭的负担，甚至有的家庭因此而陷入贫困。

$$教育负担比 = 子女教育费用 \div 家庭税后收入$$

【例3-1】冯先生有个女儿，刚考入东北财经大学金融学院。女儿正式入学前，冯先生计算了一下女儿读大学一年的费用，费用明细为：全年学费4 500元，住宿费1 200元，日常各项开支预计每月1 000元，以全年10个月计，共需10 000元。预计冯先生和太太全年税后收入8万元，那么对于冯先生家庭而言：

教育相关费用 = 学费 + 住宿费 + 日常开支 = 4 500 + 1 200 + 10 000 = 15 700（元）

教育负担比 = 15 700 ÷ 80 000 = 19.6%

3. 教育费用特点

①没有时间弹性，没有费用弹性。

②子女的资质及其所花费的费用难以事先掌握。

③子女教育金必须靠自己来准备。考虑存在时间复利的效果，开始规划的年龄愈早愈好。

④子女教育金支出时间长，总额大。

⑤投资策略不可太消极。教育金的支出成长率较一般的物价增幅要高，因此，子女教育金的投资不能太保守，至少要高于学费成长率，但是愈接近学费高峰时期，投资就愈要保守。

教育支出最主要的资金来源是家庭自身的收入和资产。稳定的收入和充足的资产是教育支出坚实的资金保证。除此以外，教育资金还可来源于：政府教育资助，如特殊困难补助、减免学费、"绿色通道"、国家助学金等，奖学金，贷款，子女勤工俭学或兼职收入。

1. 政府教育资助

特殊困难补助，是各级政府和高校对经济困难学生遇到一些特殊性、突发性困难时给予的临时性、一次性的无偿资助。

减免学费，是对普通高校中部分经济特别困难的学生，尤其是孤残学生、少数民族学生及烈士子女、优抚家庭子女等实行的减收或免收学费的措施。

"绿色通道"是指对被录取的经济困难的新生，一律先办理入学手续，然后再根据核实后的情况，分别采取不同的资助措施。

国家助学金主要资助家庭经济困难学生的生活费用开支。平均资助标准为每生每年2 000元，具体标准在1 000~3 000元范围内确定，可以分为2~3档。每年9月30日前，学生根据规定的国家助学金的基本申请条件及其他有关规定，向学校提出申请，并递交《普通本科高校、高等职业学校国家助学金申请表》。

2. 奖学金

（1）国家奖学金

2002年5月21日，为帮助家庭经济困难的普通高校学生顺利完成学业，财政部和教育部决定：2002年9月1日起，我国将设立国家奖学金，每年在全国范围内定额发放给45 000

名在校大学生，总规模为每年2亿元。2007年5月，每年奖励5万名特别优秀的在校学生，奖励标准由原来的每人每年5 000元提高到8 000元。国家奖学金获得者所在学校减免其当年的全部学费。国家奖学金的基本申请条件：①热爱社会主义，热爱祖国，拥护中国共产党的领导；②遵守宪法和法律，遵守学校规章制度；③诚实守信，道德品质优良；④在校期间学习成绩优异，社会实践、创新能力、综合素质等方面特别突出。同一学年内，获得国家奖学金的家庭经济困难学生可以同时申请并获得国家助学金，但不能同时获得国家励志奖学金。

（2）国家励志奖学金

国家励志奖学金是为了激励普通本科高等学校、高等职业学校和高等专科学校的家庭经济困难学生勤奋学习、努力进取，在德、智、体、美、劳方面全面发展，由中央和地方政府共同出资设立的，奖励资助品学兼优的家庭困难学生的奖学金。资助面平均约占全国高校在校生的3%，资助标准为每生每年5 000元。二年级以上（含二年级）的在校生，符合以下条件的可以申请：①热爱社会主义，热爱祖国，拥护中国共产党的领导；②遵守宪法和法律，遵守学校规章制度；③诚实守信，道德品质优良；④在校期间学习成绩优秀；⑤家庭经济困难，生活俭朴。

3. 贷款

（1）学生贷款

学生贷款是指学生所在学校为那些无力解决在校学习期间生活费的全日制本、专科学生提供的无息贷款。目前各高校学生贷款实际额度一般每年在1 000元以上。学生贷款审定机构应由学生管理部门、财务部门、教师和学生等方面代表组成。

（2）国家教育助学贷款

国家教育助学贷款可分为商业性银行助学贷款和财政贴息的国家助学贷款。商业性银行助学贷款，指贷款人向借款人发放的，用于借款人自己或其法定被监护人就读国内中学、普通高校及攻读硕士、博士等学位，或已获批准在境外就读大学及攻读硕士、博士等学位所需学杂费用（包括出国的路费）的消费贷款；财政贴息的国家助学贷款，是指贷款人向借款人发放的，由中央财政或地方财政贴息，用于借款人本人或其直系亲属、法定被监护人在国内高等学校就读全日制本、专科或研究生所需学杂费和生活费用的助学贷款。

（3）一般性商业助学贷款

一般性商业助学贷款是指各金融机构以信贷原则为指导，对高校学生、学生家长或其监护人办理的，以支持学生完成学习为目的的一种商业性贷款形式。

2016年国家奖助学金类型如表3-1所示。

表3-1 国家奖助学金类型（2016年）

助学项目	人数/万人	金额/每人每年（元）	总额/亿元
国家奖学金	5	8 000	4
国家励志奖学金	78.66	5 000	39.33
国家助学金	556.38	2 000	297.49
中职学生助学金	1 502.66	1 500	332.13
助学贷款	378.21		263.21

数据来源：《2016年中国学生资助发展报告》

4. 子女勤工俭学或兼职

在校学生通过半工半读来负担自己的教育费用，在接受教育的同时，可以积累一定的社会经验。

（二）我国的子女教育投资规划现状

目前，我国家庭对于教育规划的重要性都有所认识，但对于教育规划的知识了解不够，很多家庭的资金投资管理方式单一，大多投资于收益率较低的储蓄上，仅仅依靠积累很难在通货膨胀的影响下获得好的投资效果。

2015年修订的《中华人民共和国义务教育法》第42条规定：国家将义务教育全面纳入财政保障范围，义务教育经费由国务院和地方各级人民政府依照本法规定予以保障。国务院和地方各级人民政府用于实施义务教育的财政拨款的增长比例应当高于财政经常性收入的增长比例，保证按照在校学生人数平均的义务教育费用逐步增长，保证教职工工资和学生人均公用经费逐步增长。1993年在国务院颁布的《中国教育改革和发展纲要》中明确提出，逐步提高国家财政性教育经费支出占国民生产总值的比例，20世纪末要达到4%，2012年我国首次实现4%这一目标，达到4.3%。

教育部、国家统计局与财政部发布的《关于2015年全国教育经费执行情况统计公告》显示，2015年，全国教育经费总投入为36 129.19亿元，比上年的32 806.46亿元增长10.13%。其中，国家财政性教育经费（主要包括公共财政预算安排的教育经费、政府性基金预算安排的教育经费，企业办学中的企业拨款、校办产业和社会服务收入用于教育的经费等）为29 221.45亿元，比上年的26 420.58亿元增长10%～60%。1993—2004年国家财政性教育经费支出占GDP比例如表3-2所示。

表3-2　1993—2004年国家财政性教育经费支出占GDP比例

年份	比例/%	年份	比例/%
1993	2.51	2005	2.81
1994	2.51	2006	3.01
1995	2.41	2007	3.32
1996	2.46	2008	3.48
1997	2.50	2009	3.59
1998	2.59	2010	3.65
1999	2.79	2011	3.83
2000	2.86	2012	4.28
2001	3.14	2013	4.16
2002	3.32	2014	4.10
2003	3.28	2015	4.26
2004	2.79		

二、子女教育理财规划的步骤

1. 确立子女培养目标

艾瑞咨询集团调研数据显示，不同年龄段家庭的教育侧重点存在明显差异，但是，对孩子道德品质的塑造和生活习惯的培养是各年龄段家长共同看重的。具体而言，"00后"家长因为孩子尚小，对学习成绩等方面关注度不高；"90后"家长对孩子沟通表达能力的培养显著高于其他年龄段父母；"80后"家长对孩子学习成绩和动手操作能力重视度最相近；"70后"家长因孩子多处于升学期，最为关注学习成绩。根据子女的特长兴趣，确定一个适合子女长期发展的目标，然后按照这个设定目标准备一定的财务资源，做到有备无患，同时有针对性地引导子女朝着这个方向发展。

2. 根据子女教育目标估算教育支出

（1）幼儿园阶段

幼儿园教育是孩子的起始教育，家长一般都非常重视。目前幼儿园的收费不仅包括学习费用，还包括生活费用，在整个教育支出中占比较高。据统计，每名孩子每学年教育费用约为9 176元，其中，保育费和管理费为7 120元，占77.6%；园内兴趣班费用为1 000元，占10.9%；园外兴趣班及其他费用为1 056元，占11.5%。每名儿童三年幼儿园生活总计至少需要费用27 528元。

（2）义务教育阶段

义务教育是指国家依照法律的规定对适龄儿童和青少年实施的一定年限的强迫教育的制度。我国目前普遍实行九年义务教育制，2017年3月全国两会期间，代表热议十二年义务教育，现已有少数地区进行十二年义务教育试点。

义务教育阶段即小学六年和初中三年阶段。2016年中国家庭教育消费者图谱显示，家庭月收入低于5 000元的家庭有58.0%平均用于教育的月支出低于300元，而家庭月收入高于30 000元的家庭有37.0%每月教育支出高于2 000元。中小学家庭用于教育的支出与家庭收入水平成正比，家庭月收入低于10 000元的家庭，每月用于教育的支出集中在500元以下。家庭教育支出分为校内教育支出和校外教育支出两部分。校内支出主要包括学费、杂费和其他选择性、扩展性收费。家庭在校外的支出主要包括家庭在线上、线下向机构或者个人购买的教育类产品和服务，其中包括学科类、兴趣类校外培训。而校外消费是近年来家庭教育费用增加的主要原因。北京大学中国教育财政科学研究所发布了国内首个专门针对家庭教育支出的大型调查——2017年中国教育财政家庭调查。根据调查数据，小学阶段全国平均家庭支出为6 583元，农村为2 758元，城镇为8 573元；初中阶段全国平均家庭支出为8 991元，农村为4 466元，城镇为11 000元。义务教育阶段的教育支出，全国平均家庭支出合计为66 471元。调查显示，家庭教育支出不仅在城乡之间存在较大差异，在不同地区和城镇内部也存在差异。以义务教育阶段平均家庭教育支出为例，按照东中西部地区划分，东北部地区最高，为11 000元；西部5 567元，为东北部的一半左右；东部地区为8 657元，中部地区为6 382元。在城镇内部，按照一、二、三线城市划分，一线城市为16 800元，二线城市为11 200元，其他城市为7 137元，占一线城市的不到一半。

（3）高中及以上阶段

2017年中国教育财政家庭调查显示，普通高中的全国平均教育年支出为16 900元，农村地区为12 200元，城镇地区为18 200元；中职全国平均年支出为10 700元，农村地区为9 061元，城镇地区为11 400元。

在高中之后的可以选择大学本科、专科教育，就2017年普通公立大学而言，学费、住宿费年平均为5 700元，学生在校生活费估计为每月1 000元。不考虑其他因素，那么大学四年所需要的费用合计为58 800元。

综上可估计得到子女教育的费用：

义务教育阶段：6 583×6（年）+8 991×3（年）=66 471（元）

高中阶段：16 900×3（年）=50 700（元）

大学阶段：每年总费用12 000～18 000元左右，4年需要48 000～72 000元，取60 000元。

硕士研究生：每年15 000元，3年需要45 000元。

因此，抚养一个孩子从小学读到本科，需要的费用为18万元左右。如果读完硕士，需要花费22万元左右。如果考虑去国外留学，则所需费用更高，具体费用需要根据所选择的国家和学校来确定。

3. 目前应该准备的教育资金及储蓄组合

首先分析目前的资产中有多少可配置到子女教育金上，设定有可能达到的长期平均投资报酬率，再选择合适的投资工具来达成目标。

【例3-2】假设一个家庭要达到的目标是在孩子18岁时有足够的费用上大学本科，并有实力继续深造读硕士研究生。假设孩子现在6岁，家长想用定期定额的储蓄方式来满足子女的大学教育费用，那么每年需要储蓄多少？

分析：上大学本科需要花费60 000元，从本科一直读完硕士估计需要花费105 000元。

60 000÷年金终值系数（F/A, 100A, 12）=60 000÷21.38=2 806（元）

因此，在孩子6岁至18岁间每月要提存2 806÷12=234元定期定额投资基金来准备念大学的经费。上大学本科后有4年时间，可帮子女准备读硕士的费用45 000元。

45 000÷年金终值系数（F/A, 10%, 4）=45 000÷4.641=9 696（元）

因此，在孩子18岁到22岁间每年要提9 696元教育基金，即每月提存808元。

三、教育理财规划工具

（一）传统教育投资工具

1. 个人储蓄

在传统教育投资规划工具中，个人储蓄是比较稳定的一类。个人储蓄是指家庭每期储存一定金额，当子女入学需要时，就能有一笔资金支付费用。此种方式要求规划人能自觉定期储蓄，如果父母在其子女上大学前不幸去世或失去重要经济来源，则子女教育规划就会搁浅。

【阅读资料】

我国的教育储蓄

教育储蓄是居民个人为其子女接受非义务教育（指九年义务教育之外的全日制高中、中专、大专和本科、硕士和博士研究生）而每月固定存入，到期支取本息的储蓄。开办对象：在校小学四年级（含）以上学生。利率：享受整存整取利息。1年期、3年期教育储蓄按开户日同期同档次整存整取定期储蓄存款利率计息，6年期按开户日5年期整存整取定期储蓄存款利率计息。

额度：最低起存金额为50元，本金合计最高限额为2万元。

期限：存期分为1年、3年和6年，一生可享受3次。

2. 定息债券

定息债券是一种票面息率固定的债券，定期购买一定数额的定息债券，然后在需要时卖出，即可获得资金收益。

3. 人寿保险

人寿保险产品可以作为一种投资，特别是投资型寿险。投资型保险的业务有保障业务和投资业务，其中保障的部分与普通的寿险大致相同，另外它与投资挂钩，具备投资和保障双重功能。它为客户设置了资本保值账户，提供没有利息税的高收益服务。所以人寿保险也可以作为教育投资规划工具。除了具备投资功能，人寿保险的保障程度较高，如果家长健在，则每个月需要缴纳一定数额的保险费；如中途去世，其子女就可以提前获得保险金；如果家长健在又希望提前获得资金，还可以将保单作为抵押进行贷款。

（二）其他教育投资工具

1. 政府债券

政府债券有两大类，一类是由中央政府发行的，称为国家债券，它占政府债券中的绝大部分；另一类就是由地方政府各职能部门发行的债券，称为地方债券。政府债券具有安全性高、流动性强、容易变现和可以免税的优点，是子女教育规划中可供选择的主要投资工具之一。

【阅读资料】

我国的地方政府债券发展现状

2014年，上海等10个地区启动地方政府债券，自发自还。试点以来，地方政府债券发行规模大幅增长，目前已成为债券市场第一大品种。截至2017年年底，财政部及相关部委针对地方政府债务管理的风险防控体系基本形成，包括：以43号文为代表的法律制度框架构建；地方政府债限额管理、预算管理；锁定并置换存量债务；推进地方政府专项债改革；建立地方政府债务预警、应急机制；严肃处理和通报违法违规举债担保行为，纠正政府和社会资本合作、政府投资基金、政府购买服务中的不规范行为。

2017年，地方政府债券发行节奏放缓，发行数量同比减少25支，至1 134支，发行规模同比下降27.92%，为4.36万亿元。从发行地区看，江苏、山东、浙江、四川、广东和贵州是累计发行总额排名前六的省份，截至2017年年底，发行总量均超过7 000亿元；西藏、深圳发行规模较小，截至2017年年底，发行总量均低于500亿元。

从发行成本上看，受监管超预期、金融去杠杆、资金面偏紧等多重因素的影响，2017

年地方政府债券整体发行利率较2016年整体上升，公募发行大致利率区间由2.4%～3.3%大幅上移至3.5%～4.5%。从发行债券特征看，发行主体信用级别主要集中在AA级，发行期限以3～7年为主。从发行品种看，受到交易所2016年7月对城投企业发债审核标准收紧影响，2017年公司债（含公募和私募）发行规模大幅减少4 876.70亿元至2 687.00亿元，同比下降64.47%。企业债成为发行规模最大的品种，发行规模为3323.75亿元，占比24.26%。（超）短融、中期票据和非公开定向债务融资工具（PPN）发行以偿还到期债务为主要目的，2017年发行占比合计为56.1%，较上年增加14.07个百分点。中期票据因其期限适中、公开发行成本低、无须匹配募投项目等优势，成为偿还存量债务的主要融资工具，发行规模同比上升9.45%。

数据来源：根据wjnd咨询整理

在自行举债融资受到限制、直接融资市场不完善的情况下，地方政府债务强烈依赖银行贷款。地方政府债务在银行非金融企业贷款中占比达到17%，而负债主体又是缺乏预算管理的融资平台，则金融系统的稳定性与这类典型的预算软约束主体牢牢绑定。一旦这些企业出现兑付危机，就有可能演变为系统性风险，这也是刚性兑付一直存在的重要原因之一。

2015年，修订后的《中华人民共和国预算法》实施，地方政府被赋予举债融资职能，地方政府正式打开发债融资大门。截至2015年11月，新增地方政府债券达4 888亿元。

2. **股票和公司债券**

这类金融工具因其风险高，一般而言并不是受鼓励的教育投资工具。但如果教育规划期限较长（一般要在7年以上），当事人承受风险能力强，且对这两种投资工具有很好的驾驭能力，这些工具也可以使用，其相对较高的回报率可以帮助家庭较早完成教育规划。

需要注意的是，在整个投资组合中，这类投资所占的比重不应过大。

3. **大额存单**

大额存单又称为大额可转让存单，是银行发行的一种固定面额、固定期限、可以在金融市场上转让流通的银行定期存款凭证。大额存单固定面额，是指存单的面额有法律的限定，不得任意变更，一般数额较大，在美国通常为100万美元起售。固定期限，存单期限为1个月、3个月、6个月、9个月和12个月，不得提前支取，不分段计息。它可以转让，这使得存单所有者既可得到定期存款的利息收入，又使资金保持了一定的流动性。

4. **子女教育信托**

子女教育信托是指父母委托一家专业信托机构管理自己的一笔财产，并通过合同约定这笔钱用于支付子女未来的教育和生活费用。

5. **教育基金**

基金是指通过公开发售基金份额，集中投资者的资金，由基金托管人托管，基金管理人管理和运营，以投资组合的方式进行证券投资的一种利益共享、风险共担的集合投资方式。教育基金，是针对少年儿童在不同成长阶段的教育需要进行的专项投资。教育基金的投资种类分成不同类型，例如选择银行的教育储蓄、基金定投、教育保险等。每种类型的收益和风险特征都不一样，因此在进行基金投资时，应根据自己的情况，确定投资哪种类型的基金。

任务二 教育理财规划实务

一、相关理论概述

教育理财规划即教育投资规划，是指为积累实现预期教育目标所需要的费用而进行的一系列资金管理活动。其分为本人教育投资规划、子女教育投资规划。教育理财规划的一般流程有以下几点。

①明确客户希望其子女未来接受的教育目标，并了解实现该目标当前所需费用。

②预测该教育目标费用的增长率，计算实现该目标未来所需费用以及客户自身应该准备的费用。

③分别计算一次性投资所需资金和分期投资所需资金。

④选择适当的投资工具进行投资。

短期教育投资工具，一般包括学校贷款、政府贷款、资助性机构贷款、银行贷款等。长期教育投资工具主要有教育储蓄、教育保险、政府债券、股票和公司债券、大额存单、子女教育创业信托和投资基金。其中教育储蓄的优点在于无风险、收益稳定、免利息税，不足在于投资者范围小（四年及以上）、规模小（2万元）；教育保险具有客户范围广泛、可分红、强制储蓄功能，并且当投保人出意外时，保费可得到豁免。

【例3-3】假设学费上涨率每年6%，客户子女目前年龄10岁，预计18岁上大学，目前大学学费24 000元。客户当前有10 000元作为子女教育启动资金，准备投资于收益率7%的项目上。请计算：

(1) 客户所需要的未来教育费用总额。
(2) 教育费用的缺口是多少？
(3) 如何弥补缺口？

分析：

(1) 客户未来教育费用总额：$P=24\,000$，$i=6\%$，$N=8$，可得 $F=38\,252$

(2) 现有资金终值：$P=10\,000$，$i=7\%$，$N=8$，可得 $F=17\,182$

资金缺口：$38\,252 - 17\,182 = 21\,070$（元）

(3) 解决方案：

方案一：一次性追加资金，$F=21\,070$，$i=7\%$，$N=8$，追加12 263元。

方案二：每年年末等额追加资金，$F=21\,070$，$i=7\%$，$N=8$，每年需缴纳资金2 054元。

二、实训目的

①学会教育理财规划需求分析，了解教育目标总费用的构成。

②了解各阶段子女教育需求的不同特点、教育储备的优势及局限性，选择教育保险应考虑的问题。

③通过实训学会制订教育规划方案。

三、实训要求

根据实际案例，结合所学的教育理财规划知识，分析其教育理财规划需求，计算教育金的缺口，并制订教育理财规划方案。

四、实训步骤

（1）掌握收集各个教育阶段所需费用的基本方法，并且根据实际情况和对未来经济形势的估计，分析和估计各个阶段教育资金的需求。

（2）根据案例资料，分析教育理财规划需求，并根据需求选择合理的教育投资产品，对投资产品诸如教育储蓄、教育保险、子女教育信托、投资基金等的组合进行优化。

五、实训报告

计算题：子女教育金规划

某家庭准备让子女出国留学，目前留学的费用为 150 万元，预定子女 10 年后出国时要准备好此笔留学基金，学费成长率为 3%。

（1）为了准备此笔费用，假设投资报酬率达 8%，则父母每年要投资多少钱？

（2）若父母的年储蓄投资额为 18 万元，则需要有多高的报酬率才能达到筹备子女教育金的目标？

项目小结

近年来，教育规划已经成为家庭理财规划中非常重要的一部分。通过本项目的学习，应学会教育规划需求分析，了解各阶段子女教育需求的不同特点，掌握教育规划的各种工具。

本章习题

一、单项选择题

1. 个人教育理财规划在消费的时间、金额等方面的不确定性较大，（　　）通常是个人家庭理财规划的核心。
   A. 住房消费规划　　　　　　　　B. 子女教育规划
   C. 汽车消费规划　　　　　　　　D. 投资规划

2. 理财规划师在为客户进行教育规划、估算教育费用时，第一步要做的是（　　）。
   A. 设定一个通货膨胀率
   B. 计算所需要的各项费用
   C. 按预计通货膨胀率计算所需要的最终的费用
   D. 分别计算采用一次性投资计划所需的金额现值和采用分期投资计划每月所需支付的年金

3. （　　）是各级政府和高校对经济困难学生遇到一些特殊性、突发性困难时给予的临时性、一次性的无偿补助。

  A. 特殊困难补助   B. 减免学费政策
  C. 国家教育助学贷款   D. 学生贷款

4. 由于（ ）取得的时间、金额都不容易确定，在做教育规划时不应将其计算在内。

  A. 减免学费政策   B. 国家教育助学贷款
  C. 工读收入   D. 奖学金

5. （ ）是指贷款人向借款人发放的，由中央财政或地方财政贴息，用于借款人本人或其直系亲属、法定被监护人在国内高等学校就读全日制本科、专科或研究生所需学杂费和生活费用的助学贷款。

  A. 商业性银行助学贷款   B. 财政贴息的国家助学贷款
  C. "绿色通道"政策   D. 学校学生贷款

6. 留学贷款的借款人须提供贷款人认可的财产抵押、质押或第三方保证。抵押财产目前仅限于（ ）。

  A. 不动产   B. 房屋
  C. 建筑物   D. 可设定抵押权利的房产

根据材料回答7~9题

万女士准备去美国攻读博士，但是资金不足，理财规划师建议她申请留学贷款。

7. 若万女士申请某银行的留学贷款，则必须以自己的房产作为抵押。如果万女士的房产价值30万元，则她可申请的贷款最高额为（ ）万元。

  A. 15   B. 21   C. 18   D. 24

8. 如果她以其拥有的价值30万元的存单为质押向该银行申请留学贷款，则万女士可申请的贷款最高额为（ ）万元。

  A. 15   B. 21   C. 18   D. 24

9. 若她申请留学贷款是由该银行认可的自然人提供的信用担保，则万女士可申请的贷款最高额为（ ）万元。

  A. 15   B. 20   C. 35   D. 25

10. 下列各项中，（ ）不属于教育保险的优点。

  A. 范围广   B. 可分红   C. 强制储蓄   D. 规模小

11. 信托委托人（如家长）基于财产规划的目的，将其财产所有权委托给受托人（如信托机构），使受托人按照信托协议的约定为受益人（如客户子女）的利益或特定目的管理或处分信托财产的行为是（ ）。

  A. 投资信托   B. 子女教育信托   C. 养老信托   D. 资产信托

12. 通常没有风险、适合短期投资的是（ ）。

  A. 货币型基金   B. 债券型基金   C. 偏股型基金   D. 股票

13. 通常收益居中，有一定的风险，但不是很大的是（ ）。

  A. 货币型基金   B. 债券型基金   C. 偏股型基金   D. 股票

14. 英国法律规定，年满18岁、签证在6个月以上的留学生可以每周打工（ ）小时以内，无须经过任何许可。

  A. 10   B. 15   C. 20   D. 25

15. 投资基金的最大优点就是（　　）。
   A. 所需资金少
   B. 弹性极大
   C. 随时可以买卖
   D. 投资多样化和灵活性好

二、多项选择题

1. 通常我们用（　　）来衡量教育开支对家庭生活的影响。
   A. 流动比率
   B. 教育负担比
   C. 届时子女教育费用/家庭届时税后收入×100%
   D. 子女教育费用占家庭税前收入的比值

2. 与其他的家庭理财计划相比，子女教育金要预先进行规划，原因在于（　　）。
   A. 子女教育金有时间弹性
   B. 子女教育金有费用弹性
   C. 学费成长率可能会高于收入成长率，所以以现在水准估计的负担比可能偏低
   D. 教育规划不可以像推迟购房时间、延后退休一样，推迟理财目标的实现时间

3. 高等教育费用主要包括（　　）。
   A. 学费
   B. 交通费
   C. 住宿费
   D. 生活费

4. 确定大学教育费用时，理财规划师首先要充分考虑（　　）。
   A. 客户的家庭情况
   B. 客户子女目前的年龄
   C. 确立教育消费计划时间
   D. 大学类型

5. 政府教育资助是指政府每年都会在财政预算中拨出一部分资金，用来对符合条件的人提供教育资助。这类教育资助主要包括（　　）。
   A. 特殊困难补助
   B. 奖学金
   C. 减免学费政策
   D. "绿色通道"政策

6. （　　）是高校资助政策的辅助性措施，其特点就是无偿性资助。
   A. 特殊困难补助
   B. 减免学费政策
   C. 国家教育助学贷款
   D. 学生贷款

7. 关于奖学金，下列说法中正确的是（　　）。
   A. 政府的教育资助以奖学金方式所占比例相对较小
   B. 各类民间机构和组织都通过学校设立种类繁多的奖学金
   C. 奖学金都是有条件的
   D. 客户子女能否获得奖学金具有很大的不确定性

8. 教育贷款是教育费用重要的筹资渠道，我国的学生贷款政策主要包括三种贷款形式，即（　　）。
   A. "绿色通道"政策
   B. 学校学生贷款
   C. 国家助学贷款
   D. 一般性商业助学贷款

9. 关于学生贷款，下列说法中正确的是（　　）。
   A. 实行专业奖学金办法的高等院校或专业不实行学生贷款制度
   B. 学生贷款按银行同期贷款利率计息
   C. 学生贷款审定机构应由学生管理部门、财务部门、教师和学生等方面代表组成

D. 如果贷款的学生违约，不能如期归还所借贷款，其担保人要承担全部还款责任，并缴纳一定数额的违约金

10. 一般性商业助学贷款是指各金融机构以信贷原则为指导，对高校学生、学生家长或其监护人办理的，以支持学生完成学业的一种商业性贷款形式。申请商业性助学贷款的条件是（   ）。

A. 贷款人为当地居民　　　　　　　　B. 必须有抵押担保
C. 贷款人没有申请其他贷款　　　　　D. 必须有符合条件的信用担保

三、案例分析题

【案例1】假设客户子女年龄为8岁，预计18岁上大学，假设学费和生活费的上涨率为6%。目前，大学四年的学费和生活费为8万元，客户打算以目前已有的5万元作为子女教育启动资金，投资于收益率为7%的项目上，客户未来教育费用有缺口吗？

【案例2】王先生夫妇孩子刚8岁，预计18岁上大学，大学四年学费现在是5万元，预计学费每年上涨5%。王先生夫妇想为孩子设立一个教育基金，每年年末投入一笔固定的钱直到孩子上大学为止，假定年投资收益率为8%，每年应投入多少钱？

【案例3】统计一下，全班有多少同学申请了政府教育资助。你认为政府教育资助对你的帮助大吗？

【案例4】你想出国留学吗？同学分组，分别查询不同国家的留学费用并交流，假设班级有同学准备出国留学，但存在资金缺口，帮助其寻找筹集资金的途径。

项目四
住房理财规划

【知识目标】
1. 熟悉住房理财规划流程。
2. 掌握购房和租房决策的方法。
3. 掌握住房贷款规划的方法。

【能力目标】
1. 能够计算分析贷款的还款方式。
2. 能够对购房和租房进行决策分析。

任务一　住房理财规划概述

一、住房规划的含义

随着经济的发展，人民生活水平不断提高，个人（家庭）对居住场所的各项需求也越来越高。对任何家庭来讲，住房都是一件大事，因此一定要有合理的家庭住房规划。住房规划是否得当，会影响个人（家庭）多年甚至一生的财务状况。

住房规划是根据家庭的财产、收入水平、居住需求、房屋价格等因素，制订合理的租房、购房与房贷计划。

二、住房理财规划的步骤

（一）分析住房需求

住房需求受多种因素影响。处在生命周期的不同阶段，对住房的需求不同。

（1）单身期

单身期指从参加工作至结婚这段时期。这一时期，个人刚刚迈入社会开始工作，收入水平较低，大多数人可能会选择租房。即便有购房能力，也可能选择购买小户型住房。

（2）家庭形成期

家庭形成期指从结婚到子女诞生这段时期。这一时期是家庭的主要消费期，家庭最大的支出一般为购房支出。由于此阶段的家庭人员较少，对住房面积要求不高，一般以购买小户型为主。

(3) 家庭成长期

家庭成长期指从子女出生到子女完成大学教育这段时期。这一时期，子女教育凸显重要，因此学区房受到重视。随着子女年龄增长，需要中等户型或大户型住房。

(4) 家庭成熟期

家庭成熟期指子女参加工作到个人退休之前这段时期。在这个时期，家庭已经完全稳定，子女也已经经济独立，家庭收入增加。本阶段夫妻无购房需求，但可能考虑帮助子女购房。

(5) 退休期

退休期指退休后的这段时期。进入退休期，可能需要换购小户型住房，也有的老人考虑换购离子女较近的住房。

(二) 购房或租房决策

个人（家庭）选择购房还是租房要考虑多种因素。如个人（家庭）的收入水平、工作和生活地点是否固定等。

(三) 购房规划

购房规划需要考虑相关政策法规、资金预算、财务能力、购房目标、贷款和还款方式等。

三、购房或租房决策

(一) 适宜租房的人群特征

①收入低、刚刚工作的年轻人。刚毕业的大学生如果买房，往往需要父母资助，将父母的积蓄都花在购房上，这无论从道义还是从风险角度来说，都不应该。

②收入不高的家庭。通常首付就可能消耗掉这些家庭多年的积蓄，再加上每个月仍要承担不低的月供，还贷负担沉重，可能会使这些家庭无力应对家庭的突发情况。

③工作地点或生活地点不固定者。例如外地经商者，通常会经商若干年后再返回原居住地，这时选择租房更经济。有的工作人员需要频繁短期地在多个城市工作，他们在安定下来之前选择租房更合适，等到真正安定下来再购房。

④收入不稳定的人。工作稳定性差的人，如果不结合实际考虑经济条件，一味盲目贷款买房，不仅会出现难以还贷的情况，还有可能因无法还贷而使房产被银行没收。

(二) 购房与租房的比较分析

1. 租房的优点

①成本低。不用大笔钱支付首付款，不用装修资金，不用购置最基本的家具，也没有利息负担。

②比较能够应对未来收入的变化。

③资金较自由，可以寻找更有利的运用渠道获得收益。

④比较灵活，有较大的迁徙自由度。如果对所租住房不满意或工作地点发生变动，可换租住房，比自己所购住房容易做到。

⑤房屋质量或毁损风险由房东承担。

⑥不用考虑房屋价格下跌风险。

2. 租房的缺点
①非自愿搬离的风险。房屋不是自己的，主动权在房东。
②无法按照自己的个性和意愿装修房子。
③房租会有增加的风险。
④无法追求房价差价利益。
⑤无法通过购房强迫自己储蓄。

3. 购房的优点
①能保值增值，可以对抗通货膨胀。
②为了支付首付款和定期偿还贷款，强迫储蓄，积累实质财富。
③可按照自己的个性和意愿装修布置房屋，提高居住质量。
④满足拥有住宅的心理效用。
⑤不用频繁搬家，生活较稳定。

4. 购房的缺点
①购房成本高。全额付款需花费大笔资金，即使申请贷款，首付款对多数家庭也是不小的支出。贷款要定期还款，也给家庭带来很大压力。
②房屋流动性较差。要换房或变现，可能要被迫降价出售，还需支付交易费用。
③维持成本高。投入装修虽然可以提升居住环境，也代表高维护费用。
④房屋损失的风险。包括因遭遇水灾、火灾、地震引起的房屋损毁，因房屋市场整体价格下跌及其他原因引起的房价下跌。

（三）购房或租房的决策方法

在比较了购房与租房的优缺点后，还可以用数据计算的方法进行具体决策。主要有年成本法和金额净现值法。

1. 年成本法
年成本法是指分别计算购房与租房的年成本，选择成本较小的方式的一种决策方法。
购房年成本 = 首付款 × 机会成本率 + 贷款余额 × 贷款利率 + 年维修费及税金 + 折旧
租房年成本 = 租房押金 × 机会成本率 + 年租金

【例 4-1】
举个例子：如果购买一套房，需要首付 40 万元，另贷款 60 万元，贷款利率为 6%，房屋每年折旧 2%。如果租房，每月租金为 3 000 元，押金 3 个月。假设购房首付款和租房押金的机会成本为 5%。请做出购房与租房决策。
分析如下：
购房年成本 = 400 000 × 5% + 600 000 × 6% + 1 000 000 × 2%
= 20 000 + 36 000 + 20 000 = 76 000 元
租房年成本 = 3 000 × 12 + 3 000 × 3 × 5% = 36 000 + 450 = 36 450 元
租房年成本较购房年成本低 39 550 元（76 000 - 36 450），月差 3 294 元，因此租房比较划算。

2. 净现值法

净现值法是考虑一个固定的居住期内,将购房及租房的现金流量还原至现值,比较两者的现值,较低者对客户而言,比较合适。

3. 购房或租房决策的影响因素

①房租成长率。房租成长率越高,购房越划算。
②房价成长率。房价成长率越高,购房越划算。
③居住年限。居住时间越长,购房越划算。
④租房押金。押金水平越高,购房越划算。
⑤利率水平。利率水平越高,租房越划算。
⑥房屋的持有成本。房屋的持有成本越高,租房越划算。

【知识链接】

经济适用住房

经济适用住房是指根据国家经济适用住房建设计划安排建设的住宅。由国家统一下达计划,用地一般实行行政划拨的方式,免收土地出让金,对各种经批准的收费实行减半征收,出售价格实行政府指导价,按保本微利的原则确定。经济适用房相对于商品房具有3个显著特征:经济性、保障性、实用性。经济适用房是具有社会保障性质的商品住宅。

资料来源:360百科

任务二　购房理财规划

一、制定购房目标

制定购房目标通常要经过三个步骤:购房时间的确定、购房面积的确定、购房单价的确定。

(一) 购房时间的确定

购房时间受多种因素影响,如结婚、子女教育、购房资金支付能力等,这些因素会决定购房者近期购房还是几年后购房。近期购房需要有足够的资金支付能力,几年后购房会使购房者积累充足的资金。

(二) 购房面积的确定

在购房面积的确定上,购房者不必盲目追求大、不必一步到位,要根据自身经济实力量力而行。

可以根据居住人口选择合理的购房面积。

①对于单身年轻人或者新结婚的夫妇二人,可以选择40~60平方米的小户型。小户型能够满足生活的基本需求,等经济条件允许时也方便转手。

②对于三口之家,由于夫妻双方已经具备一定的经济实力,适合购买中等户型的房屋,面积在80~110平方米范围内。

③对于有两个以上子女的家庭，或子女与父母同住的家庭，可以选择110～130平方米的大户型。

（三）购房单价的确定

购房单价主要受房屋所处区域和房屋质量的影响。

1. 交通是否便利

住房周围的交通便利程度是决定房屋单价的重要因素，交通条件是每天都要面临的现实问题。如果房屋周边交通设施方便齐全，则房价不会太低。

2. 周边配套设施是否齐全

小区周边如有大型超市、医院、幼儿园、学校、公园，配套设施完善，房价自然不会低。

3. 教育资源是否丰富

小区周边有优秀的中小学校，购房者为解决子女今后的入学问题，自然会趋之若鹜，房价往往很高。

4. 周边环境是否优越

住房所处环境绿化率、空气质量、噪音高低都会影响房屋单价。

此外，房屋的质量、小区的物业管理水平、国家关于房地产的相关政策也会影响房屋价格。

二、购房资金预算

（一）个人购房支付能力的测算

个人（家庭）购房前，应对购房能力进行一次评估测算，然后再做决策。购房支付能力评估包括两个方面，即首付款支付能力评估和每月还款能力评估。

首付款是房屋购买时的第一笔付款，目前我国规定，一般情况下，首付款应当在总房价的百分之三十以上，二套房首付款比例不低于百分之四十。

每月还款能力评估需考虑月收入、月支出、月还款额。月收入扣除月支出的差额要大于月还款额，说明具备基本的还款能力。按照国际通行的看法，月收入的1/3是房贷按揭的一条警戒线，越过此警戒线，将出现较大的还贷风险，并可能影响生活质量。

衡量目前的支付能力，才能测算购房者可负担的房价，具体包括两种方法。

1. 以支付能力估算负担得起的房屋总价

可负担首付款 = 目前净资产在未来购房时的终值 + 从目前到未来购房这段时间年收入在未来购房时的终值 × 年收入中可负担首付比例的上限

可负担房贷 = 以未来购房时年收入为年金的年金现值 × 年收入中可负担贷款的上限比例

可负担房屋总价 = 可负担首付款 + 可负担房贷

可负担房屋单价 = 可负担房屋总价/需求面积

2. 按想购买的房屋价格来计算每月还款额

欲购买的房屋总价 = 房屋单价 × 需求面积

首付款金额 = 房屋总价 × 首付比例

贷款金额 = 房屋总价 × 按揭贷款比例

每月还款额 = 贷款金额以月为单位的准年金值

（二）购房相关税费

购房资金主要包括房款、相关税费、装修费等。其中，税费是国家调控房地产的手段之一。

三、贷款规划

（一）贷款方式

1. 个人住房商业贷款

个人住房商业贷款是购房者因购买商品房而向银行申请的一种贷款，俗称"按揭"。具体指购买本市城镇自住住房时，以其所购买的房屋为抵押，作为偿还贷款的保证而向银行申请的住房商业性贷款。

（1）一手个人住房贷款

①贷款期限。最长可达30年，借款人年龄与贷款期限之和不超过70年。

②贷款额度。单笔贷款额度最高不超过所购住房价值的80%。

③贷款利率。住房贷款利率执行人民银行规定的同档次商业性贷款利率，可在人民银行规定的范围内浮动。

（2）二手个人住房贷款

①贷款期限。一般来说，二手个人住房贷款期限最长30年，且不能超过抵押房产剩余的土地使用权年限。

②贷款额度。一般来说，二手个人住房贷款的最高限额不超过所购住房评估价值或二手住房交易价格的80%（两项选其中较低一项）。

③贷款利率。二手个人住房贷款利率执行人民银行规定的同档次商业性贷款利率，可在人民银行规定的范围内浮动。

2. 个人住房公积金贷款

公积金贷款是指缴存住房公积金的职工享受的贷款。国家规定，凡是缴存公积金的职工均可按公积金贷款的相关规定申请个人住房公积金贷款。

公积金贷款即指个人住房公积金贷款，是各地住房公积金管理中心运用申请公积金贷款的职工所缴纳的住房公积金，委托商业银行向购买、建造、翻建、大修自住住房的住房公积金缴存人和在职期间缴存住房公积金的离退休职工发放的房屋抵押贷款。按规定缴存住房公积金一定期限以上（各城市的期限不同）的在职职工在购建住房、翻建、大修自有住房资金不足时，可申请公积金贷款。

（1）个人住房公积金贷款的贷款对象

只有参加住房公积金制度的职工才有资格申请住房公积金贷款，没有参加住房公积金制度的职工就不能申请住房公积金贷款。申请贷款前连续缴存住房公积金的时间不少于六个月。因为，如果职工缴存住房公积金的行为不正常，时断时续，说明其收入不稳定，发放贷款后容易产生风险。

配偶一方申请了住房公积金贷款，在其未还清贷款本息之前，配偶双方均不能再获得住房公积金贷款。

贷款申请人在提出住房公积金贷款申请时，除必须具有较稳定的经济收入和偿还贷款的能力外，没有尚未还清的数额较大、可能影响住房公积金贷款偿还能力的其他债务。

（2）个人住房公积金贷款的期限

借款人的贷款期限一般不得超过30年。

（3）个人住房公积金贷款的额度

首先，各地住房公积金管理中心规定的最高限额不同。其次，住房公积金贷款额度最高不超过房款总额的70%。

（4）个人住房公积金贷款的担保方式

个人住房公积金贷款的担保方式有抵押加一般保证、抵押加购房综合险、质押担保、连带责任保证四种方式。

3. 个人住房组合贷款

个人住房组合贷款是指对按时足额缴存住房公积金的职工在购买、大修各类型住房时，银行同时为其发放公积金个人住房贷款和自营性个人住房贷款而形成的特定贷款组合。

个人住房组合贷款一般是指住房公积金贷款和住房商业贷款两项贷款的合称。

如果职工购房申请住房公积金贷款额度不能满足需要，同时又不到所购房价的80%，可以再申请个人住房商业性贷款，两项贷款总额不超过房价的80%，这叫组合贷款。组合贷款只有缴存公积金的职工才可以申请。

（1）贷款额度

公积金个人住房贷款和银行自营性个人住房贷款合计最高为所购住房销售价格或评估价值（以两者较低额为准）的80%，其中公积金个人住房贷款最高额度须按照当地住房资金管理部门的有关规定执行。

（2）贷款期限

在中国人民银行规定的最长贷款期限内（目前为30年），由公积金管理部门和贷款行根据借款人的实际情况，分别确定贷款期限。

（3）贷款利率

所贷款项中的商业性个人住房贷款部分按照个人住房贷款利率执行。公积金贷款部分按照个人住房公积金贷款利率执行。

（二）还款方式

借款人获得住房贷款后，如果贷款期限在1年以内（含1年），实行到期本息一次清偿的还款方式。对于贷款期限在1年以上的，可采用等额本息还款法、等额本金还款法、等额递增还款法和等额递减还款法。

1. 等额本息还款法

等额本息还款法是指每月以相同的金额偿还贷款本息的还款法。它是将本金和利息总额平摊到还款期限的每个月上。这种还款方法是个人住房贷款中最广泛使用的一种。

它的优点在于，借款人还款操作相对简单，相同的月供也有利于借款人合理安排每月收支。缺点在于全期支付的利息较多。适用于收入稳定的家庭，如公务员、教师等。

2. 等额本金还款法

等额本金还款法也叫利随本清法。每月以相同的金额偿还贷款本金，同时支付当期未归还的本金所产生的利息。可以按月还款和按季还款。由于本金逐渐减少，每月的利息也逐月减少，每月的还款额度也相应减少。

它的优点在于，还款额逐月减少，所付利息较少。缺点在于每月还款额不同，不利于做收支安排。适用于当前收入较高、预计收入会逐步减少的人，如面临退休的人；或生活负担会越来越重的群体。

四、购房规划的实施

第一，在购房前，根据设定的购房目标，在网上搜索相关资料，合理安排时间实地看房。根据多地比较，并结合房产经纪人的意见，选出符合自己要求的房屋。

第二，商议各项事务。商议房价、付款方式、贷款方式、违约责任、付定金等事项。

第三，签订买卖合同。

第四，付款，即申请贷款。

如果选择一次性付款，就交全款、佣金、税费到指定监管账户。

如果选择按揭贷款，首先交首付款到指定监管账户。然后，申请住房公积金、商业贷款；贷款成功后，签订贷款合同；申请过户，办过户手续；房屋交付水电煤费、物业管理费交割；领取房产权证；银行放款给卖方，买方按时还款。

（一）个人住房商业贷款购房的实施步骤

1. 提出借款申请

借款人持银行规定的证明材料，到贷款经办网点填写申请表。购房者需提供以下资料：具有法律效力的身份证明，固定经济收入证明，经房地产管理部门见证的商品房买卖契约正本，贷款行要求的其他文件。

2. 银行审贷

银行自收到贷款申请和符合要求的资料后，按规定对借款人的担保、信用等情况进行调查，并按程序审批，并在规定的时间内将审批结果通知借款人。

审查合格后，由贷款行、开发商和购房者签订《房地产抵押（按揭）合同》《楼宇按揭贷款合同》（此合同必须进行公证或律师见证，由此发生的费用由购房者承担），三方共同去房地产管理部门办理购房贷款抵押（按揭）登记。

3. 签订合同

借款人的申请获批后，与银行签订借款合同、担保合同，并办理公证、保险、抵（质）押登记等手续。

4. 支用款项

借款人在银行填制贷款转存凭据，银行按借款合同约定，将贷款资金一次或分次划入售房人在银行开立的售房款账户内，或将贷款资金直接转入借款人在银行开立的存款账户内。

5. 按期还款

借款人按借款合同约定的还款计划和还款方式，委托银行分期扣款，或到银行柜面，按期归还住房贷款本息。

6. 贷款结清

贷款结清后，借款人从银行领取"贷款结清证明"，取回抵押登记证明文件及保险单正本，并持银行出具的"贷款结清证明"到原抵押登记部门办理抵押登记注销手续。

(二)个人住房公积金贷款购房的实施步骤

1. 提出申请

借款申请人需提出书面贷款申请,并提交有关资料,由银行负责受理后交住房公积金管理部门,或直接向住房公积金管理部门申请,等待住房公积金管理部门审批。

2. 签订合同、开立存款账户

借款申请经住房公积金管理部门审批通过后,由银行通知借款人签订借款合同和担保合同。选用委托扣款方式还款的借款人须在银行开立储蓄卡或信用卡扣款账户。

3. 办理抵押登记、投保住房保险

签订合同后,应根据国家和当地法律法规,办理抵押登记及其他必需的手续,抵押登记费用由借款人负担,抵押期间保险单正本由贷款银行保管。

4. 支用款项

借款人在银行填制贷款转存凭据。银行按借款合同约定,将贷款资金一次或分次划入售房人在银行开立的售房款账户内,或将贷款资金直接转入借款人在银行开立的存款账户内。

5. 按期还款

借款人按借款合同约定的还款计划和还款方式,委托银行分期扣款,或到银行柜面,按期归还个人公积金住房贷款本息。

6. 贷款结清

在贷款到期日前,借款人如提前结清贷款,须按借款合同约定,提前向银行或住房公积金管理部门提出申请,由住房公积金管理部门审批。贷款结清后,借款人从银行领取"贷款结清证明",取回抵押登记证明文件及保险单正本,并持银行出具的"贷款结清证明"到原抵押登记部门办理抵押登记注销手续。

五、提前还贷

提前还贷指借款人将自己的贷款部分向银行提出提前还款的申请,并保证以前月份没有逾期,且归还当月贷款;按照银行规定日期,将贷款部分全部一次还清或部分还清。

提前还贷一般分为提前部分还贷、提前全部还贷这两种方式。

目前个人住房公积金贷款和部分银行的个人住房商业贷款允许借款人提前还款,但一般银行要收取一定的违约金。

提前还款的具体方法。

第一种,全部提前还款,即客户将剩余的全部贷款一次性还清(不用还利息,但已付的利息不退)。

第二种,部分提前还款,剩余的贷款保持每月还款额不变,将还款期限缩短(节省利息较多)。

第三种,部分提前还款,剩余的贷款将每月还款额减少,保持还款期限不变(减小月供负担,但节省程度低于第二种)。

第四种,部分提前还款,剩余的贷款将每月还款额减少,同时将还款期限缩短(节省利息较多)。

第五种,剩余贷款保持总本金不变,只将还款期限缩短(月供增加,减少部分利息,但相对不合算)。

提前还款。应尽量减少本金，缩短贷款期限，使支出的利息更少。

【阅读资料】

购房中的风险防范

近年来，房产方面的纠纷呈上升趋势，理财规划师应该帮助客户分析购房中存在的风险并进行合理防范。

一、定金风险

1. 表现

购房者在与开发商签订正式合同之前，一般都会被要求缴纳数量不等的定金，然后签订一份房屋认购书之类的合同。这个手续是房屋交易过程中的正常流程，但同时也是产生纠纷较多的一个环节。在随后签订商品房销售合同的过程中，购房者会与开发商产生一些分歧，或者遇到按揭贷款办理延期等原因，都可能造成购房人退房，大多数情况下，购房人要回定金的过程都很艰难。

2. 防范

通常情况下，定金是否退还是根据"房屋认购书"上的条款而定的。您在买房的时候，可以要求在房屋认购书上增加"如果因为签订购房合同时与开发商不能达成一致等非购房人主观原因而退房，开发商应如数退还定金"等补充条款，相信会对要回定金有所帮助。一般诚信的开发商是不会拒绝增加合理条款的要求的，如果这种要求都被拒绝，就要格外小心了。

二、合同风险

1. 表现

目前市场上使用的销售合同是标准的格式合同，但是一些购房者在购房时只关心房屋的价格、地段等因素，却忽略了审查开发企业的资质、所售商品房的抵押、质押情况。

还有一些购房者因急于买房，对开发企业提供的格式合同不作详细审查，轻信开发企业的口头承诺。另外由于普通购房者没有掌握必要的法律法规知识，通常都是开发商让怎么填就怎么填，以至于到纠纷发生时，缺乏维护自身权益的证据。

2. 防范

销售合同是保障购房者合法权益不受侵害的有力武器，要想让每一个购房者都像专业人士一样，了解买房过程中的方方面面是不可能的。从预防纠纷的角度考虑，您在买房之前找专业的房地产律师咨询或者请律师代理签订销售合同，就会减少许多纠纷隐患。

三、入住风险

1. 表现

入住风险表现在小区环境配套不完善、广告中的承诺与实际不一致、绿化不达标、公摊面积模糊、擅自改变住宅设计、房屋质量问题等。要想从根本上解决这些问题，购房者是无能为力的，大多数问题还需要开发商来解决。

2. 防范

从开发商的角度来说，解决入住纠纷需要开发商对工程的每一道工序进行严格的检查和验收，并且要把这种验收落实到每一套住宅中去，才能把问题消灭在萌芽状态。从购房者的角度考虑，需要在购房合同中对房屋质量以及交房入住条件等条款作明确的约定，同时确定赔偿责任和自己退房的权利。在收房入住时还需要掌握基本的验房技巧，或者请专业的测绘部门进行测量。只有开发商和购房者共同努力，才可能避免入住纠纷的产生。

四、物业纠纷风险

1. 表现

物业纠纷风险表现在物业收费标准高，物业收费内容不合理，物业服务质量差，配套设施不完善，擅自出租地下室，地面及地下车库停车收费等。

2. 防范

由于《中华人民共和国物权法》（以下简称《物权法》）确认了业主的监督权，因此业主不仅可以对物业服务质量进行监督，也可以对物业管理收支状况进行监督，同时业主也可以共同解聘或者更换物业服务机构。在物业费的缴纳问题上，业主有按时缴纳物业服务费用的义务，即使物业公司提供的服务有瑕疵，即未能达到物业服务合同的约定，业主也不得以此为由拒交物业费，但是可以根据物业服务合同要求物业公司在服务瑕疵范围内减收一定的物业费。至于物业企业或其他业主擅自改变公共建筑和公用设施的用途的，或将自己住宅改为营业房的，业主同样可以要求其遵守《物权法》的规定。

五、限售房屋风险

1. 表现

不少人都希望能通过钻法律的空子或者打法律的擦边球的方式来获得一套相对便宜的但是一些权利受到限制的房屋，结果反而给自己带来很大的交易风险。

2. 防范

（1）出售人只有动迁协议或预购协议，尚未办理产权证的房屋尽量不要买，即使要买，也让出售人先将产权证办好，经审核无误后，再决定是否购买；

（2）有产权证的房屋，审核产权证上是否有"5年内限制交易"的条款；

（3）对报价明显低于周边房价的房屋以及新的动迁小区的房屋更要保持警惕性，在确认能否购买之前尽量不要支付定金、意向金以及首付款等。

项目小结

合理的家庭住房规划十分重要，住房规划是根据家庭的财产、收入水平、居住需求、房屋价格等因素，制订合理的租房、购房与房贷计划。个人及家庭应合理进行购房或租房决策，根据购房资金预算制订适合的购房目标并选择最优的的贷款规划。

本章习题

一、单项选择题

1. 小王刚毕业两年，小有积蓄，希望购买一套住房，用于自己居住。对他而言较为合适的选择是（　　）。
  A. 一套 50 平方米的小户型　　　　B. 一套 90 平方米的中户型
  C. 一套 130 平方米的大户型　　　　D. 一套 200 平方米的别墅
2. 收入稳定的人，适合（　　）还款法。
  A. 等额本金　　　　　　　　　　　B. 等额本息
  C. 到期一次还本付息　　　　　　　D. 组合
3. 王先生有一套房产，申请了贷款，每月还款额相同，则他申请的是（　　）还款法。
  A. 等额本金　　　　　　　　　　　B. 等额本息
  C. 到期一次还本付息　　　　　　　D. 组合
4. 秦先生计划 3 年后买房，他现在有 20 万元存款，每年有 5 万元结余。如果投资收益率可以达到 8%，那么在买房时，他能承担的首付款是（　　）元。
  A. 414 262.40　　　B. 427 248.00　　　C. 476 824.37　　　D. 519 662.53
5. 赵先生是一名企业主，收入较高但未来可能会有减少。他预计 10 年后退休，享受晚年生活。适合他的还款方式是（　　）。
  A. 等额本息还款法　　　　　　　　B. 等额本金还款法
  C. 等比递增还款法　　　　　　　　D. 等额递增还款法

二、案例分析题

【案例 1】上网查阅不同银行的贷款产品，了解每种产品的适用对象、贷款额度、贷款期限及贷款利率等内容。

要求：编制表格进行对比性分析。

【案例 2】刘宁，长春人。欲购买一套 90 平方米的住房，房价 100 万。

1. 查询长春市住房公积金管理中心网站，确定刘宁需准备的资料。
2. 查询现行公积金贷款利率。如果贷款 60 万元，贷款期限为 15 年，用等额本息法还款，每月还款额是多少？
3. 如果刘宁申请建设银行个人住房贷款，每月还款额是多少？

项目五

保险理财规划

保险的意义，只是今日作明日的准备，生时作死时的准备，父母作儿女的准备，儿女幼小时作儿女长大时的准备，如此而已。今天预备明天，这是真稳健；生时预备死时，这是真旷达；父母预备儿女，这是真慈爱：能做到这三步的人，才能算作是现代人。

——胡适

【知识目标】
1. 了解个人或家庭面临的主要风险。
2. 理解保险理财基本知识，掌握保险的种类。
3. 了解保险理财规划的设计原则和方法。
4. 掌握保险理财规划的种类，熟悉保险规划流程。

【能力目标】
能初步制订保险理财规划方案。

任务一　认识风险

一、风险概述

（一）风险的概念

通俗地讲，风险就是发生不幸事件的概率。

从广义上讲，只要某一事件的发生存在着两种或两种以上的可能性，那么就认为该事件存在着风险。而在保险理论与实务中，风险仅指损失的不确定性。这种不确定性包括发生与否的不确定、发生时间的不确定和导致结果的不确定。

（二）风险的特性

1. 客观性

风险是客观存在的，不以人的主观意志为转移，从整体上来讲是不可避免的。

2. 普遍性

风险存在于人类社会和个人生活的各个方面。

3. 不确定性

从总体上看,有些风险是必然要发生的,但何时发生是不确定的,发生的地点以及后果也是难以准确预测的。例如,死亡是必然发生的,这是人生的必然现象,但是具体到某一个人何时死亡,在其健康时是不可能确定的。

4. 偶然性

由于信息的不对称,未来风险事件发生与否难以预测。

5. 损失性

风险发生会导致各类损失的发生。

(三) 风险的构成因素

风险有三个构成要素:风险因素、风险事故和损失,是三者的统一体。

1. 风险因素

风险因素是指促使某一特定风险发生或增加其发生的可能性或扩大其损失程度的原因或条件。它是风险事故发生的潜在原因,是造成损失的内在或间接原因。根据性质不同,风险因素可分为有形风险因素与无形风险因素两种类型。

2. 风险事故

风险事故又称风险事件,是指风险的可能变成现实,造成人身伤亡或财产损失的偶发事件。它是造成损失的直接或外在原因。风险只有通过风险事故的发生才能导致损失。

就某一事件来说,如果它是导致损失发生的直接原因,它是风险事故;如果它是造成损失的间接原因,它就是风险因素。如雷电击倒树木、砸伤路人,这时雷电是风险因素;雷电直接击伤路人,这时雷电是风险事故。

3. 损失

损失是指非故意的、非预期的、非计划的经济价值的减少。

通常我们将损失分为两种形态,即直接损失和间接损失。直接损失是指风险事故导致的财产本身损失和人身伤害,这类损失又称为实质损失;间接损失则是指由直接损失引起的其他损失,包括额外费用损失、收入损失和责任损失。在风险管理中,通常将损失分为四类:实质损失、额外费用损失、收入损失和责任损失。

三者中,风险因素引起或增加风险事故,风险事故发生可能造成损失。

【知识链接】

风险因素的类型

1. 有形风险因素。有形风险因素也称实质风险因素,是指某一标的本身所具有的足以引起风险事故发生或增加损失机会或加重损失程度的因素。如一个人的身体状况,某一建筑物所处的地理位置、所用的建筑材料的性质、地壳的异常变化,恶劣的气候,疾病传染等都属于实质风险因素。人类对于这类风险因素,有的可以在一定程度上加以控制,有些在一定时期内还是无能为力。在保险实务中,由实质风险因素引起的损失风险,大都属于保险责任范围。

2. 无形风险因素。无形风险因素是与人的心理或行为有关的风险因素,通常包括道德风险因素和心理风险因素。

其中,道德风险因素是指与人的品德修养有关的无形因素,即由于人们不诚实、不正直或有不轨企图，故意促使风险事故发生，以致引起财产损失和人身伤亡的因素。如投保人或被保险人的欺诈、纵火行为等都属于道德风险因素。在保险业务中，保险人对因投保人或被保险人的道德风险因素所引起的经济损失，不承担赔偿或给付责任。心理风险因素是与人的心理状态有关的无形风险因素，即由于人们疏忽或过失以及主观上不注意、不关心、心存侥幸，以致增加风险事故发生的机会和加大损失的严重性的因素。例如，企业或个人投保财产保险后产生了放松对财务安全管理的思想，如产生物品乱堆放，吸烟后随意抛弃烟蒂等心理或行为，都属于心理风险因素。由于道德风险因素与心理风险因素均与人密切相关，这两类风险因素合并称为人为风险因素。

资料来源：360 百科

（四）风险的种类

1. 按照性质分类，分为纯粹风险和投机风险

纯粹风险是指只有损失机会而无获利可能的风险。比如房屋所有者面临的火灾风险，当火灾事故发生时，他们便会遭受经济利益上的损失。

投机风险是相对于纯粹风险而言的，是指既有损失机会又有获利可能的风险。比如在股票市场上买卖股票，就存在赚钱、赔钱、不赔不赚三种后果，因而属于投机风险。

2. 按照标的分类，分为财产风险、人身风险、责任风险

财产风险是指导致一切有形财产的损毁、灭失或贬值的风险。财产损失通常包括财产的直接损失和间接损失两方面。

人身风险是指导致人的伤残、死亡、丧失劳动能力以及增加医疗费用支出的风险。如人会因生、老、病、死等生理规律而早逝、伤残、工作能力丧失或年老无依靠等。人身风险所致的损失一般有两种：一种是收入能力损失，一种是额外费用损失。

责任风险是指由于个人或团体的疏忽或过失行为，造成他人财产损失或人身伤亡，依照法律、契约或道义应承担的民事法律责任的风险。

3. 按照行为分类，分为特定风险和基本风险

特定风险是与特定的人有因果关系的风险，即由特定的人所引起的，而且损失仅涉及特定个人的风险，如火灾、爆炸、盗窃以及对他人财产损失或人身伤害所负的法律责任均属此类。

基本风险是损害波及社会的风险。基本风险的起因及影响都不与特定的人有关，至少是个人所不能阻止的风险。与社会或政治有关的风险，与自然灾害有关的风险都属于基本风险，如地震、洪水、海啸、经济衰退等均属此类。

4. 按照产生原因可分为自然风险、社会风险、政治风险、经济风险、技术风险

自然风险是指因自然力的不规则变化使社会生产和社会生活等遭受威胁的风险，如地震、风灾、火灾等自然现象。在各类风险中，自然风险是保险人承保最多的风险。

社会风险是指由于个人或团体的行为（包括过失行为、不当行为以及故意行为）或不行为使社会生产以及人们生活遭受损失的风险，如盗窃、抢劫、玩忽职守及故意破坏等行为将可能对他人财产造成损失或对人身造成伤害。

政治风险（国家风险）是指在对外投资和贸易过程中，因政治原因或合同双方所不能控制的原因，使债权人可能遭受损失的风险。

经济风险是指在生产和销售等经营活动中，由于受各种市场供求关系、经济贸易条件等

因素变化的影响或经营者决策失误、对前景预期出现偏差等导致经营失败的风险。

技术风险是指伴随着科学技术的发展、生产方式的改变而产生的威胁人们生产与生活的风险，如空气污染和噪声等。

二、个人或家庭风险的认知

一般来说，人们面临的风险主要有人身风险、财产风险和责任风险。

（一）人身风险

人身风险是指家庭成员人身意外造成经济损失，或导致人的伤残、死亡、丧失劳动能力以及增加费用支出的风险。具体风险包括生命风险和健康风险。

1. 生命风险

家庭成员因疾病或意外事故过早离世，尤其对家庭经济贡献最大的成员的离世给家庭的经济收入带来严重影响，收入下降甚至中断。

2. 健康风险

因疾病或意外事故导致家庭成员伤残或者丧失劳动能力，导致家庭收入的减少或者终止，同时支出相对增加。

人身风险导致的损失有收入能力损失和额外费用损失。

（二）财产风险

财产风险就是家庭拥有的财产，由于自然灾害或者意外事故受到损失，包括动产、不动产等。造成家庭财产损失的风险是多种多样的，如水灾、火灾、地震、台风、冰雹、泥石流等自然灾害，盗窃、纵火、破坏、管道破裂等人为风险事故。

财产风险会直接导致家庭财产的减少，引起直接损失，同时为了恢复财产用途或更换新的用具所需的费用、时间等，引起间接损失。

（三）责任风险

责任风险是指因个人或团体的侵权、违约、疏忽或过失（甚至无过失）行为，造成他人的财产损失或人身伤亡，按照法律、合同、道义应承担经济赔偿责任的风险，包括对人的赔偿和对物的赔偿。

如故意伤人或过失伤人造成的责任损失，伤人者均须赔付医疗费、误工费、营养费等损失。如交通事故造成他人人身和财产损失，需进行赔偿。如宠物伤人，需要承担宠物造成他人损失的责任。

【阅读资料】

长安责任保险推"居家无忧"综合责任险，主险保障第三者损失

6月20日，长安责任保险重磅推出一款全新产品——"居家无忧"个人综合责任险。

漏水、火灾、爆炸，是都市生活中最常发生的家庭风险，其中"殃及池鱼"造成邻居街坊的损失，往往高于自家损失。区别于市场上一般的家财险，长安"居家无忧"正是一款以个人房屋为中心的责任保险组合产品，自家损失仅作为第三者责任赔偿的连带责任。而普通家财险则是以自家损失的补偿为主，如果仅保了家财险，真遇到漏水、火灾、爆炸等伤及第三者的事故，造成街坊邻居等第三者的损失，保险公司是不赔的。

据了解，这款个人综合责任险的主险保障为：个人房屋因为漏水、火灾、爆炸或房屋附属物（室内物品）的倒塌、脱落、坠落，导致第三者人身伤亡或财产损失的风险。附加险保障为：在发生主险风险事故造成第三者人身伤亡或财产损失的同时，造成被保险人房屋及附属物损失，或被保险人及其家庭成员人身伤亡的风险。

长安责任保险"居家无忧"个人综合责任险

险种	保险责任	保险金额/累计赔偿限额	每次事故赔偿限额	免赔额	保费
个人综合责任险及附加险	1. 房屋及附属物责任：因房屋漏水、火灾、爆炸或房屋附属物倒塌、脱落、坠落，导致第三者人伤身亡或财产损失	20 000元	10 000元（其中漏水每次2 000元）	每次事故伤亡无免赔，财产损失免赔100元，医疗免赔100元后按80%赔付	100元
	2. 附加被保险人投保的房屋及室内财产因房屋及附属物责任（第1条）造成的财产损失	50 000元	10 000（其中漏水每次2 000元）		
	3. 附加被保险人家庭成员因房屋及附属物责任（第1条）造成意外伤害身故、伤残、医疗	意外伤亡10 000元/人 意外医疗1 000元/人			

可以看到，长安"居家无忧"最大的特点正是突出了"先人后己"的责任保险特色，将事故造成第三者损失或伤害作为此款产品的主险保障，可有效规避由于保险事故对第三者伤害而产生的纠纷。

资料来源：中国网 2016年06月20日

三、风险管理

风险管理是指个人或家庭通过对风险的识别和评估，采用必要的方法把风险降至最低的管理过程。进行风险管理主要是考虑安全和经济方面的需要。

（一）风险管理的目标

风险管理的目标是在损失发生前寻求行之有效的措施，以避免或减少损失的发生。

（二）风险管理的过程

风险管理的过程主要包括以下几点。

①风险识别。风险识别是指在风险事故发生之前，确定所面临的各种风险以及分析风险事故发生的潜在原因。

②风险评估。风险评估就是衡量、估算某一事件或事物带来的影响或损失的可能程度。

③风险处理。

(三) 风险管理的方法

1. 风险回避

风险回避即可以一开始就拒绝某种行为，或在行为过程中途放弃某些危险活动。如为避免航空事故可以乘坐火车、汽车；驾车过程中发现车辆有问题，可立即靠边停车。

2. 风险转移

风险转移包括非保险类转移和保险类转移。

3. 风险损失控制

针对个人或家庭不愿放弃某种行为也不愿转移风险而采取的一种风险管理方法，包括损失预防和损失抑制。损失预防：在损失发生前为消除或减少可能引起损失的因素所采取的具体措施。损失抑制：在事故发生后，采取措施减少损失发生的范围或损失程度的行为。

4. 风险自留

当风险事故发生并造成一定的损失后，家庭通过可筹集的资金，弥补遭受的损失。它只是一种损失发生后提供经济保障的管理技术。

任务二　保险认知

一、保险的含义

广义的保险是指集合具有同类风险的众多群体，以合理技术分担费用的形式，向少数因风险事件发生造至损失的成员给予赔偿或给付的经济行为。

狭义的保险指商业保险，是指保险双方当事人（保险人和投保人）自愿订立保险合同，由投保人交纳保费，建立保险基金，当被保险人发生合同约定的事件时，保险人履行赔付或给付保险金的义务。

二、保险的功能

保险具有经济补偿、资金融通和社会管理功能。

①经济补偿功能是基本的功能，也是保险区别于其他行业的最鲜明的特征。

②资金融通功能是指将形成的保险资金中闲置的部分重新投入社会再生产过程中。保险人为了使保险经营稳定，必须保证保险资金的保值与增值，这就要求保险人对保险资金进行运用。保险资金融通要坚持合法性、流动性、安全性、效益性的原则。

③社会管理功能。社会管理是指对整个社会及其各个环节进行调节和控制的过程，目的在于正常发挥各系统、各部门、各环节的功能，从而实现社会关系和谐、整个社会良性运行和有效管理。

三、保险的分类

(一) 按经营性质分，保险可分为社会保险和商业保险

1. 社会保险

社会保险是指国家通过立法强制实行的，由个人、单位、国家三方共同筹资，建立保险基金，当个人因年老、失业、疾病、工伤、生育等原因丧失劳动能力、暂时失去劳动岗位时，提供收入或补偿的一种社会保障制度。社会保险具有保障性、普遍性、互助性、强制性、福利性等特性。

2. 商业保险

商业保险是指通过订立保险合同进行运营，以营利为目的的保险形式，由专门的保险企业经营。投保人根据合同约定，向保险公司支付保险费，保险公司根据合同约定的可能发生的事故，因其发生所造成的财产损失承担赔偿保险金责任，或者当被保险人死亡、伤残、疾病或达到约定的年龄、期限时承担给付保险金责任。商业保险有营利性、自愿性等特性。

（二）按保险标的（对象），保险可分为人身保险、财产保险和责任保险

1. 人身保险

人身保险是以人的身体或生命为保险标的，并以人的生存、死亡、疾病或遭到伤害为保障条件的保险。人身保险又可以分为人寿保险、健康保险和意外伤害保险。

2. 财产保险

财产保险是以财产及其有关的利益作为保险标的，或以造成经济损失的损害赔偿责任作为保险标的的保险。财产保险有广义和狭义之分。

3. 责任保险

责任保险是指以被保险人依法应负有的民事损害赔偿责任或经过特别约定的合同责任为保险标的的一种保险，主要包括产品责任保险、公众责任保险、雇主责任保险和职业责任保险。

（三）按照承保方式分类，保险分为原保险、再保险、共同保险和重复保险

1. 原保险

原保险是保险人与投保人之间直接签订保险合同而建立保险关系的一种保险。在原保险关系中，保险需求者将其风险转嫁给保险人，当保险标的遭受保险责任范围内的损失时，保险人直接对被保险人承担赔偿或给付责任。

2. 再保险

再保险又称"分保"，是保险人在原保险合同的基础上，将其所承保的风险和责任的一部分或全部转移给其他保险人的一种保险。

3. 共同保险

共同保险又称"共保"，是由几个保险人联合承保同一保险标的、同一风险、同一保险利益的保险。共同保险的各保险人承保金额的总和等于保险标的的保险价值。在保险实务中，可能是多个保险人分别与投保人签订保险合同，也可能是多个保险人以某一保险人的名义签订一份保险合同。

4. 重复保险

重复保险是指投保人以同一保险标的、同一保险利益、同一保险事故分别与两个或两个以上保险人订立保险合同的一种保险。

四、保险的原则

(一) 保险利益原则

1. 保险利益原则的含义

保险利益也称可保利益,是指投保人在保险事故发生时对保险标的应当有法律上认可的保险利益。有四个成立条件:合法的利益、经济有价的利益、确定的利益、有利害关系的利益。

2. 保险利益具备的条件

保险利益是保险合同有效成立的要件,保险合同有效必须建立在投保人对保险标的具有保险利益的基础上,具体构成需满足三个条件。

(1) 可保利益必须是合法利益

保险利益作为投保人享有的利益,必须是符合法律法规,符合社会公共利益,为法律认可并受到法律保护的利益,对不法利益,如贪污、盗窃、诈骗等非法手段取得的财产,均无可保利益,因为这些利益是违反法律和公共利益的。

(2) 可保利益必须是有经济价值的利益

如果损失不是经济上的利益,便无法计算。如精神创伤、政治打击等,难以用货币衡量,因而不构成保险利益。

(3) 可保利益必须是可以确定的和可以实现的利益

确定利益指被保险人对保险标的的现有利益或因现有利益而产生的期待利益已经确定。所谓可以实现是指它是事实上的经济利益或客观的利益。

3. 保险利益的适用范围

人身保险中,投保人对以下人员具有保险利益。

(1) 本人

本人是指投保人自己。

(2) 配偶、子女、父母

(3) 与投保人有抚养、赡养或扶养关系的家庭其他成员、近亲属

主要有投保人的祖父母、外祖父母、孙子女以及外孙子女等直系血亲,投保人的亲兄弟姐妹、养兄弟姐妹、有抚养关系的继兄弟姐妹等旁系血亲。投保人对其他家庭成员、近亲属有保险利益,必须以他们之间存在抚养、赡养或扶养关系为前提。

(4) 与投保人有劳动关系的劳动者

此外,被保险人同意投保人为其订立合同的,视为投保人对被保险人具有保险利益。

在财产保险中,凡可使投保人产生经济利害关系的标的,都具有保险利益,如财产所有权,财产的经营权、使用权,财产的保管人,财产的抵押权和留置权。

【案例】

王某陪其姐到医院检查身体,得知其姐已怀孕。王某感到非常高兴,于是想自己花钱为其姐购买一份"母婴安康保险"以示庆祝。保险公司不予承保。

分析:保险公司不予承保。《保险法》明确规定,必须要有保险利益,只有父母、子女、配偶才可以,兄弟姐妹是不可以的。

(二) 最大诚信原则

1. 最大诚信原则的含义

最大诚信原则要求保险双方当事人要诚实守信，要向对方充分而准确地告知和保险相关的重要事实，对自己的义务要善于履行，否则合同无效。

重要事实是指任何影响保险人判断投保标的的危险大小、决定是否承保和费率高低以及合同条件的各种情况。投保人必须告知的重要事实主要有：标的物的危险或损失可能超出正常情况的现象，与投保标的有联系的一些道德危险，以往损失经验及曾遭到其他保险人拒保的事实。

下列情况不属于重要事实：为降低危险或减少损失而实施的安全措施，保险人应该了解的属于人所共知的常识，被保险人根本不知道的事实，保险人已经检验过或询问过的事实。

2. 最大诚信原则的内容

最大诚信原则主要通过保险合同双方的诚信义务来体现，包括如实告知、保证、说明、弃权和禁止反言。

（1）告知

告知是指投保人在合同订立前、订立时、合同有效期内及出险时，将与保险标的有关的重要事实向保险人如实陈述。陈述的方式采用口头或书面均可。

（2）保证

保证是指投保人或被保险人对在保险期限内的特定事项作为或不作为向保险人所做的承诺。

保证分为明示保证和默示保证。

明示保证是以书面条款形式载明于保险合同中。保险人为了慎重起见，在保险合同中可安排一种固定的格式，让被保险人承认保单上的保证条款，该条款作为保单的一个内容，被保险人必须遵守。

默示保证是指虽未以条款形式列明，但是按照行业或国际惯例、有关法规以及社会公认的准则，投保人或被保险人应该作为或不作为的事项，如要求投保人的船舶必须有适航能力。

明示保证和默示保证具有同等的效力，对投保人或被保险人具有同等的约束力。

（3）说明

保险人的说明义务是法定义务，不允许保险人以合同条款的方式予以限制和免除。保险人有义务在订立合同前向投保人详细说明保险合同的各项条款，并针对投保人有关合同条款的提问做出直接真实的回答，就投保人有关保险合同的疑问进行正确的解释。

（4）弃权

弃权是指保险合同当事人放弃自己在合同中可以主张的某项权利；弃权可以分为明示弃权和默示弃权。

（5）禁止反言

禁止反言是指保险合同当事人放弃某项权利后，不得再主张这种权利。禁止反言的基本功能是要防止欺诈行为，以维护公平、公正，促成双方当事人之间本应达到的结果。

(三) 近因原则

1. 近因原则的含义

近因是指在保险标的发生损失中最直接、最有效、起决定性作用的因素，而不是损失发生的时间早晚或空间远近的原因。

近因原则是判断风险事故和保险标的的损失之间的关系，以确定保险责任的基本原则。

2. 损失近因的判定

（1）损失由单一原因所致

若保险标的损失由单一原因所致，则该原因为近因。若该原因属于保险责任事故，则保险人应负赔偿责任；反之，若该原因属于责任免除项目，则保险人不负赔偿责任。

（2）多种原因同时发生导致损失

多种原因同时发生而无先后之分，且都为保险标的损失的近因，则应区别对待。如果同时发生的多种原因都属于保险责任，则保险人应负赔偿责任。如果同时发生的多种原因都属于责任免除，则保险人不负任何赔偿责任。如果同时发生的多种原因不全属保险责任，则应严格区分，对能区分保险责任和责任免除的，保险人只负保险责任范围赔偿责任；对不能区分保险责任和责任免除的，则不予赔付。

（3）多种原因连续发生导致损失

如果多种原因连续发生导致损失，前因与后因之间具有因果关系，且各原因之间的因果关系没有中断，则最先发生并造成一连串风险事故的原因就是近因。保险人的责任可根据下列情况来确定：

第一，若连续发生导致损失的多种原因均属保险责任，则保险人应负全部损失的赔偿责任。如船舶在运输途中因遭雷击而引起火灾，火灾引起爆炸，由于三者均属于保险责任，则保险人对损失负全部赔偿责任。

第二，若连续发生导致损失的多种原因均属于责任免除范围，则保险人不负赔偿责任。

第三，若连续发生导致损失的多种原因不全属于保险责任，最先发生的原因属于保险责任，而后因属于责任免除，则近因属保险责任，保险人负赔偿责任。

第四，最先发生的原因属于责任免除，其后发生的原因属于保险责任，则近因是责任免除项目，保险人不负赔偿责任。

（4）多种原因间断发生导致损失

致损原因有多个，它们是间断发生的，在一连串发生的原因中，有一种新的独立的原因介入，并导致损失，则新介入的独立原因是近因。近因属于保险责任范围的事故，则保险人应负赔偿责任；反之，若近因不属于保险责任范围，则保险人不负赔偿责任。

【案例】

某女士买了意外伤害险。她被一辆中速行驶的轿车轻微碰擦了一下，顿觉胸闷头晕。不幸在送往医院途中病情加重，最后在医院不治身亡。医院的死亡证明书指出，死亡原因是心肌梗死。家人拿着有效保单及死亡证明等资料，向保险公司索赔，但保险公司以导致死亡的事故为非保险事故，不属于意外伤害，因此不予理赔。本案例中，女士被汽车轻微碰擦，发生在一般健康人身上，是不会导致死亡的。女士身故的原因是心脏病。虽然车辆碰擦是意外，但不是导致其死亡的近因，所以保险公司不予赔偿。

(四) 损失补偿原则

1. 损失补偿原则的含义

损失补偿原则是指保险标的发生保险责任范围内的损失时，保险人给予被保险人的补偿只能使被保险人在经济上恢复到受损签订状态，而不允许被保险人通过索赔损失获得额外利益。赔偿的基本要求是：赔偿数额既不能超过保险合同中的保险金额，也不能高于被保险人的实际损失。

2. 损失补偿原则的作用

(1) 维护保险双方的正当权益

坚持损失补偿原则能真正发挥保险的损失补偿功能，同时也维护了保险双方的正当权益。对被保险人而言，保险事故造成的经济损失能得到保险公司及时的补偿。对保险公司而言，其权益也通过损失补偿的限额得到了保护。

(2) 防止道德风险的发生

损失补偿原则中关于有损失则赔偿、无损失无赔偿的规定，还有被保险人所获得的补偿总额不能超过其损失总额的规定，都可以防止被保险人通过保险赔偿得到额外利益，从而防止被保险人故意购买高额保险，以获得赔款为目的而故意制造事故。因此，坚持损失补偿原则有利于防止道德风险的发生。

【案例】

2003年9月，原告为其子投保了某保险公司一年期学生、幼儿保险附加意外伤害医疗及附加住院医疗保险。保险期间，其子在院中玩耍时被一辆小轿车撞伤，发生医疗费用1万多元，该医疗费用全部由汽车司机给予了赔偿。

原告虽然获得了赔偿，但想起其子还投保了意外伤害医疗保险，遂以其子受伤住院治疗为由，向保险公司申请理赔，但遭到了保险公司拒赔。保险公司的拒赔理由是：经调查核实，住院治疗费用已经得到补偿，投保人并无实际损失，所以保险公司无须再承担赔偿责任。在与保险公司协商未果的情况下，原告向人民法院提起诉讼，要求保险公司依保险合同承担给付保险金的责任，赔偿原告发生的全部医疗费用。

一审法院经审理做出判决：本案所涉保险属医疗费用类保险，应当适用损失补偿原则，由于撞伤原告儿子的汽车驾驶员已经赔偿了原告发生的全部医疗费用，故原告所受损失已经获得赔偿，保险人不应再负赔偿责任，否则将使同一保险标的的损失实际获得双重或者多于保险标的实际损失的补偿。

3. 代位追偿原则

代位追偿原则是指因第三者对保险标的的损害造成保险事故时，保险人向被保险人赔偿保险金以后，在赔偿金额范围内取代被保险人的地位行使对第三者请求赔偿的权利。

代位追偿权产生原因主要有以下三种。

(1) 侵权行为

由于第三者的故意或过失致使保险标的遭受损失。

(2) 合同责任

第三者违约造成保险标的损失。

（3）不当得利

由第三者的不当得利产生的民事责任引起的代位追偿。

【阅读资料】

买保险产品要走好五个步骤

在购买保险产品时，只要投资者能做到五大步骤，也许就不会被忽悠。在买保险过程中，被投保人认为最不愉快的三件事情分别是：保险条款太复杂，看不太懂；保险销售人员介绍得天花乱坠，看了保险合同才知道没有那么好；经常接到保险公司打来的骚扰性推销电话，被打扰不说，还感觉自己的个人信息被泄露了。

首先，必须核实保险合同上可填写的内容。如合同中的投保人、被保险人和受益人的姓名、身份证号码是否有误；有无保险公司的合同专用章及总经理签字；合同中的保险品种与保险金额、每期保费是否与你的要求相一致；投保单上是否自己亲笔签名。

其次，阅读合同条款中的保险责任条款。该条款主要描述保险的保障范围与内容，即保险公司在哪些情况下须理赔或如何给付保险金。这也是投保人向保险公司购买保险产品后的核心利益。

第三，阅读除外责任条款。该条款列举了保险公司不理赔的几种事故状况，消费者购买保险后要小心回避这些状况。

第四，看合同中的名词注释。此项内容是保险专用名称的正式的、统一的、具有法律效力的解释。主要是为了帮助投保人更清晰地理解保险合同条款，是合同中所必须含有的内容。

第五，看合同解除或终止情况的规定或列举。这一条讲投保人或保险公司在何种情况下可行使合同解除权。保险公司除合同条款中列明的情况外，不能解除或终止正在履行的合同，而投保人则可随时提出解除或终止。

从目前情况来看，消费者往往对此条款最不满意。如在医疗险中，有些保险公司一旦发生赔付，即依据该条款开出"除外责任书"。

此外，还要提醒投保人在选择购买产品时，需要结合自己的实际需求，并且做到货比三家。

资料来源：大洋网——广州日报

五、保险合同

保险合同是投保人与保险人约定保险权利义务关系的协议。

（一）合同主体

保险合同的主体分为当事人、关系人和辅助人三类。

1. 保险合同当事人

保险人也称承保人，是指经营保险业务、与投保人订立保险合同、收取保费，并在保险事故发生或者保险合同届满后，对被保险人赔偿损失或给付保险金的保险公司。绝大多数国家的保险业只准法人经营。

投保人是指与保险人订立保险合同，并按照合同约定负有支付保险费义务的人。在人身保险合同中，投保人对被保险人必须具有保险利益；在财产保险合同中，投保人对保险标的要具有保险利益。

2. 保险合同关系人

被保险人是指根据保险合同规定,遭受保险责任范围内的损失或伤害,享有保险金请求权的人。被保险人是保险事故发生时遭受损失的人。在人身保险中,被保险人是其生命或健康因危险事故的发生而遭受直接损失的人;在财产保险中,被保险人必须是财产的所有人或其他权利人。被保险人可以是投保人自己,也可以是投保人以外的第三人。

受益人是指按保险合同规定,有权享受保险合同利益的人,特指在人身保险中,被保险人死亡后接受保险金给付的人。投保人、被保险人或者第三人都可以成为受益人。受益人一般由被保险人指定,并在合同中载明。如果被保险人未指定受益人,法定继承人就为受益人。受益人在被保险人死亡后领取的保险金不得作为死者遗产,用来清偿死者生前的债务,受益人之外的其他人无权分享保险金。

3. 保险合同辅助人

保险代理人即保险人的代理人,指依保险代理合同或授权书向保险人收取报酬,并在规定范围内以保险人名义独立经营保险业务的人。代理人要根据保险人委托的业务范围和授予的权限进行业务代理。代理人行为所产生的权利、义务、责任等后果均由保险人承担。

保险经纪人是基于投保人的利益,为投保人和保险人订立合同提供中介服务,收取劳务报酬的人。

(二) 合同客体

保险合同的客体指的是保险合同中权利义务指向的对象,即保险标的及其保险利益。

1. 保险标的

保险标的是投保人要求保险人实施保险保障的具体对象或具体目标。财产保险的保险标的是各项财产本身或与财产有关的经济利益,人身保险的保险标的是人的健康、生命等。

2. 保险利益

保险利益是指投保人对其所投保的标的所具有的法律上的认可的利害关系而产生的经济利益。签订保险合同必须以保险利益为前提。保险合同的客体不仅是保险标的,更重要的是依附于保险标的的保险利益。

保险标的是保险利益存在的物质基础,没有保险标的,不会有保险利益;保险利益是保险标的要求保险保障的经济内涵,没有保险利益,保险标的就不能取得保险保障。

(三) 合同的内容

合同的内容是指合同双方当事人的权利和义务的具体化。保险合同的内容除主体、客体外,还有以下主要项目。

1. 保险责任

保险责任是除外责任的对称,是指保险人对投保人遭受的损失所承担的补偿或给付责任的具体范围。保险责任也是理赔的主要依据,它以条款形式载明于合同中。

除外责任指保险人不予承担的风险损失。主要有三部分:第一是明确列入除外责任的,第二是保险责任中未列举的灾害事故损失,第三是由除外责任所列举的事项引起的损失。

2. 保险价值与保险金额

保险价值是指投保人在投保时保险标的用货币计量的实际价值。

保险金额是指保险人对投保标的的承保金额或订入保险合同中的保险价值，它是保险人计算保险费的依据和承担补偿或给付责任的最大限额。

3. 保险费和保险费率

保险费是保险人为履行保险业务向投保人收取的费用。保险费是按保险金额乘以保险费率求得的，也有的是按规定的金额收取保险费。

保险费率是一定时期保险费与保险费额度的比例，是保险人收取保险费的重要依据之一。

4. 保险期限

保险期限是保险合同的有效期，也是保险双方当事人行使权利和履行义务的起讫时间。在保险期限内发生保险事故并给投保人造成损失的，保险人才予以赔偿或给付。不同的保险合同规定的保险期限不同。

5. 保险赔款或保险金的给付

6. 违约责任与争议处理

违约责任是指保险合同当事人因其过错致使保险合同不能完全履行，或违反保险合同规定的义务而需承担的法律责任。

7. 保险合同当事人双方的权利和应尽的义务

【知识链接】

保险合同无效

保险合同无效是指当事人所缔结的保险合同因不符合法律规定的生效条件而不产生法律的约束力。无效保险合同的特点是：

1. 违法性，即违反法律和公序良俗；
2. 自始无效性，即因其违法而自行为开始起便没有任何的法律效力；
3. 无效性，无须考虑当事人是否主张，法院或仲裁机构可主动审查，确认合同无效。

保险合同无效的原因：

1. 合同主体不合格。主体不合格是指保险人、投保人、被保险人、受益人或保险代理人等资格不符合法律的规定。例如，投保人是无民事行为能力或依法不能独立实施缔约行为的限制民事行为能力的自然人；保险人不具备法定条件，不是依法设立的；保险代理人没有保险代理资格或没有保险代理权。如果保险合同是由上述主体缔结的，则合同无效。

2. 当事人意思表示不真实。缔约过程中，如果当事人中的任何一方以欺诈、胁迫或乘人之危的方式致使对方做出违背自己意愿的意思表示，均构成缔约中的意思表示不真实。在这里，欺诈是指行为人不履行如实告知的义务，故意隐瞒真实情况或者故意告知虚假情况，诱使对方做出错误意思表示的行为。如投保人在订立保险合同时，明知不存在风险却谎称有风险，明知风险已经发生而谎称没有发生，等等。胁迫是指一方当事人以给对方或与对方有关的人的人身、财产、名誉、荣誉造成损害为要挟，迫使对方同自己订立保险合同的行为。要挟是确定可能实现的行为，而且足以使对方违背自己的意志，与其订立保险合同。

3. 客体不合法。投保人或被保险人对保险标的没有保险利益，则其订立的保险合同无效。

4. 内容不合法。如果投保人投保的风险是非法的，如违反国家利益和社会公共利益、违反法律强制性规定等，均导致合同无效。

任务三　人身保险

人身保险有人寿保险、意外伤害保险和健康保险。

一、人寿保险

人寿保险又称为生命保险，是以人的生命为保险标的，以人的生死为保险事故，当发生保险事故时，保险人对被保险人履行给付保险金责任的一种保险。

人寿保险通常可分为生存保险、死亡保险、两全保险和年金保险。

1. 生存保险

生存保险是被保险人要生存到保险期满时，保险人依照保险合同的规定给付保险金的一种保险。生存保险是以被保险人在约定的保险期满仍然生存为给付条件的，如果被保险人在保险期内死亡，保险公司不负保险责任，并且不退回投保人所交的保险费。

生存保险具有较强的储蓄功能，是为一定时期之后被保险人可以领取一笔保险金，以满足其生活等方面的需要。

2. 死亡保险

死亡保险是以被保险人的死亡为给付条件的人寿保险，即在保险有效期间被保险人发生死亡事故时，保险人给付一定保险金。死亡保险一般分为定期寿险和终身寿险，只是保险期限不同。定期寿险的保险期限是某一特定的区间，而终身寿险的保险期限则是被保险人的一生。

定期寿险又称定期死亡保险，是指被保险人在保险期限内死亡时，保险人才负给付保险金的责任。如果被保险人合同期满后继续生存而又不续保，保险公司则不负保险责任。定期寿险具有较强的保险功能，可以用最低的保险费支出取得最大金额的保障，但无储蓄功能，也无投资收益。

终身寿险又称终身死亡保险，是一种提供终身保障的保险，被保险人在保险有效期内无论何时死亡，保险人都向其受益人给付保险金。终身寿险的一个显著特点是保单具有现金价值，而且保单所有人既可以中途退保领取退保金，也可以在保单的现金价值的一定限额内贷款，具有较强的储蓄性。所以终身寿险的费率较高，并且采取均衡保费的方法。目前，中国寿险市场上，终身寿险已经成为主要的寿险险种之一。

3. 两全保险

两全保险又称生死合险。被保险人在保险期内死亡，保险人向其受益人给付保险金；如果被保险人生存至保险期满，保险人也向其本人给付保险金。因此，两全保险是死亡保险和生存保险的混合险种。

两全保险可分为两个部分：定期寿险和储蓄投资。保单中的定期寿险保费逐年递减，至保险期满日为零，而储蓄保费逐年递增，至保险期满日为投保金额。由于被保险人在保险期内不论生存或死亡，被保险人本人或受益人在保险期满后，总是可以获得稳定的保险金，因此，它既可以保障被保险人的晚年生活，又能解决由于本人死亡后给家庭经济造成的困难，因而它在人寿保险中最能够体现保障与投资的两重性，有时人们又称其为储蓄保险。

4. 年金保险

年金保险是指保险人承诺每年（或每季、每月）给付一定金额给被保险人（年金受领人）的保险，实际上是一种生存保险。年金保险是预防被保险人因寿命过长而可能丧失收入来源或耗尽积蓄而进行的经济储备。

此外还有创新型人寿保险。创新型人寿保险产品侧重于投资理财，被保险人也可获取传统寿险所具有的功能。该类型保险可分为分红保险、投资联结保险和万能人寿保险。

二、意外伤害保险

意外伤害保险又称意外险，是指被保险人由于意外原因造成身体伤害，而导致残废、死亡时，保险人按照约定承担给付保险金责任的人身保险合同。

意外伤害指在被保险人没有预见到或违背被保险人意愿的情况下，突然发生的外来致害物对被保险人的身体明显、剧烈地侵害的客观事实。

保险人的给付，通常包括死亡保险金给付和残疾保险金给付。

三、健康保险

健康保险是以被保险人在保险期间因疾病不能从事正常工作，或因疾病造成残疾或死亡时，由保险人给付保险金的保险。

健康保险是以被保险人患疾病作为保险事故的，按给付方式划分，一般可分为三种。

1. 给付型

保险公司在被保险人患保险合同约定的疾病或发生合同约定的情况时，按照合同规定向被保险人给付保险金。保险金的数目是确定的，一旦确诊，保险公司按合同所载的保险金额一次性给付保险金。各保险公司的重大疾病保险等就属于给付型。

2. 报销型

保险公司依照被保险人实际支出的各项医疗费用按保险合同约定的比例报销。如住院医疗保险、意外伤害医疗保险等就属于报销型。

3. 津贴型

保险公司依照被保险人实际住院天数及手术项目赔付保险金。保险金一般按天计算，保险金的总数依住院天数及手术项目的不同而不同。如住院医疗补贴保险、住院安心保险等就属于津贴型。

任务四　保险规划

一、保险规划的原则

1. 先保家庭经济支柱，再保小孩

家庭经济支柱就是家庭经济的主要来源，一般都是夫妻二人。一旦任何一方因故（离世、意外伤残或重大疾病等）而丧失经济能力，赔偿的保险金都可以解燃眉之急。一定要先给大人买保险（寿险），因为大人是孩子的保险。在父母健全的时候，父母能照顾好自己的孩子，而当父母都不在的时候，父母充足的寿险则是给家庭、给孩子的一份坚实的保障。

2. 先意外后理财，先保障后改善

先从意外险、健康险做起，有了这些最基本的保障，再去考虑其他的险种。也就是说，购买理财型的保险适合在做好基础的保障后，还有多余的钱时，为养老保险，或者儿女的教育金做准备。买保险一般应按下面的顺序：意外险（寿险）——健康险（含重大疾病险、医疗险）——教育险——养老险——分红理财险。

3. 先人身保险，后财产保险

只要我们人能够健康顺利地生活，其他都是身外之物。所以，在我们没有足够预算的情况下，一定先为自己购买合适的充足的保险，而为车子、房子等财产购买保险要合理进行。

4. 确定合理的保险金额，再确定适当保费

由于被保险人出险的时候，保险公司赔偿给受益人的只能是金钱，所以购买保险的主要目的是出现风险时能得到经济上的补偿，也就是说被保险人身上负有多少经济责任，就相应买多少保额的保险。应根据人生的不同阶段，以及所承担的家庭责任的大小来确定合理的保险金额。

5. 双十原则

在购买保险前应先了解自己的家庭财务状况，参考"双十原则"，即保费不超过家庭收入的10%，保额是家庭开支的10倍。这将既不影响家庭财政，又能人人获得保障。

二、保险规划的步骤

第一步，收集信息，分析家庭类型并进行需求分析。

第二步，分析风险状况及客户重点关注的风险类型。

第三步，分析保险规划的原则。

第四步，提出规划建议（包括确定保险金额、保费金额、缴费期限、缴费方式，确定适合客户的保险品种和保险公司）。

第五步，实施保险规划，并根据客户的实际情况进行调整，适时进行保单诊断，长期跟踪，为客户提供动态的保险规划服务。

项目小结

人们面临的风险主要有人身风险、财产风险和责任风险。保险具有经济补偿、资金融通和社会管理功能。按保险标的（对象），保险可分为人身保险、财产保险和责任保险。保险有四大原则分别为保险利益原则、最大诚信原则、近因原则、损失补偿原则。

本章习题

一、单项选择题

1. 人寿保险又称为生命保险，是以人的生命为保险标的，以人的（　　）为保险事故，当发生保险事故时，保险人对被保险人履行给付保险金责任的一种保险。

A. 生存　　　　　　B. 死亡　　　　　　C. 生存和死亡　　　　　　D. 生存年限

2. （　　）是一种提供终身保障的保险，被保险人在保险有效期内无论何时死亡，保

险人都向其受益人给付保险金。

　　A. 终身寿险　　　　B. 定期寿险　　　　C. 两全保险　　　　D. 年金保险

　3. 保险人在确定人身意外伤害保险费率时考虑的最主要因素是（　　）。

　　A. 年龄　　　　　　B. 性别　　　　　　C. 职业　　　　　　D. 体格

　4. 下列各项中，（　　）不属于社会保险的主要险种。

　　A. 社会养老保险　　B. 失业保险　　　　C. 健康保险　　　　D. 医疗保险

　5. 某人投保了人身意外伤害保险，被汽车撞伤送往医院，在住院治疗期间因心脏病死亡。那么，这一死亡事故的近因是（　　）。

　　A. 被汽车撞伤　　　　　　　　　　　B. 心脏病
　　C. 被汽车撞伤和心脏病　　　　　　　D. 被汽车撞伤引起的心脏病

二、判断题

1. 最大诚信原则只是对投保人的要求。（　　）
2. 所有的风险都不应该自己保留，而要全部购买保险转移给保险公司。（　　）
3. 健康保险是以被保险人在保险期间内因疾病不能从事正常工作，或因疾病造成残疾或死亡时由保险人给付保险金的保险。（　　）
4. 对于年轻人来说，现在身体健康，无须购买健康保险，等年老时再买也不迟。（　　）
5. 买保险应当先考虑养老保险，其次再考虑健康和意外伤害保险。（　　）
6. 工作单位已经提供了社会保险，无须再购买商业保险。（　　）

三、案例分析题

【案例1】上网查询不少于三家保险公司的官方网站，查询了解其主要的人身保险品种，并列表显示其不同的保险责任。

【案例2】通过网络或利用图书馆查询相关资料，了解社会保险的内容、社会保险和商业保险的区别。

项目六
股票理财规划

【知识目标】
1. 了解股票的定义与种类。
2. 把握影响股票价格的主要因素。
3. 掌握股票投资的主要分析方法。
4. 熟悉股票投资理财的投资技巧。

【能力目标】
1. 初步认识股票的含义与特征,可以结合客户自身的财务状况、预期收益、生命周期、风险承受能力等,为客户制订证券投资计划。
2. 能通过网络平台获取股票的相关信息,并可以通过证券公司互联网交易系统进行分析及交易。

任务一　股票入门

【阅读资料】
近几年,大家都会在世界财富排行榜上看到一个熟悉的名字——沃伦·巴菲特。1930年,巴菲特出生在美国一个证券推销员家庭,从很小他就有着赚钱的欲望。11岁时,他与姐姐合资买了3股"城市服务公司"的股票,购买时38美元每股,在每股达到40美元时卖出。初中刚毕业,他就用炒股挣的钱购置了40亩的农场。他具有比较敏锐的市场眼光,往往比其他人更早看到商机。当年美国传播业正处于低潮,许多人都认为这种低迷将不断持续,只有他认为这些企业后市看好,现在正处于市值被低估的时刻。于是,在别人抛售的时刻,他不断买进。正如他所判断的那样,这些公司随后股价上涨。正因为他投资准确,所以,2015年,巴菲特凭借620亿美元财富排名"福布斯"美国富豪第二名。

一、股票的概念与种类

股票是一种由股份制有限公司签发的用以证明股东所持股份的凭证,它表明股票的持有者对股份公司的部分资本拥有所有权。我国上市公司的股票是在上海证券交易所和深圳证券交易所发行的,投资者一般在证券经纪公司开户交易。

根据不同的划分标准,股票可以分为以下几类。

1. 普通股

普通股是指在公司的经营管理和盈利及财产的分配上享有普通权利的股份，代表满足有债权偿付要求及优先股股东的收益权与求偿权要求后，对企业盈利和剩余财产的索取权。它是构成公司资本的基础，是股票的一种基本形式，也是发行量最大、最为重要的股票。

普通股股票持有者按其所持有股份比例享有以下基本权利：公司决策参与权；利润分配权；优先认股权；剩余资产分配权。

2. 优先股

优先股是相对于普通股而言的，主要指在利润分红及剩余财产分配的权利方面，优先于普通股。优先权表现在以下两个方面。

①在公司分配盈利时，拥有优先股的股东比持有普通股的股东分配在先，而且享受固定数额的股息，即优先股的股息率都是固定的。

②在公司解散分配剩余财产时，优先股在普通股之前分配。

3. 绩优股

绩优股是指那些业绩优良，但增长速度较慢的公司的股票。这类公司有实力抵抗经济衰退，但并不能给投资者带来可观的利润。这类公司业务较为成熟，不需要花很多钱来扩展业务，所以投资者投资这类公司的目的主要在于拿股息。

二、股票的基本特征

（1）不可偿还性

股票是一种无偿还期限的有价证券，投资者认购了股票后，就只能到二级市场卖给第三者。

（2）参与性

股东有权出席股东大会，选举公司董事会，参与公司重大决策。股东参与公司决策的权利大小，取决于其所持有的股份的多少。

（3）收益性

股东凭其持有的股票，有权从公司领取股息或红利，获取投资的收益。股息或红利的大小主要取决于公司的盈利水平和盈利分配政策。股票的收益性还表现在股票投资者可以通过低价买入和高价卖出股票，赚取价差收入。

（4）流通性

股票的流通性是指股票在不同投资者之间的可交易性。流通性通常以可流通的股票数量、股票成交量以及股价对交易量的敏感程度来衡量。

（5）风险性

影响股票价格的因素很多，所以其价格有着很大的不确定性，投资者很可能遭受巨大损失。因此，股票是一种有较高风险性的金融理财产品。

任务二　股票的基本面分析

一、基本面分析

基本面分析指的是分析师综合应用各种金融财务知识，对于各类宏观经济指标、宏观经济政策变动、行业发展趋势、财务状况、盈利状况、市场占有率、经营管理体制、人才构成等多种信息进行分析,从而判断证券市场的变动趋势,找到证券的合理价格区间,并做出投资策略选择的一种分析方法。主要包括宏观经济分析、行业分析、公司分析。长线投资一般用基本面分析。

基本面分析方法的特点有以下几点。

①基本面分析是以经济因素对于股票价格的影响为主要研究对象。

②对长线投资比较有指导意义,对于短线投资缺乏实际效用,不能给出具体的股票变动幅度提示,也不能据此选择进入或退出的时机。

二、宏观经济分析

证券市场的变动是宏观经济的先行指标,宏观经济的走向也可以决定证券市场的长期走势。宏观经济主要从经济运行和经济政策变动两个方面对证券市场产生重要影响。

(一) 国内生产总值

国内生产总值是指在一定时期内(一个季度或一年),一个国家或地区的经济中所生产出的全部最终产品和劳务的价值,常被公认为衡量国家经济状况的最佳指标。国内生产总值(GDP)是以国土原则为核准标准,在实践中,被越来越多的国家采用。

国内生产总值的计算方法主要有三种,支出法是最常使用的统计方法。其计算方法如下:

$$GDP = C + I + G + (X - M)$$

国内生产总值的增长对于股票市场的影响可以归纳为四种:持续、稳定、高速的 GDP 增长,宏观调控下的 GDP 减速增长,高通胀下的 GDP 增长,转折性的 GDP 变动。其中,第一种和第二种在不同程度上对股票市场是有利的。第三种,高通胀下的 GDP 增长对股票市场是不利的。第四种,转折性的 GDP 变动则说明证券市场正处于剧烈波动的状态,如果 GDP 由负增长转为正增长,则说明经济正在复苏,证券市场正在复苏;如果经济形势恶化,证券市场就会大幅下跌。但是,在我国,证券市场变动与经济增长之间的关系并不十分显著,反而更容易受到国家政策变动的影响。

(二) 工业增加值

工业增加值指的是工业企业在报告期内以货币形式表现的工业生产活动的最终成果,是企业生产过程中新增加的价值。工业生产在我国国民经济生产中占有举足轻重的地位,所以,工业增加值也会对证券市场产生一定影响。

(三) 失业率

劳动人口是指年龄在 16 周岁以上的具有劳动能力的人的全体。失业率是指劳动人口中失业人数所占的比重。

失业率的高低可以反映经济活动的质量。当失业率上升时,往往经济增长较低速或者呈现负增长,进而使人民的生活水平和情绪受到影响,并产生一系列的社会问题。

(四) 通货膨胀

温和的、稳定的通货膨胀对证券市场价格变动影响较小。这是在一定程度内可以容忍的通货膨胀。而此时若经济处于扩张(景气)时期,则通货膨胀会在一定程度上刺激人们的消费欲望,有利于经济的增长,更有利于股价的上涨。

严重的通货膨胀是危险的,它会导致人们囤积商品,购买固定资产以期待资金保值;同时将使企业利润下降,甚至倒闭。

通货膨胀可以通过物价水平的上涨幅度来衡量。常用的指标有:零售物价指数、生产者价格指数、国民生产总值物价评价指数。

(五) 国际收支

国际收支是一国居民在一定时期内与非本国居民在政治、经济、军事、文化以及其他来往中所产生的全部交易的系统记录。国民收支包括经常项目和资本项目。经常项目反映的是一国的贸易和劳务往来状况。资本项目反映的则是一国同国外资金的往来,是一国利用外资和偿还本金的执行情况。

(六) 居民可支配收入

居民可支配收入是居民家庭在一定时期内获得并且可以用来自由支配的收入。

居民可支配收入 = 城镇居民家庭总收入 − 缴纳所得税 − 个人缴纳的社会保障支出

其中,家庭总收入包括工薪收入、经营性收入、财产性收入(如利息、红利、房租收入等)、转移性收入(如养老保险、离退休金、社会救济收入等)。居民的可支配收入才是居民真正可用于消费、投资的资金。

(七) 利率

利率是指在整个借贷期限内所形成的利息额与本金的比率。利率是债务人利用资金的代价,更是债权人出让资金的报酬。利率下降,居民的储蓄比率就会下降,增加居民消费;而企业的融资成本下降,就会促使企业扩大投资。反之,利率上升就会抑制一国经济的发展。

利率的种类繁多,可以分为存贷款利率、国债利率、贴现利率、同业拆借利率、回购利率,等等。

(八) 财政政策

财政政策是政府依据客观经济规律制定的指导财政工作和处理财政关系的一系列方针、准则和措施的总和。财政政策的手段主要包括政府购买政策、政府转移支付政策、税收政策和公债政策等。财政手段可以单独使用,也可以配合使用。

(九) 货币政策

货币政策是指政府为实现一定的宏观经济目的所制定的关于货币供应和货币流通组织管理的基本方针和基本准则。货币政策实施的目的主要是稳定物价、充分就业、经济增长、国际收支平衡。为了实现货币政策目的,其手段包括:一般政策工具、选择政策工具、其他政策工具。

一般政策工具主要包括以下三种。

第一种是再贴现率政策。再贴现率是商业银行将其贴现的未到期票据向中央银行申请再贴现时的预扣利率。再贴现意味着商业银行向中央银行申请贷款,从而增加货币投放,直接增加货币供应量。再贴现率提高意味着金融机构向央行贴现的成本升高,金融机构自然会降低贴现额,导致整个社会的货币供应量减少;反之,再贴现率降低则会促使货币供应量增加。

第二种是公开市场业务。公开市场业务是指中央银行在金融市场上通过买进或卖出有价证券来调节货币供应量的活动。当政府买入证券时,会导致库存货币直接流入市场,从而使货币供应总量增加；反之，当政府卖出证券时，则会导致货币供应总量减少。

第三种是法定存款准备金率。法定存款准备金率就是央行规定的商业银行每吸收百元存款中必须交存央行的比率。当中央银行提高法定存款准备金率时，就意味着商业银行可以用于贷款的资金在减少。反之，中央银行降低法定存款准备金率时，货币供应总量增加。

除了常用的一般性政策工具之外，央行还可以使用选择性政策工具和其他政策工具。选择性政策工具包括证券市场信用控制、不动产信用控制和消费者信用控制。其他政策工具包括信贷配给、流动性比率、利率上限、窗口指导和道义劝告。

（十）宏观经济周期分析

经济周期指的是国民收入及经济活动中所呈现的周期性，一个经济周期往往分为四个阶段：繁荣、衰退、萧条、复苏，四个阶段周而复始，连续不断。四个阶段各有特点。

繁荣阶段是国民收入和经济活动水平较高的一个时期。这个时期产出、价格、利率等都在不停地上升，直到升到繁荣时期的最高点——顶峰。在到达顶峰之后，股价也开始出现下跌。顶峰是繁荣时期的最高点，往往会保持1~2个月。

衰退时期是从繁荣时期过渡到萧条时期的一个阶段。经济周期是经济增长率上升或下降交替出现的过程，所以衰退的表现不一定就是GDP绝对值的下降，反而是GDP增长率的降低。这个阶段经济开始减速，但是其发展水平仍然处于正常水平之上。

萧条时期的国民收入和经济活动已经低于正常水平，这个阶段的特征是需求严重不足，生产相对过剩，销量下降，价格低落，企业盈利水平低、生产萎缩，甚至出现企业破产倒闭。萧条最严重的时期称为谷底，往往持续1~2个月，之后就会转向复苏。当经济持续衰退直至萧条，这个阶段大多投资者已经远离市场，但是有眼光的投资者已经开始默默选股，默默吸纳股票。

复苏阶段就是萧条向繁荣的过渡时期。其实，在复苏到来之前，股价已经上涨了一段时间。

三、行业分析

行业是指从事国民经济中同性质的生产或其他经济社会活动的经营单位和个体等构成的组织结构体系。这个体系内的成员所生产的产品具有一定的相互替代性。在证券投资过程中，分析师们关注的往往是具有相当规模的上市公司的行业。

行业是介于宏观和微观之间的经济因素，是中观经济分析的主要对象。宏观分析侧重于社会经济总体状况的梳理，没有对其各个组成部分进行具体分析。而行业分析则提供了更深入的分析方式。行业分析是公司分析的前提。选择了一家公司也就意味着选择了一个行业进行投资，该行业的发展阶段和发展现状势必对所选择公司的股价产生影响。

（一）行业景气分析

（1）增长性行业

增长性行业的运动形态与经济活动总水平的周期及其振幅关系不大。这些行业收入增加的速率相对于经济周期的变动来说，并未出现同步变化，因为它们主要依靠技术的进步、新产品的推出以及更优质的服务，从而使其呈现出高增长形态。在近几年，计算机软件、通信、电子元件和生物工程等行业表现出了这种形态。投资者对高增长的行业十分感兴趣，主要是因为这些行业的高成长性给投资者带来了股票价值的成倍增长。

（2）周期性行业

周期性行业的运动状态直接与经济周期相关。当经济处于上升时期时，这些行业会紧随其扩张；当经济衰退时，这些行业也相应跌落。这是因为当经济上升时期，人们收入增加，这些行业产品的销量也会随之增长，例如耐用消费品、建材、房地产、金融、工程机械、酒店服务就属于典型的周期性行业。

（3）防御性行业

防御性行业的产品需求相对稳定，受经济周期的影响不大。正是因为这个原因，对其投资便属于收入投资，而非资本利得投资。公用事业属于防御性行业，因为需求对其产品的收入弹性较小，所以这些公司的收入相对稳定。

（二）行业要素集约度分析

按照要素集约度划分，行业可以分为资本密集型、技术密集型、劳动密集型和资源密集型。资本密集型行业强调单位产品中资本成本所占的比重较大，这类行业往往是国民经济发展的重要基础，主要包括钢铁业、一般电子与通信设备制造业、运输设备制造业、石油化工业、重型机械工业、电力工业等。技术密集型行业对于技术和智力要素依赖比较大，主要包括航空航天工业、原子能工业、现代制药工业、新材料工业。劳动密集型行业的发展主要依赖使用大量的劳动力，主要包括农业、林业及服装业。资源密集型行业在生产过程中需要投入较多的土地等自然资源，主要包括种植业、林牧渔业、采掘业等。

（三）行业前景分析

根据行业未来发展前景，可以将行业分为朝阳行业和夕阳行业。朝阳行业是能够代表未来发展的趋势，具有强大生命力的新兴产业，如IT、环保、新能源。夕阳行业是一个相对的概念，"没有夕阳行业，只有夕阳思维"。夕阳行业是指产品销售总量在持续时间内绝对下降，或增长出现有规则的减速的产业，其基本特征是需求增长减速或停滞，产业收益率低于各产业的平均值，呈下降趋势。

（四）行业的市场结构分析

市场结构就是市场竞争或市场垄断的程度，现实中各行业的市场结构是不同的。根据不同行业之间存在的差别，可以将行业划分为四种市场结构：完全竞争、垄断竞争、寡头竞争、完全垄断，如表6-1所示。

表6-1 四种市场结构的特征

	完全竞争	垄断竞争	寡头竞争	完全垄断
厂商数量	厂商数量众多	厂商数量较多	少数几个	一个
厂商实力	厂商规模都较小	部分厂商规模较大，有一定竞争优势	厂商实力相差不多	实力雄厚
产品差异	无差异	产品差异较大，厂商利用宣传手段强化产品的差异性	纯粹寡头市场则产品差异不大，差别寡头市场则产品差异较大	无差异

	完全竞争	垄断竞争	寡头竞争	完全垄断
进入难易度	厂商可以自由进入	厂商进入相对自由	厂商进入障碍较大	新厂商很难进入
企业地位	企业是价格接受者	都对产品价格有一定控制力	领导企业制定价格，其他企业跟随	制定价格

（五）行业生命周期分析

每个产业都要经历一个由成长到衰退的发展演变过程。这个过程被称为产业的生命周期。一般地，产业的生命周期可分为4个阶段，即初创期（也叫幼稚期）、成长期、成熟期和衰退期。

1. 初创期

初创期是一个行业的萌芽阶段，这个时期产业产品的研究、开发费用较高，而产品市场需求狭小（因为大众对其尚缺乏了解，销售收入较低，所以这些创业公司财务上可能不但没有盈利，反而普遍亏损。这类企业比较适合投机者而非投资者。处于初创期的行业一般包括微电子行业、通信行业、高精生物行业、新材料新能源行业，等等。对于这类行业必须认真研究，如果对于这类行业的了解不多，则可以进行试探性介入。

2. 成长期

成长期的行业不断地扩大再生产，行业的生产能力不断扩张，生产技术不断成熟，市场需求不断扩张。在这一时期，拥有一定市场营销和财务力量的企业逐渐主导市场，这些企业往往是较大的企业，其资本结构比较稳定。在成长期，新产业的产品经过广泛宣传和消费者的试用，逐渐以其自身的特点赢得了市场，市场需求开始上升，新产业也随之繁荣起来。在成长期的后期，由于产业中生产厂商与产品竞争优胜劣汰规律的作用，市场上生产厂商的数量在大幅度下降之后开始稳定。由于市场需求基本饱和，产品的销售增长率减慢，迅速赚取利润的机会减少，整个产业开始进入稳定期。

成长期行业的股票往往是首选股票。这类公司正处在高增长期，利润快速增加。这些公司的股息收益、价差收入和其他收入均较好。

3. 成熟期

一个行业进入成熟期主要表现在四个方面：产品的成熟、技术的成熟、工艺的成熟和组织结构上的成熟。在这一时期，在竞争中生存下来的少数大厂商垄断了整个产业的市场，每个厂商都占有一定比例的市场份额。产业的利润由于一定程度的垄断达到了很高的水平，风险却因市场比例而比较稳定，新企业难以打入成熟期市场。产业增长速度降到一个适当的水平。对于成熟期的股票必须具体情况具体分析。对于处于成熟期初期的企业股票，可以买入和持有，但是对于处于成熟期后期的股票，也必须注意撤离。

4. 衰退期

这一时期出现在较长的稳定期后，原产业出现了厂商数目减少、利润下降的萧条景象。至此，整个产业便进入了生命周期的最后阶段。在衰退期，厂商的数目逐步减少，市场逐渐萎缩，利润率停滞或不断下降。当正常利润无法维持或现有投资折旧完毕后，整个产业便逐渐解体了。处在这个时期的行业股票，除非企业经过资产重组，实行产业转移或扩大经营范围的，否则往往应该进行回避。

四、公司分析

在证券投资过程中，选择一个股票就是选择一家公司。所以，在进行了宏观经济分析、行业分析之后，必须进行公司分析。就个人投资者的状况而言，宏观及行业分析困难程度较大，而公司分析则具有较高的可行性。

公司分析主要包括两部分内容：第一部分是公司的基本面分析，主要从公司的行业地位、经济区位、产品竞争力、经营能力和盈利能力及成长性分析等几个方面进行；第二个部分是公司财务分析，主要从变现能力、营运能力、偿债能力、盈利能力和投资收益等多个方面进行。其中，财务状况分析相对比较重要，财务报表是最能够获取有关信息的工具。

（一）公司基本面分析

1. 公司行业地位分析

公司行业地位分析主要是判断一家公司在行业中所处的地位，主要是研究公司在行业中处于领导地位或者被领导地位，公司对于行业内产品是否具有定价权，公司在行业内是否具有竞争优势，等等。衡量公司行业竞争地位的主要指标是产品的市场占有率。市场占有率就是公司产品在市场上所占的份额，也就是企业对市场的控制能力。

2. 公司经济区位分析

区位是指地理范畴上的经济增长点及其辐射范围。上市公司所处的经济区位对于公司的未来发展前景有着至关重要的影响。具体来讲，公司区位分析可以从以下三个方面进行。

第一，经济区位内的自然条件和基础条件。主要包括矿产资源、水资源、能源、交通、通信设施等。有利的自然条件和基础条件对于公司未来的发展能够起到推动的作用，反之则会限制公司的发展。

第二，地方政府的产业政策。为了保护地方环境及资源，促进地区经济发展，地方政府一般都会制定相应的地方产业政策。对于优先发展和扶植的产业，会在税收、信贷、财政、技术等各个方面给予优惠。所以，当上市公司的主营业务符合当地的产业政策时，就会获得政策支持。

第三，经济区位内的经济特色。区位经济特色是指本区域经济与其他区域经济之间的联系和互补性、龙头作用及其发展活动与潜力的比较优势。这种特色会对上市公司的发展具有有利影响。

3. 公司产品竞争力分析

公司产品竞争力分析主要从两个方面进行，一是产品的竞争能力，二是产品的市场占有率分析。产品的竞争力分析主要包括产品的成本优势、产品具有的技术优势、产品的质量优势以及产品本身的品牌策略。产品的市场占有率分析主要包括产品销售的区域分布分析和产品在同类产品市场上的占有率。

4. 公司经营能力分析

公司经营能力分析主要包括三个方面的内容：一是公司的法人治理机构是否健全与完善，主要包括公司的股权结构、股东结构、组织机构架构等；二是公司经理层的素质，主要包括管理能力、管理意愿、专业技术水平、道德品质修养和人际关系协调能力等；三是公司从业人员的素质和创新能力，主要包括专业技术能力、对企业的忠诚度、责任感、团队合作精神和创新能力等。

5. 公司盈利能力和成长性分析

对公司盈利能力的预测是判断公司投资价值的重要基础。盈利能力预测主要从销售收入、生产成本、管理和销售费用以及财务费用角度进行。公司的成长性分析则主要包括公司的经营策略分析和公司的扩张潜力分析。

（二）公司的财务分析

公司财务分析是公司分析中最为重要的一环，一家公司的财务报表是其一段时间内生产经营活动的一个缩影，是投资者了解公司经营状况和对未来发展趋势进行预测的重要依据。财务分析的对象是财务报表，财务报表主要包括资产负债表、利润表及现金流量表。

资产负债表是反映企业在某一特定日期全部资产、负债和所有者权益情况的会计报表，它表明企业在某一特定日期所拥有或控制的经济资源、所承担的现有义务和所有者对净资产的要求权。它是一张揭示企业在一定时点财务状况的静态报表。总资产＝负债＋净资产（资本、股东权益、所有者权益），即资产各项目的合计等于负债和所有者权益各项目的合计。

利润表是反映企业在一定会计期间经营成果的报表，表明企业运用所拥有的资产进行获利的能力。它全面揭示了企业在某一特定时期实现的各种收入，发生的各种费用、成本或支出，以及企业实现的利润或发生的亏损情况。

现金流量表反映企业在一定时期内现金的流入和流出。为了更深入地了解企业当前和未来获得现金和现金等价物的能力及现金组成项目的变化趋势，分析者必须对现金流量表进行分析。现金流量表主要包括三个部分：经营活动现金流量、投资活动现金流量、筹资活动现金流量。

从这三种表中应着重分析以下四项主要内容：公司的获利能力、公司的偿还能力、公司扩展经营的能力、公司的经营效率。总之，分析财务报表主要的目的是分析公司的收益性、安全性、成长性和周转性四个方面的内容。

任务三　股票投资的技术分析

技术分析是证券投资分析的重要构成部分，所谓技术分析就是综合利用统计技术、数学方法和逻辑方法，通过对证券价格走势图形和指标进行分析，对证券价格的未来变化趋势进行预测。宏观经济分析可以对证券市场的长期走势做出预测，而技术分析则侧重于帮助投资者选择最有利的买卖时机。技术分析主要包括 K 线分析、切线分析、实用技术指标分析。

一、K 线分析

（一）K 线的定义

K 线是一条由影线和实体构成的柱状图，它将证券在某一时间内的开盘价、收盘价、最高价和最低价记录下来，用阴或阳来表示开盘价与收盘价之间线条的关系。实体表示的是多空双方优势一方的优势大小，实体越大，那么优势越大，实体越小，优势越小。影线分为上影线和下影线。上影线位于实体之上，顶点就是最高价，它表示价格曾达到最高价区后，遭到卖方打压,将价格推回实体区域,说明卖方力量强大。下影线位于实体之下,底点就是最低价,它表示价格曾达到最低价区后,遇到买方的托盘,将价格托回实体区域,说明买方力量强大。

(二) K 线的种类

当收盘价高于开盘价时称之为阳线,根据实体和影线的情况可以分为以下几种。

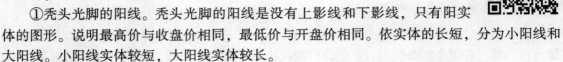

①秃头光脚的阳线。秃头光脚的阳线是没有上影线和下影线,只有阳实体的图形。说明最高价与收盘价相同,最低价与开盘价相同。依实体的长短,分为小阳线和大阳线。小阳线实体较短,大阳线实体较长。

②光脚阳线。它是开盘价与最低价相同,由上影线与阳实体组成的图形。

③秃头阳线。秃头阳线是收盘价与最高价相同,由下影线与阳实体组成的图形。

④带上下影线的阳线。这种阳线是由上影线、下影线和阳实体组成的图形。

当收盘价低于开盘价时称之为阴线,根据实体和影线的情况可以分为以下几种。

①秃头光脚的阴线。它是没有上影线和下影线,只有阴实体的图形。其最高价与开盘价相同,最低价与收盘价相同。依实体的长短,分为小阴线和大阴线。小阴线实体较短,大阴线实体较长。

②光脚阴线。即收盘价与最低价相同,由上影线与阴实体组成的图形。

③秃头阴线。即开盘价与最高价相同,由下影线与阴实体组成的图形。

④带上下影线的阴线。即由上影线、下影线和阴实体组成的图形。

9. 平盘线

平盘线也叫同值线,指开盘价与收盘价相同的 K 线。当日收盘价高于前日收盘价为阳线,当日收盘价低于前日收盘价则为阴线。

①十字形。即由上下影线与长度为零的实体组成的图形,分为阳十字形和阴十字形。

②T 字形。即由下影线与长度为零的实体组成的图形,分为阳 T 字形和阴 T 字形。

③倒 T 字形。即由上影线与长度为零的实体组成的图形,分为阳倒 T 字形和阴倒 T 字形。

④一字形。表示全日只有一个成交价,分为阳一字形和阴一字形。

(三) 单根 K 线的分析

单根 K 线的应用主要关注的是开盘价和收盘价的关系、实体以及影线的长短。

1. 秃头光脚的阳线

小阳线表示价位上下波动较小,表示买方占优,但优势有限,属于盘上行情。大阳线是买方发挥最大力量的表现,表明买方已占尽上风。大阳线如出现在低价区或盘整区,意味着将出现一轮涨势,如在连续涨势后出现,要防止股价回落。

2. 光脚阳线属于上升抵抗型

该图形表明以最低价开盘,买方将股价推至最高价,在高价区遭到卖方打压,使上升势头受阻,股价回落,买方不得不退至次高价位收盘,但收盘价仍高于开盘价。买卖双方的力量对比要看实体与上影线的长度,实体部分是买方坚守的阵地,影线部分是买卖双方争夺的地盘。实体长而上影线短,说明买方虽受挫,但仍占上风;实体越长,买方的优势越明显。

实体短而上影线长，说明买方抬高股价的努力没能成功，卖方占优；上影线越长，表明卖方的打压力量越大。

3. 秃头阳线是先跌后涨型

该图形表明，开盘后股价遭卖方打压，股价一路下探，下跌至最低处受到有力支撑，股价逐渐转强回升，最终以最高价收盘，买方获得决定性胜利。买卖双方的力量对比可依据实体和下影线的长短判别，实体越长，买方的优势越明显；下影线越长，卖方潜在的实力越强。

4. 带上下影线的阳线是震荡上升型

该图形表明买卖双方争斗激烈，股价来回震荡不已，最终收盘价高于开盘价，总体上买方占优。可依据实体、上影线和下影线的长短分析买卖双方的力量对比，实体越长，下影线越长，上影线越短，买方的优势越大；实体越短，下影线越短，上影线越长，卖方潜在的力量越大，越有利于卖方。

5. 秃头光脚的阴线

依实体的长短，分为小阴线和大阴线。小阴线表示价位上下波动较小，表示卖方占优，但优势有限，买方仍在抵抗，双方力量未发生根本变化，属于盘下行情。大阴线是卖方气势强盛的表现，大阴线越长，表明卖方力量越强，属下跌行情。大阴线如出现在盘整区或牛市尾期，股价可能出现一轮跌势，如在低价区连续跌势后出现，则可能是最后一跌。

6. 光脚阴线先涨后跌型

该图形表明开盘后，买方将股价推至最高价，但卖方力量非常强大，使上升势头受阻，股价回落，至最低价收盘，卖方取得决定性胜利。买卖双方的力量对比要看实体与上影线的长度，实体长而上影线短，说明卖方占上风，实体越长，卖方的优势越明显。实体短而上影线长，说明买方具有潜在的实力。

7. 秃头阴线属于下跌抵抗型

该图形表明高开低走，股价遭卖方打压，股价一路下探，但在股价下跌过程中遇到买方抵抗，卖方力量逐渐减弱，股价在收盘前有所回升，总体上看卖方占优。买卖双方的力量对比可依据实体和下影线的长短判别，实体越长，卖方的优势越明显；下影线越长，买方潜在的实力越强。

8. 带上下影线的阴线属于震荡下挫型

该图形表明买卖双方争斗激烈，股价来回震荡，最终收盘价低于开盘价。在高价位区，由于卖方的抛压形成上影线，卖方占优；在低价位区，买方略占优，形成下影线。总体上卖方占优。可依据实体、上影线和下影线的长短分析买卖双方的力量对比，实体越长，卖方的力量越强大；实体越短，双方力量的差距越小；上下影线越长，双方较量得越激烈。

9. 平盘线

（1）十字形

十字形的出现，表明买卖双方几乎势均力敌，显示大市正处于待变之局，也可能是一个转向的讯号。如果影线较长，说明买卖双方对当前股价分歧较大，通常是股价变盘的预兆，股价的变动方向取决于买卖双方的力量对比：如果上下影线长度相等，阳十字形表示买方略占优势，阴十字形则表示卖方略占上风；如果上影线长于下影线，表示卖方力量稍强；如果下影线长于上影线，表示买方力量较强。

(2) T字形

T字形表示以全日最高价开盘，随后股价节节下跌，由于买方的抵抗，股价掉头回升，并收复全部失地，最终以最高价收盘。当日全部交易都在开盘价以下的价位成交，属于下跌抵抗型，是转跌为升的讯号。下影线越长，说明买方抵抗力量越强大。

(3) 倒T字形

倒T字形表示以全日最低价开盘，股价一度劲升，在遇到卖方的强烈打压后，买方难以抵抗，以最低价收盘，属于上升抵抗型。该图形出现意味着市场沽售力量十分强大，买方力量有限，最后以抵抗失败而告终，这是一个强烈的下跌讯号。上影线越长，股价波动幅度越大，卖方力量越强，就更能表明这是一个转向的讯号。

(4) 一字形

阳一字形表示买方占绝对优势，阴一字形表示卖方占绝对优势。在实行涨跌停板制度下，阳一字形表示开盘价直接封在涨停板的价位上直到收盘，阴一字形表示开盘价直接封在跌停板的价位上直到收盘。

二、切线分析

(一) 趋势的定义

所谓趋势就是证券市场上股票价格波动的方向，一旦趋势形成，如果没有特别的理由，那么证券市场价格将沿着这个趋势继续运行。当然，证券市场价格也不会一直朝着一个方向运行，上升的行情中，有时会出现下降；下降的行情中，有时也会出现上升，但是，这些不会改变原来的运动方向。

(二) 趋势类型

根据道氏理论，趋势可以分为三个类型。

(1) 主要趋势

主要趋势是趋势的主要方向，是股票投资者极力要弄明白的。理解了主要趋势才能顺势而为。主要趋势是股价波动的大方向，一般持续的时间比较长。

(2) 次要趋势

次要趋势是在主要趋势过程中进行的调整。由于趋势不会直来直去，总有个局部的调整和回撤，次要趋势完成的正是这一使命。

(3) 短暂趋势

短暂趋势是在次要趋势中进行的调整。短暂趋势与次要趋势的关系如同次要趋势与主要趋势的关系一样。

这三种趋势最大的区别就是时间的长短和波动幅度的大小。主要趋势持续的时间最长，波动幅度最大；次要趋势次之；短期趋势持续时间最短，波动幅度最小。

(三) 趋势线和轨道线

1. 趋势线

趋势线就是用直线将证券市场价格变动的方向描述出来。

反映证券价格向上波动发展的趋势线称为上升趋势线。上升趋势线是起到支撑作用的支撑线的一种。其画法：在上升趋势中，选两个低点连成一条直线。反映证券价格向下波动发展的趋势线称为下降趋势线。下降趋势线是压力线的一种，起到压力作用。其画法：在下降趋势中，选两个高点连成一条直线；画出趋势线后，还应得到第三个点的验证才能确认这条趋势线是有效的。一般来说，所画出的直线被触及的次数越多，其作为趋势线的有效性越被得到确认，用它进行预测越准确有效。另外，这条直线延续的时间越长，就越具有有效性。

一般来说，趋势线有两种作用：对股价今后的变动起约束作用；趋势线被突破后，就说明股价下一步的走势将要反转方向。

2. 轨道线

轨道线又称通道线或管道线，是一条平行于趋势线的直线。可以说，先有趋势线，后有轨道线；趋势线可以单独使用，轨道线不可以。轨道线的画法是：在已经得到了趋势线后，通过第一个峰或谷可以作出这条趋势线的平行线，这条平行线就是轨道线。同趋势线一样，轨道线也有是否被确认的问题。

与突破趋势线不同，对轨道线的突破并不是趋势反向的开始，而是趋势加速的开始，即原来轨道线的另一个作用是提出趋势转向的警报。如果在一次波动中未触及轨道线，离得很远就开始掉头，这往往是趋势将要改变的信号。它说明，市场已经没有力量继续维护原有的上升或下降的规模了。

三、实用技术指标分析

技术指标法是应用一定的数学公式，对原始数据进行处理，得出指标值，将指标数值绘制成图表，从定量的角度对股市进行预测的方法。所谓原始数据包括开盘价、收盘价、最高价、最低价、成交量（金额）等。

在应用技术指标分析时，应注意以下 2 个问题。

第一，技术指标的应用都有自己的适用范围和应用条件，得出的结论也都有成立的前提和可能发生的意外。

第二，应当将具有互补性的指标同时使用，提高预测的准确率。

（一）移动平均线（MA）

移动平均线是利用统计学中移动平均的原理将股价资料进行平均化处理而制成的一条曲线。移动平均线是对股价资料进行平滑之后的产物，利用移动平均线分析可以消除偶然因素的影响，清晰显示股价变动的倾向。移动平均线既可以是股价指数的移动平均线，也可以是个股股价的移动平均线。移动平均线按时间长短可以分为以下几种。

A. 短期移动平均线，主要有 3 日、5 日、10 日、15 日移动平均线。

B. 中期移动平均线，主要有 20 日、30 日、60 日移动平均线。

C. 长期移动平均线，主要有 13 周移动平均线、26 周移动平均线、200 日移动平均线、半年线和年线。其中，西方投资机构比较看重 200 日移动平均线，若行情价格在 200 日均线以下，属于空头市场；反之，属于多头市场。

MA 指标最主要的应用就是葛兰威尔法则。

①当移动平均线从下降转为平稳上升，股价从移动平均线下方向上突破移动平均线，是买入信号。

②当股价在移动平均线上方，并朝移动平均线下降，但在与移动平均线交叉前又再度上升，是买入信号。

③当移动平均线呈上升状态，股价跌至移动平均线下方后，又回升到移动平均线以上，是买入信号。

④当移动平均线呈下降状态，股价以更倾斜的角度下降，并远离移动平均线，如果这时股价开始回升，是买入信号。

⑤当移动平均线由上升转为逐渐下降，股价从移动平均线上方向下跌破移动平均线，是卖出信号。

⑥当移动平均线呈下降状态，股价向上突破移动平均线后，又回落到移动平均线以下，是卖出信号。

⑦当股价在移动平均线下方，并朝移动平均线回升，但在与移动平均线交叉前又反转下跌，是卖出信号。

⑧当移动平均线呈上升状态，股价以更陡峭的角度上升，并远离移动平均线，这时股价随时可能反转回跌，是卖出信号。

（二）指数平滑移动平均线（MACD）

平滑移动平均线是以指数平滑移动平均数为基础绘制的，它与 MA 有相通之处。MACD 是在上升或下降过程中利用快速移动平均线和慢速移动平均线之间的差距拉大，而在涨势或跌势趋缓时，两线又相互接近或交叉的特征来判断买卖时机的方法。

MACD 又称离差指标，由正负差（DIF）曲线和异同平均数（DEA）曲线组成，DIF 是核心。

DIF 是快速（短期）平滑移动平均数与慢速（长期）平滑移动平均数的差，DEA 是 DIF 的平滑移动平均数。由连续多个 DIF 和 DEA 连成的 DIF 曲线和 DEA 曲线就是 MACD。

MACD 的基本原理就是运用快速和慢速移动平均线聚分的预兆功能来研判证券的买卖时机。

根据 MACD 的基本原理，可以从以下两个方面进行行情预测。

（1）根据 DIF 和 DEA 的取值和两者的相对取值进行预测

①DIF 和 DEA 均为正值，为牛市倾向，DIF 向上突破 DEA 是买入信号，DIF 向下跌破 DEA 应属回档整理，是卖出信号，应获利了结。

②DIF 和 DEA 均为负值，为熊市倾向，DIF 向下跌破 DEA 是卖出信号，DIF 向上突破 DEA 应属反弹，是买入信号，做暂时补空。

③当 DIF 向下跌破零轴线时，为卖出信号。当 DIF 上穿零轴线时，为买入信号。

（2）根据 DIF 的曲线形状，利用形态进行预测

主要采用指标背离原则，如果 DIF 的走向与股价走向相背离，是采取行动的信号，至于是买进还是卖出，要依 DIF 的上升或下降而定。当股价走势出现 2 个或 3 个近期低点，而 DIF（DEA）并不配合出现新低点时，可做买；当股价走势出现 2 个或 3 个近期高点，而 DIF（DEA）并不配合出现新高时，可做卖。

MACD 的缺点是不能明确未来股市变动的幅度。

（三）乖离率指标（BIAS）

乖离率是测算股价与移动平均线偏离程度的指标，如果股价偏离移动平均线太远，无论是在移动平均线上方或者下方，都有向平均线回归的要求。

乖离率的参数与平均线的参数相同，一般来说，选取的参数越大，允许股价远离平均线的程度越大。股价在平均线之上，称为正乖离，股价在平均线之下，称为负乖离。我们可以根据乖离率的取值、形态等内容进行分析。

1. 根据 BIAS 的取值大小和正负进行预测

一般说来，股价远离 MA 到了一定程度，就该回头了，因而 BIAS 周而复始地往返于零点的上方和下方。当正乖离率升到某一比率时，表示短期买方的获利较大，则获利回吐的可能性也大，是卖出信号；反之，则存在空头回补的可能。

2. 根据 BIAS 曲线形态和背离原则进行预测

形态理论和切线理论也可以在 BIAS 上应用。如果 BIAS 从上向下形成两个或多个下降的峰，而股价仍在上升，是卖出信号；反之，是买入信号。上升行情中出现负乖离率，可趁机买进；下跌行情中遇到正乖离率，要及时卖出。

3. 多条 BIAS 曲线联合使用

短期 BIAS 曲线在高位下穿长期 BIAS 曲线是卖出信号，短期 BIAS 曲线在低位向上突破长期 BIAS 曲线是买入信号。

其实，股票技术分析的指标还有许多，同学们可以在课下进行学习，以便更好地对股票价格进行分析。

项目小结

股票投资理财是指投资者通过买卖股票这一类理财产品来实现资产保值增值的一种行为。股票就是股份公司发给股东作为已投资入股的证书，以索取股息的凭证，其实是公司产权证明书。对于股票价格判断和预测的方式方法主要有基本分析法和技术分析法。基本分析法是准备做长线交易的投资者应采取的最主要的分析法，其主要内容包括宏观分析、行业分析和公司分析。技术分析更注重短期分析，它可以帮助消费者更好地把握买卖时机。

本章习题

一、单项选择题

1. 我国有关法律规定，公司缴纳所得税后的利润，在支付普通股票的红利之前，应按如下顺序分配（　　）。

A. 弥补亏损——提取法定公积金——提取任意公积金
B. 提取任意公积金——提取法定公积金——弥补亏损
C. 提取法定公积金——提取任意公积金——弥补亏损
D. 提取法定公积金——弥补亏损——提取任意公积金

2. 我国按投资主体的不同性质，将股票划分为（　　）。

A. 国家股　　　　　B. 法人股　　　　　C. 社会公众股　　　　　4. 外资股

3. 境内居民个人可以用（　　）从事 B 股交易。

A. 现汇存款　　　　　　　　　　　B. 外币现钞存款
C. 外币现钞　　　　　　　　　　　D. 从境外汇入的外汇资金

4. 境外上市外资股包括（　　）。
A. H股　　　　B. B股　　　　C. N股　　　　D. S股

5. 下列说法正确的是（　　）。
A. 公司的股份采取股票的形式。股份的发行，实行公平、公正的原则，同种类的每股份应当具有同等权利
B. 股票一经发行，购买股票的投资者即成为公司的股东
C. 股票实质上代表了股东对股份公司的所有权
D. 股票作为一种所有权凭证，有一定的格式

6. 下面对股票的性质叙述正确的是（　　）。
A. 股票本身具有价值
B. 股票的转让就是股东权的转让
C. 股票与它代表的财产权有不可分离的关系，它们两者合为一体
D. 股票是一种代表财产权的有价证券

7. 下面关于股票收益的描述正确的是（　　）。
A. 股票的收益只来源于股份公司
B. 其实现形式可以是从公司领取股息和分享公司的红利
C. 其实现形式可以是资本利得
D. 收益性是股票最基本的特征

8. 下面影响股票价格的因素中，通常会刺激股票价格上涨的因素有（　　）。
A. 股份公司进行股票分割
B. 中央银行提高法定存款准备金率
C. 政府扩大财政赤字，发行国债筹集资金
D. 政府大幅提升存贷款利率

9. 所谓有面额股票，指在股票票面上记载一定金额的股票，这一金额也称为（　　）。
A. 票面价值　　　B. 股票价格　　　C. 股票面值　　　D. 票面金额

10. 一般情况下，某类企业处在（　　）时，投资风险相对较小。
A. 初创期　　　B. 成长期　　　C. 成熟期　　　D. 衰退期

二、判断题

1. 股票本身有价值，所以有价格。（　　）
2. 市场利率上升，股价水平随之上升。（　　）
3. 买入并持有策略要求市场有较强的流动性。（　　）
4. 股票分割由于不能给投资者带来现实的利益，所以通常会刺激股价下滑。（　　）
5. 记名股票是指在股票票面和股份公司的股东名册上记载股东姓名的股票。（　　）

三、名词解释

股票　优先股
K线　货币政策　工业增加值
MACD　趋势线　轨道线　行业生命周期

四、思考讨论题

1. 什么是股票？股票具有哪些特点？
2. 什么是基本分析？基本分析的主要内容有哪些？
3. 什么是技术分析？技术分析的优缺点有哪些？
4. 什么是移动平均线？如何利用移动平均线买卖证券？

五、案例分析题

王先生今年62岁，夫妻都已退休，两个人除退休金7 000元外，每个月还能从保险中获取收入3 000多元。他们的儿子已经结婚，独立生活。夫妻俩每年能在年末有存款5万元，全部资产约30万元，都存放在银行。请结合王先生的家庭所处的生命周期与本课所学的内容，为王先生家庭制订更适合的理财计划。

项目七

基金理财规划

【知识目标】
1. 掌握证券投资基金的种类以及不同种类基金的区别。
2. 了解证券投资基金三个当事人之间的关系。
3. 掌握开放式基金的认购和申购、赎回方式。
4. 了解开放式基金申购份额和赎回金额的计算。
5. 掌握 ETF 的特点与 ETF 的交易方式。
6. 掌握 LOF 的含义及其与 ETF 的区别。

【能力目标】
1. 能看懂基金招募说明书。
2. 掌握通过网络查询基金管理公司相关信息的方法。
3. 能够根据投资目标选择适合的基金组合进行理财。

任务一　证券投资基金的特点及类型

一、证券投资基金的概念

证券投资基金是一种重要的理财产品，它是一种以组合的形式进行证券投资的工具。证券投资基金的主要当事人有基金投资者、基金管理人和基金托管人。基金以发行基金份额的方式进行资金募集，基金管理人对于基金进行管理，个人投资者或机构投资者可以通过购买基金份额的方式来参与基金投资，实现利益共享、风险共担。而募集来的资金则是由选定的基金托管人进行托管。每只证券投资基金都有基金合同和基金招募说明书。基金合同和基金招募说明书是基金设立的重要法律文件。在基金合同中对于基金的三个主要当事人的权利与义务都有明确约定。而在基金招募说明书中，则对基金运作过程中的各个方面进行说明。

二、证券投资基金的特点

（一）集合理财，专业管理

基金将投资者的资金进行集中，积少成多，形成规模优势，并委托基金管理人对其进行管理和运作，从而表现出集合理财的特点。基金管理一般拥有大量的专业投资研究人员和强大的信息网络，从而能够对证券市场进行全方位的动态跟踪和分析。通过参与基金，中小投资者也可以享受到专业化的投资服务。

（二）组合投资，分散风险

为了能够降低投资风险，一些国家的法律法规规定，基金必须以组合投资的方式进行，《证券投资基金法》中也有此明确规定。所以，"组合投资，分散风险"成了基金的一大特色。证券市场中可以选择的投资产品数量众多，中小投资者如果直接参与股票市场，则往往由于资金有限，无法进行有效的证券组合。而具有较大规模优势的证券投资基金则可以通过购买几十种甚至上百种股票来分散风险。在大多数情况下，组合中某些股票价格的上涨可以填补另外一些股票价格下跌造成的损失。而中小投资者只要购买基金就可以享受到投资组合所带来的风险分散的益处。

（三）利益共享，风险共担

基金的三个当事人中，基金的投资者是基金的所有者。基金投资人共担风险，共享收益。基金管理人和基金托管人为基金提供相应服务，并以此收取基金管理费和基金托管费，无权参与基金收益的分配。基金的投资收益在扣除基金费用后为所有投资者共同所有，并照其所持有份额比例进行分配。

（四）严格管理，信息透明

为了切实保护投资者的利益，强化投资者对于基金投资的信心，我国基金监管机构对于基金业进行比较严格的监管，对于各种侵害投资者利益的行为进行严厉的打击，并强制基金及时进行准确而充分的信息披露。在这种情况下，严格监管和信息透明也就成为基金的一个显著特点。

（五）独立托管，保障安全

基金财产具有独立性，基金管理人具有对于基金进行投资运作的权利，但是其本身不参与基金财产的保管。基金财产由独立于基金管理人的基金托管人进行保管。这种制衡制度使基金管理人与基金托管人相互制约、相互监督，从而对投资者的利益提供保障。

三、证券投资基金的类型

（一）根据基金法律基础的不同，可以划分为契约型基金和公司型基金

1. 契约型基金

契约型基金的法律基础是《信托法》。契约型基金是依据基金合同设立的。基金合同载明了基金当事人的权利与义务，是基金最基本的法律文件。《证券投资基金法》规定，我国的基金均采取契约型基金的形式。基金管理人和基金托管人通过签订基金合同来设立基金，基金投资者则通过购买基金成为基金当事人，享受相应的权利并承担相应的义务。契约型基金的权利机构是基金持有人大会，其所赋予投资者的权利相对于公司型基金较小。

2. 公司型基金

公司型基金的法律基础是《公司法》或商法。公司型基金是依据公司法规定，以营利

为目的的，具有独立法人资格的证券投资基金公司。基金持有者购买基金份额后，成为公司的股东，在分享投资收益的同时，对于公司也承担有限责任。作为公司的股东，基金持有者可以对公司的重大决策发表意见。而基金在运作良好的前提下，在适当的条件下，可以向银行进行借款。公司型证券投资基金的代表则是美国的投资公司。

契约型基金与公司型基金的区别如表 7-1 所示。

表 7-1 契约型基金与公司型基金的区别

	契约型基金	公司型基金
资金性质	基金资产是信托财产	基金的资金是公司法人资本
投资者地位	是信托契约中的受益人	公司的股东
基金运营依据	基金合同	公司章程
法律基础	《信托法》	《公司法》或商法

（二）根据基金运行方式及价格决定方式的不同，可以划分为封闭式基金和开放式基金

1. 封闭式基金

封闭式基金是指基金份额在整个基金合同期限内固定不变，基金份额可以在依法设立的证券交易所交易，但是基金份额持有人不得申请赎回的一种基金运作方式。由于封闭式基金只能在二级市场上通过证券经纪商进行交易，所以封闭式基金的交易价格主要由二级市场的供求关系决定。

2. 开放式基金

开放式基金是指基金份额不固定，基金份额可以在基金合同约定的时间和场所进行申购或赎回的一种证券投资基金。这里的开放式基金指的是传统的开放式基金。所谓申购，是指投资者在开放式基金合同生效后，申请买入开放式基金的行为。所谓赎回，指的是基金份额持有人要求基金管理人购回其所持有的基金份额的行为。

封闭式基金与开放式基金的区别如表 7-2 所示。

表 7-2 封闭式基金与开放式基金的区别

	封闭式基金	开放式基金
期限	有固定的存续期限，通常在 5 年以上，一般为 10 年	没有固定的期限，可随时向基金管理人赎回基金单位
发行规模	在招募说明书内列明其基金规模，在存续期限内未经法定程序认可，不能再增加发行	没有规模限制
交易方式	存续期不能赎回，在证券交易所出售给第三方	首次发行结束一段时间（一般为 3 个月）后，可随时购买或赎回，通常不上市
价格计算标准	受市场供求关系影响，并不反映基金的净资产值	取决于基金每单位的净资产值

续表

	封闭式基金	开放式基金
费用缴纳	同股票一样，在价格之外付出一定比例的证券交易税和手续费等；费用往往高于开放式基金	相关费用包含在基金价格内
投资策略	募集的资金可以全部投资，可以制定长期的投资策略	需要保留部分现金，不能全部进行长期投资，一般投资于变现能力强的资产
净值公布	一般每周或更长的时间公布一次	一般每个交易日连续公布

（三）根据基金所选择的投资对象的不同，可以划分为股票基金、债券基金、货币市场基金、混合基金等

1. 股票基金

股票基金的基金资产60%以上用于投资股票，这种基金历史悠久，被各国（地区）广为采用。股票基金由于主要以资本增值为目标，所以比较适合长期投资。投资者要认识到，股票基金与其他类型基金相比，虽然收益较高，但是其所承担的风险也相当高。

2. 债券基金

债券基金的基金资产80%以上用于投资债券。债券基金的风险性及波动性往往小于股票基金，具有风险和收益适中的特点。这种基金比较适合追求稳定收入的投资者。

3. 货币市场基金

所谓货币市场基金，指的是期限在一年以内（含一年）的债务工具，这些固定收入债券具有较高的流动性，但是在许多情况下都属于大宗交易，个人投资者很难参与。

货币市场基金是将其基金资产仅投向货币市场工具的基金品种。与其他基金类型相比，具有低风险、高流动性的特点，比较适合于风险厌恶型投资者。这类投资者比较重视资产的流动性及安全性。但是，投资者也必须记住，货币市场基金的长期收益率较低。

4. 混合基金

混合基金同时可以投资股票、债券及货币市场工具等。但是其股票和债券投资的比例不符合股票基金和债券基金的比例要求。这种基金期待通过调整不同资产的投资比例来实现收益与风险的平衡。

（四）根据基金投资的目标不同，可以分为增长型基金、收入型基金和平衡型基金

1. 增长型基金

增长型基金主要投资于增长潜力大的股票，以实现其长期资产增值的目标。

2. 收入型基金

收入型基金主要投资于能带来稳定的当期收入的证券，以实现获得稳定的经常性收入的目标。

3. 平衡型基金

平衡型基金既注重当期的经常性收入，又注重长期的资本增值。

四、证券投资基金的风险

证券投资基金的风险,具体来说有股票价格长期下跌,从而导致基金净资产缩水的市场系统性风险;基金重仓股的异常波动风险;基金公司违反契约的信用风险;基金资产投资运作过程中的不规范操作风险;基金资产的流动性风险等。

任务二 证券投资基金的当事人

一、基金管理人

在整个基金的运作中,基金管理人处于核心的地位。我国规定,只有依法设立的基金管理公司才能任命基金管理人。基金管理公司通常可以由证券公司、信托投资公司或其他机构发起成立。基金管理人所管理的是投资者的资产,而不是其自身资产,所以其行为必须符合规范,严防利益输送与利益冲突,时刻做到以投资者的利益为重。

初期基金管理人的主要业务局限在基金的募集与销售、基金投资管理及基金运营服务上。但是,随着市场的发展,基金管理人的主要业务范围得到扩展,包括证券投资基金业务、特定客户资产管理业务、投资咨询服务、社保基金及企业年金管理业务和QDII业务。另外,基金管理人的投资能力及风险控制能力都直接关系到产品的投资回报率。所以,在选择基金产品时,也必须关注产品所选公司的情况。

二、基金托管人

基金托管人在证券投资基金运作中承担基金资产保管、交易监督、信息披露、资金清算与会计核算等相应职责的当事人。基金托管人是基金持有人的利益代表,一方面保管资金资产,另一方面对于基金管理人进行监督。

我国《证券投资基金法》规定,基金托管人必须由依法设立并取得基金托管资格的商业银行担任。

三、基金持有人

基金持有人是基金的投资人,是基金财产的真正所有者,同时也是基金回报的受益人。我国《证券投资基金法》规定,持有人享有分享基金收益的权利、参与清算后剩余财产分配的权利,享有依法转让或申请赎回份额的权利,等等。

四、基金当事人之间的关系

1. 持有人与管理人之间的关系

基金持有人通过购买基金份额或基金股份,参与基金投资并将其资产交给管理人,且享受基金投资的收益权。基金管理人则接受基金持有人的委托,负责对所筹集的基金进行具体的投资和管理。所以,基金持有人和基金托管人之间是委托人、受益人与受托人的关系,也就是所有者和经营者之间的关系。

2. 管理人与托管人之间的关系

基金管理人和基金托管人必须是严格分开的，不具有任何关联，在财务、人事、法律上都是完全独立的。基金管理人负责基金的组织、管理与经营；基金托管人负责基金资产的保管，依据管理人的指令对基金资产进行处置，同时负责监督管理人的投资运作是否合规合法。所以两者之间是相互制衡的。

3. 持有人与托管人之间的关系

基金托管人所保管的基金资产的实际所有者就是基金持有人。所以，两者之间是委托与受托的关系。

任务三 封闭式基金

一、封闭式基金的募集程序

封闭式基金的募集是指基金管理公司根据有关规定向中国证监会提交募集文件、发售基金份额、募集基金的行为。一般包括四个步骤：申请、核准、发售、基金合同生效。

（一）封闭式基金募集申请

我国基金管理人要进行封闭式基金的募集，必须按照《证券投资基金法》的要求，向中国证监会提交相关文件。所提交的主要文件包括：募集基金的申请报告、基金合同草案、基金托管协议草案和招募说明书草案。

（二）封闭式基金募集申请的核准

依照《证券投资基金法》的规定，中国证监会应当自受理基金募集申请之日起6个月内做出核准或不予核准的决定。封闭式基金不经核准不可发售。

（三）封闭式基金份额的发售

基金管理人应当自收到核准文件之日起的6个月内完成基金份额的发售工作。封闭式基金的募集期不得超过3个月，且在募集期内募集的资金必须存入专用账户，不得在募集结束前挪用。

基金管理人应当在基金份额发售的3日前公布招募说明书、基金合同及其他有关文件。

（四）封闭式基金合同生效

当基金募集期届满时，封闭式基金需满足两个条件：募集的基金总份额达到核准规模的80%以上，持有人不少于200人。封闭基金管理人自募集期限届满之日起10日内聘请法定机构进行验资及出具验资报告，在收到验资报告的10日内，向中国证监会提交备案申请和验资报告，办理备案手续。

中国证监会自收到验资报告和备案材料之日起3个工作日内予以书面确认；自中国证监会书面确认之日起，基金备案手续办理完毕，基金合同生效。基金管理人应当在收到中国证监会确认文件的次日发布基金合同生效公告。

基金募集期限届满，基金不满足有关募集要求的基金募集失败，基金管理人应当承担以下责任。

①以固有财产承担因募集行为而产生的债务和费用。

②在基金募集期限届满后30日内返还投资者已缴纳的款项，并加计银行同期存款利息。

二、封闭式基金的认购

所谓认购指的是投资者在基金募集期内购买基金份额。

封闭式基金发售的主要方式有：网上发售和网下发售。

网上发售指通过与证券交易所的交易系统联网的全国各地的证券营业部，向公众发售基金份额的发售方式。

在我国网上发行，投资者认购基金的程序主要可以分为两个步骤。

第一步，投资者在证券营业部开设股票账户或基金账户和资金账户。基金发行当天，投资者如果在营业部开设的资金账户存有可申购基金的资金，就可以到基金发售网点填写基金申购单申购基金。

第二步，投资者在申购日后的几日内，到营业部布告栏确认自己申购基金的配号，查阅有关报刊的摇号中签号。若中签，则有相应的基金单位划入账户。

网下发售是指通过基金管理人指定的营业网点和承销商的指定账户，向机构或者个人投资者发售基金份额的发售方式。

网下发售时，投资者在规定的时间内到当地的证券登记公司开设股票账户或基金账户，并将申购资金直接存入指定的银行或证券营业网点；之后，负责发售的机构按照规定程序进行比例配售。投资者获得配售的基金将自动转入账户，未获得配售的余款将在规定的时间内退还给投资者。

封闭式基金的认购价格一般采用1元基金份额面值加计0.01元发售费用的方式加以确定。拟认购封闭式基金份额的投资人必须开立深、沪证券账户或深、沪基金账户及资金账户，根据自己计划的认购量，在资金账户中存入足够的资金，并以"份额"为单位提交认购申请。认购申请一经受理就不能撤单。

三、封闭式基金的交易

（一）上市交易条件

封闭式基金的基金份额，经基金管理人申请，中国证监会核准，可以在证券交易所上市交易。中国证监会可以授权证券交易所依照法定条件和程序核准基金份额上市交易。基金份额上市交易应符合下列条件：

①基金的募集符合《证券投资基金法》的规定。
②基金合同期限为5年以上。
③基金募集金额不低于2亿元人民币。
④基金份额持有人不少于1 000人。
⑤基金份额上市交易规则规定的其他条件。

（二）交易账户的开立

投资者买卖封闭式基金必须开立深、沪证券账户或深、沪基金账户及资金账户。基金账户只能用于基金、国债及其他债券的认购及交易。

个人投资者开立基金账户，需持本人身份证到证券注册登记机构办理开户手续。办理资金账户需持本人身份证和已经办理的证券账户卡或基金账户卡，到证券经营机构办理。每个有效证件只允许开设 1 个基金账户,已开设证券账户的不能再重复开设基金账户。每位投资者只能开设和使用 1 个证券账户或基金账户。

(三)封闭式基金的交易规则

封闭式基金的交易时间是每周一至周五(法定公众节假日除外)9∶30—11∶30、13∶00—15∶00。封闭式基金的交易遵从"价格优先、时间优先"的原则。价格优先指较高价格买进申报优先于较低价格买进申报,较低价格的卖出申报优先于较高价格的卖出申报。时间优先指买卖方向相同、申报价格相同的,先申报者优先于后申报者,先后顺序按照交易主机接受申报的时间确定。

封闭式基金的报价单位为每份基金价格。基金的申报价格最小变动单位为 0.001 元人民币,买入与卖出封闭式基金份额申报数量应当为 100 份或其整数倍,单笔最大数量应低于 100 万份。

沪、深证券交易所对封闭式基金交易实行与 A 股交易同样的 10% 的涨跌幅限制;同时,与 A 股一样实行 T+1 日交割、交收,即达成交易后,相应的基金交割与资金交收在交易日的下一个营业日(T+1 日)完成。

(四)交易费用

按照沪、深证券交易所公布的收费标准,我国基金交易佣金不得高于成交金额的 0.3%(深圳证券交易所特别规定,该佣金水平不得低于代收的证券交易监管费和证券交易经手费。上海证券交易所无此规定),起点 5 元,由证券公司向投资者收取。目前,封闭式基金交易不收取印花税。

(五)交易价格

封闭式基金的交易价格是指封闭式基金在证券市场挂牌交易时的价格。封闭式基金的买卖价格以基金单位的资产净值为基础,但是受到市场供求等多种因素的影响。所以,封闭式基金单位交易过程中经常会出现溢价和折价。当基金二级市场价格高于基金份额净值时,为溢价交易;当二级市场价格低于基金份额净值时,为折价交易。

任务四 开放式基金

一、基金的募集程序

基金的募集是指基金管理公司根据有关规定向中国证监会提交募集申请文件、发售基金份额、募集基金的行为。基金的募集一般要经过基金募集申请、基金募集申请的核准、基金份额的发售、基金合同生效四个步骤。

(一)基金募集申请

我国基金管理人进行基金的募集,必须根据《证券投资基金法》的有关规定,向中国证监会提交相关文件。申请募集基金应提交的主要文件包括:募集基金的申请报告、基金合同草案、基金托管协议草案和招募说明书草案等。

(二)基金募集申请的核准

根据《证券投资基金法》的规定,中国证监会应当自受理基金募集申请之日起 6 个月内做出核准或不予核准的决定。基金募集申请经中国证监会核准后方可发售基金份额。

(三) 基金份额的发售

基金管理人应当自收到核准文件之日起 6 个月内进行基金份额的发售。基金的募集期限自基金份额发售日开始计算,募集期限不得超过 3 个月。

基金管理人应当在基金份额发售的 3 日前公布招募说明书、基金合同及其他有关文件。

基金募集期间募集的资金应当存入专门账户,在基金募集行为结束前,任何人不得动用。

(四) 基金合同生效

①基金募集期限届满,开放式基金需满足募集份额总额不少于 2 亿份、基金募集金额不少于 2 亿元人民币、基金份额持有人不少于 200 人的要求。基金管理人应当自募集期限届满之日起 10 日内聘请法定验资机构验资,并自收到验资报告起 10 日内,向中国证监会提交备案申请和验资报告,办理基金的备案手续。

中国证监会自收到基金管理人验资报告和基金备案材料之日起 3 个工作日内予以书面确认;自中国证监会书面确认之日起,基金备案手续办理完毕,基金合同生效。基金管理人应当在收到中国证监会确认文件的次日发布基金合同生效公告。

②基金募集期限届满,不满足有关募集要求的基金募集失败,基金管理人应承担以下责任。

以固有财产承担因募集行为而产生的债务和费用;

在基金募集期限届满后 30 日内返还投资者已缴纳的款项,并加计银行同期存款利息。

二、开放式基金的认购

投资者在开放式基金募集期限内,基金尚未成立时购买基金的过程被称为认购,通常认购价就是基金单位面值 (1 元) 加上一定的认购费率。

(一) 认购渠道

目前,我国可以办理开放式基金认购业务的机构主要有:商业银行、证券公司、证券投资咨询机构、专业基金销售机构以及中国证监会规定的其他具备基金代销业务资格的机构。

(二) 开放式基金的认购步骤

认购开放式基金通常分开户、认购和确认三个步骤。

1. 开户

拟进行基金投资的投资人,必须先开立基金账户和资金账户。

2. 认购

投资人在办理基金认购申请时,须填写认购申请表,并按销售机构规定的方式全额缴款。投资者在募集期内可以多次认购基金份额。一般情况下,已经正式受理的认购申请不得撤销。

3. 确认

销售机构对认购申请的受理并不代表该申请一定成功,而仅代表销售机构接受了认购申请,申请的成功与否应以注册登记机构的确认结果为准。投资者 T 日提交认购申请后,可于 T+2 日起到办理认购的网点查询认购申请的受理情况。认购申请无效的,认购资金将退回投资人资金账户。认购的最终结果要待基金募集期结束后才能确认。

（三）开放式基金的认购方式

开放式基金的认购采取金额认购的方式，即投资者在办理认购时，在认购申请书上不是直接填写需要认购多少份基金份额，而是填写需要认购多少金额的基金份额。最低的认购金额是1 000元人民币。基金注册登记机构在基金认购结束后，再按基金份额的认购价格，将申请认购基金的金额换算成投资人应得的基金份额。

（四）开放式基金的认购费率和收费模式

《证券投资基金销售管理办法》规定，开放式基金的认购费率不得超过认购金额的5%。目前，我国股票基金的认购费率大多在1%～1.5%范围内，债券基金的认购费率通常在1%以下，货币市场基金一般不收取认购费。

基金份额的认购通常采用前端收费和后端收费两种模式。前端收费是指在认购基金份额时就支付认购费用的付费模式，费用多少与投资者认购规模成反比；后端收费是指在认购基金份额时不收费，在赎回基金份额时才支付认购费用的收费模式，费用多少与投资者持有时间成反比。

（五）基金认购份额的计算

根据中国证券监督管理委员会基金部《关于统一规范证券投资基金认（申）购费用及认（申）购份额计算方法有关问题的通知》，有效认购申请的认购费用及认购份额的计算统一采用外扣法，即基金的认购金额包括认购费用和净认购金额。具体公式为：

$$净认购金额 = 认购金额/(1 + 认购费率)$$
$$认购费用 = 净认购金额 \times 认购费率$$
$$认购份额 = (净认购金额 + 认购利息)/基金份额面值$$

其中，认购金额指投资人在认购申请中填写的认购金额总额，认购费率指与投资人认购金额对应的认购费率，认购利息指认购款项在基金合同生效前产生的利息。

三、开放式基金的申购

开放式基金的申购指的是投资者在开放式基金合同生效后，申请购买基金份额的行为。开放式基金的赎回是指基金份额持有人要求基金管理人购回其所持有的开放式基金份额的行为。基金管理人应在申购、赎回开放日前3个工作日在至少一种中国证监会指定的媒体上刊登公告。

开放式基金的申购和赎回与认购一样，可以通过基金管理人的直销中心与基金销售代理人的代销网点办理。

（一）申购、赎回的原则

1. 股票、债券型基金的申购、赎回原则

① "未知价"交易原则。投资者在申购、赎回基金份额时并不能即时获知买卖的成交价格。申购、赎回价格只能以申购、赎回日交易时间结束后基金管理人公布的基金份额净值为基准进行计算。

② "金额申购、份额赎回"原则，即申购以金额申请，赎回以份额申请。

2. 货币市场基金的申购、赎回原则

① "确定价"交易原则。申购、赎回基金份额以1元人民币为基准进行。

② "金额申购、份额赎回"原则，即申购以金额申请，赎回以份额申请。

（二）申购、赎回的费用及销售服务费

1. 申购费用

投资者在办理开放式基金申购时，一般需要缴纳申购费，但申购费率不得超过申购金额的5%。既可以采取前端收费的形式，也可以采取后端收费的形式。基金产品同时设置前端收费模式和后端收费模式的，其前端收费的最高档申购费率应低于对应的后端收费的最高档申购费率。

基金管理人可以对选择前端收费方式的投资人根据其申购金额使用不同的前端申购费率标准。

基金管理人可以对选择后端收费方式的投资人根据其持有期限使用不同的后端申购费率标准。对于持有期低于3年的投资人，基金管理人不得免收其后端申购费用。

基金销售机构通过互联网、电话、移动通信等非现场方式实现自助交易业务的，经与基金管理人协商一致，可以对自助交易前端申购费用实行一定的优惠，货币市场基金及中国证监会规定的其他品种除外。

2. 赎回费用

投资者在办理开放式基金赎回时，一般需要缴纳赎回费，货币市场基金及中国证监会规定的其他品种除外。赎回费率不得超过基金份额赎回金额的5%，赎回费总额的25%归入基金财产。

对于短期交易的投资人，基金管理人可以在基金合同、招募说明书中约定，按以下费用标准收取赎回费。

①对于持续持有期少于7日的投资人，收取不低于赎回金额1.5%的赎回费。

②对于持续持有期少于30日的投资人，收取不低于赎回金额0.75%的赎回费。

按上述标准收取的基金赎回费应全额计入基金财产。

基金管理人可以根据基金份额持有人持有基金份额的期限使用不同的赎回费标准。通常，持有时间越长，适用的赎回费率越低。

3. 销售服务费

基金管理人可以从开放式基金财产中计提销售服务费。例如，对于不收取申购费（认购费）、赎回费的货币市场基金，基金管理人可以依照相关规定从基金财产中持续计提一定比例的销售服务费。

（三）申购份额、赎回金额的确定

1. 申购费用的确定

按中国证监会2007年3月《关于统一规范证券投资基金认（申）购费用及认（申）购份额计算方法有关问题的通知》规定，有效申购申请的申购费用及申购份额的计算统一采用外扣法，即基金的申购金额包括申购费用和净申购金额，具体计算公式如下：

$$净申购金额 = 申购金额 / (1 + 申购费率)$$

$$申购费用 = 净申购金额 \times 申购费率$$

$$申购份额 = 净申购金额 / 申购当日基金份额净值$$

当申购费用为固定金额时，申购份额的计算方法如下：

$$净申购金额 = 申购金额 - 固定金额$$
$$申购份额 = 净申购金额/T日基金份额净值$$

2. 赎回金额的确定

赎回金额的具体计算公式为：

$$赎回总金额 = 赎回份额 \times 赎回日基金份额净值$$
$$赎回费用 = 赎回总金额 \times 赎回费率$$
$$赎回金额 = 赎回总金额 - 赎回费用$$

四、ETF的概念及特点

交易型开放式指数基金（Exchange Traded Fund，ETF）是一种在交易所上市交易的、基金份额可变的开放式基金。ETF具有下列三大特点。

（一）被动操作的指数基金

ETF是以某一选定的指数所包含的成分证券为投资对象，依据构成指数的股票种类和比例，采取完全复制或抽样复制，进行被动投资的指数基金。ETF不但具有传统指数基金的全部特色，而且是更为纯粹的指数基金。

（二）独特的实物申购、赎回机制

所谓实物申购、赎回机制，是指投资者向基金管理公司申购ETF，需要拿这只ETF指定的一揽子股票来换取；赎回时得到的不是现金，而是相应的一揽子股票；如果想变现，需要再卖出这些股票。实物申购、赎回机制是ETF最大的特色，使ETF省却了用现金购买股票以及为应付赎回卖出股票的环节。此外，ETF有"最小申购、赎回份额"的规定，只有资金达到一定规模的投资者才能参与ETF一级市场的实物申购、赎回。

（三）实行一级市场与二级市场并存的交易制度

ETF实行一级市场与二级市场并存的交易制度。在一级市场上，只有资金达到一定规模的投资者（基金份额通常要求在50万份以上）才可以在交易时间内随时进行以股票换份额（申购）、以份额换股票（赎回）的交易，中小投资者被排斥在一级市场之外。在二级市场上，ETF与普通股票一样挂牌交易。正常情况下，ETF在二级市场的交易价格与基金份额净值总是比较接近。

五、ETF的交易

（一）ETF份额的申购、赎回

投资者可办理申购、赎回业务的开放日为证券交易所的交易日，开放时间为9：30—11：30和13：00—15：00。在此时间之外，不办理基金份额的申购、赎回。

投资者申购、赎回的基金份额须为最小申购、赎回单位的整数倍。最小申购、赎回单位一般为50万份或100万份，采用份额申购、份额赎回的方式。申购、赎回ETF的申购对价、赎回对价包括组合证券、现金替代、现金差额及其他对价。申购、赎回申请提交后不得撤销。

（二）ETF 份额的上市交易

ETF 的基金合同生效后，基金管理人可以向证券交易所申请上市，其交易与封闭式基金类似。ETF 上市后要遵循以下交易规则。

①上市首日的开盘参考价为前一工作日的基金份额净值。

②实行价格涨跌幅限制，涨跌幅设置为 10%，从上市首日开始实行。

③买入申报数量为 100 份及其整数倍，不足 100 份的部分可以卖出。

④基金申报价格最小变动单位为 0.001 元。

当 ETF 的一级市场和二级市场价格存在不一致时，就会出现套利空间。当二级市场 ETF 交易价格低于其份额净值，即发生折价交易时，大的投资者可以通过在二级市场低价买进 ETF，然后在一级市场赎回（高价卖出）份额，再于二级市场上卖掉股票而实现套利交易。相反，当二级市场 ETF 交易价格高于其份额净值，即发生溢价交易时，大的投资者可以在二级市场买进一揽子股票，于一级市场按份额净值转换为 ETF（相当于低价买入 ETF）份额，再于二级市场上高价卖掉 ETF 而实现套利交易。套利机制的存在将会迫使 ETF 二级市场价格与份额净值趋于一致。另外，由于申购、赎回的规模限制，套利机制的作用会受到限制，使套利的机会减少。

六、LOF 的交易

（一）LOF 份额的上市条件

LOF 的上市须由基金管理人及基金托管人共同向深圳证券交易所提交上市申请。基金申请在交易所上市应当具备下列条件。

①基金的募集符合《证券投资基金法》的规定。

②募集金额不少于 2 亿元人民币。

③持有人不少于 1 000 人。

④交易所规定的其他条件。

（二）LOF 份额的交易规则

基金上市首日的开盘参考价为上市首日前一交易日的基金份额净值。基金上市后，投资者可在交易时间内通过交易所各会员单位证券营业部买卖基金份额，以交易系统撮合价成交。

LOF 在交易所的交易规则与封闭式基金基本相同，具体内容如下。

①买入 LOF 申报数量应为 100 份或其整数倍，申报价格最小变动单位为 0.001 元人民币。

②深圳证券交易所对 LOF 交易实行价格跌涨幅限制，涨跌幅比例为 10%，自上市首日起执行。

在日常交易中，于 T 日闭市后，中国结算公司深圳分公司根据 LOF 的交易数据，计算每个投资者买卖 LOF 的数量，并于 T 日晚根据清算结果对投资者的证券账户余额进行相应的记增或记减处理，完成 LOF 份额的交收。T 日买入基金份额自 T+1 日起即可在深圳证券交易所卖出或赎回。

（三）LOF 份额的申购和赎回

LOF 份额的场内、场外申购和赎回均采取"金额申购、份额赎回"原则，申购申报单位为 1 元人民币，赎回申报单位为 1 份基金份额。

LOF 份额的申购、赎回流程如下。

①T 日，场内投资者以深圳证券账户通过证券经营机构向交易所交易系统进行基金申购、赎回申请，场外投资者以深圳开放式基金账户通过代销机构提交基金申购、赎回申请。

②T+1 日，中国结算公司根据基金管理人传送的申购、赎回确认数据，进行场内、场外申购、赎回的基金份额登记过户处理。

③自 T+2 日起，投资者申购份额可用。

七、LOF 基金和 ETF 基金的区别

LOF 基金是指通过深证证券交易所交易系统发行并上市交易的开放式基金。LOF 本身是一种开放式基金，但是它增加了可上市交易的特性，是一种交易方式的创新。它与之前讲过的 ETF 基金虽然在许多方面存在相似点，但是其差异也是明显的。LOF 基金与 ETF 基金的差异点具体如下。

（一）使用的基金类型不同

ETF 基金主要是基于某一指数的被动性投资基金产品，而 LOF 既可以用于被动投资的基金产品，也可以用于主动投资的基金产品。

（二）申购和赎回的标的不同

在申购和赎回的过程中，ETF 基金与投资者交换的是基金份额和一揽子股票，而 LOF 基金则是基金份额与现金的交换。

（三）参与门槛不同

ETF 基金一般申购和赎回的基本单位是 50 万或 100 万份基金单位，起点较高；LOF 的申购起点为 1 000 基金单位。所以，ETF 比较适合机构投资者和实力雄厚的个人投资者，而 LOF 则适合中小投资者。

（四）套利操作方式和成本不同

ETF 基金在套利的过程中必须通过一揽子股票，同时涉及基金和股票市场；LOF 基金进行套利时只设计基金市场。另外，根据上交所关于 ETF 的设计，为投资者提供了实时套利的机会，可以实现 T+0 的交易；而 LOF 基金的套利则要进行跨系统的转托管，需要两个交易日的时间，套利成本更大。所谓跨系统转托管是指基金份额持有人将持有的基金份额在基金注册登记系统和证券登记结算系统之间进行转登记的行为。

任务五　基金产品的选择

一、基金投资步骤

第一步，了解自己的投资心态。

每个人所处的家庭阶段不同，追求的收益不同，自然每个人的投资心态也会不同。例如，投资人相对比较保守，稳定收益的平衡型或债券型基金会比较适合他；投资者如果偏好高收益高风险，则可考虑成长型或股票型基金。

第二步，确定自己的投资目标。

投资前首先要明确投资者的投资希望达到怎样的目标。为了明确投资目标，投资者需要考虑一些具体的问题，例如，这笔资金准备何时投入其他用途、预期的投资收益等。

第三步，拟订财务目标。

根据投资目标拟订财务目标，划分中、长、短期目标。只要长期目标确定，中、短期的安排就很清楚，明确优先排序，再实现。

第四步，诊断财务状况。

为了更好地进行基金投资，投资者需要检查自己现有的财富，建立一个财务数据档案，包括家庭现在的资产、负债、收入、费用及所有与钱有关的资料，从而确认哪部分资金是可以进行中长期投资的，哪部分资金是短期资金，近期就要使用的。建议投资者将手中的中长期资金投资于基金。而由于基金的收益速度及风险等问题，短期资金，建议投资者可以投资于低风险的存款或债券。

另外，请投资者预留出一定的生活应急费用后再做投资，借来的钱是不适合投资股票或基金的。

第五步，选取基金，认真阅读基金招募说明书。

基金的招募说明书是使投资人全面了解基金的重要文件，只有认真阅读后，才可判断该基金是否能满足您的理财需求。

第六步，投资后定期检核基金绩效。

并不是买完基金后投资就结束了。投资者投资后也要定期检核所投资基金的绩效，确保自己的投资成果。

另外，要注意在进行基金投资时，不要忽略基金也是存在风险的，所以，建议投资者不要将所有的资金集中投在某个产品上，最好要构建产品组合来分散风险。

【案例】

陈先生，50岁，现就职于某外贸公司，任公司副总经理一职，每月收入2万元。陈太太是一位高级教师，每月收入6 000元。他们的孩子刚刚参加工作，自食其力，无须陈先生再负担什么费用。陈先生家是典型的"空巢家庭"。

经过半辈子的打拼，陈先生一家拥有较好的经济基础，目前陈先生家的住房是四室两厅，已经还清银行贷款。虽然陈先生家庭的收入状况不错，但孩子教育可没少花钱，房贷也是前几年才还清的，再加上陈先生花钱从来没有什么算计，家庭开销比较大，这么多年下来，陈先生仅拥有银行存款100万元，每月可用于基金定投的资金是1万元。算一算自己也没有多少年好干的了，要是不提前规划规划，将来的养老生活保不齐会有麻烦的。陈先生将自己的情况跟理财规划师进行了详细的交流，理财规划师执行了如下步骤。

第一步，可以确定陈先生的家庭处于成熟期，处于这个阶段的人一般来讲有以下特点：事业和经济状况都达到巅峰，子女已渐成人，夫妻开始为退休生活和保持健康做准备。这个阶段的理财往往以稳健为目标，心态相对保守，适合从事基金投资。

第二步，这个阶段的投资者主要追求的是资产的稳健增值，以便为今后的退休生活打下坚实的基础。所以，要求收益在市场均衡水平以上即可，但是对于资金的灵活变现要求较高。可以将资金分别投入股票基金、债券基金、货币市场基金等，既能保证收益，又可以分散风险。

第三步，陈先生的家庭因为处于成熟期，在短时间内没有特别大的资金使用需求，所以，可以进行中期的投资。

第四步，诊断陈先生家庭财务状况。目前陈先生家庭收入稳定，而且没有房贷，没有孩子的教育支出。有存款100万，每月合计收入26 000元，无债务。故陈先生可以将100万中的部分资金一次性投资于基金组合（保留部分存款），还可以每个月做定投。建议陈先生选择的基金组合为：30%投资于风险较高的股票型基金，30%投资于风险较低的债券型基金，40%投资于风险更低的保本型基金。

最后，陈先生可以根据需要在基金市场选取适当的投资产品，并阶段性检验投资绩效，确保投资成果。

二、基金招募说明书要点

当一只新基金正式批复下来获准发行后，基金公司都要在指定媒体上刊登招募说明书。一般而言，从说明书大标题上就可以知道该基金的类型和性质。基金招募说明书一般包括20多项内容，投资者至少要重点关注以下基本信息。

1. 第一项信息——基金管理人

投资人一旦买了某个基金，就等于将钱全部委托给这个基金公司来管理，因此选择一个好的基金公司是基金投资的先决条件。一般选择基金公司，投资者会从以下几个方面考虑：基金公司的市场形象和口碑，基金公司的基金产品线，基金公司的基金绩效，基金公司对服务的重视度，基金公司的规模和研究能力等。

通过"基金管理人"这部分的阅读，可以了解基金公司和投资团队的情况。如果不是自己熟悉的公司，投资者可以从公司股权构成和高层经历的介绍中，初步了解该公司的实力和背景。一只基金产品的基金经理是非常重要的。从"本基金管理团队"的内容，可以认识和了解该基金的基金经理。虽然说明书不会翔实介绍基金经理的情况，但其中会包括他的简介和投资经历，有助于我们进行基本的判断。如果所选择的基金公司人员不稳定，流动频繁，那就要认真地阅读一下"投资决策委员会成员"。例如，高管介绍中成员与"委员会"成员出现不一致时，很有可能说明发生了人员流动。

2. 第二项信息——基金的投资

这部分主要是基金公司阐述自身的投资理念、投资策略以及资产配置策略。通过这部分的阅读，可以了解这只基金的个性，选择适合投资者需求的产品。

投资策略可以让投资者了解该基金的投资偏好，是积极型的，还是稳健型的；如果是股票型基金，是偏好成长股还是蓝筹股，是中长期操作还是中短期操作。这些基本信息都可以很清楚地寻找出来。

资产配置策略的内容则是告诉投资者资金的分配情况，一般基金会对自己的投资比例和上下限作出详细说明，借此投资者可以分析出产品的主要风险有哪些，产品的收益前景如何，进而判断该产品是否适合自己投。

3. 第三项信息——基金的费用与税收

投资任何一个产品，都需要提前计算它的成本和费用。通过前期预备知识的学习，我们知道，不同的基金所要收取的费用和费率各不相同。提前计算好费用和成本，可以帮助我们更好地选择和判断未来的收益情况。

三、投资基金的主要方式

投资基金的主要方式有单笔投资和定期定额投资两种。单笔投资是指投资者一次性投资于指定基金的一种投资方式；定期定额是基金申购的另一种方式，它通常指投资者通过基金销售机构，约定每期扣款时间、金额、方式和申购对象，由销售机构于约定日在指定资金账户内自动扣款的投资基金。两者比较起来，并没有什么优劣之分，只不过单笔投资属于积极操作的投资模式；定期定额的定投则更加侧重储蓄，比较适合追求稳健，或是初期资金不充盈的投资者。

定期定额的优点之一：分散风险。

股市短期波动难以预测，一些新进入的投资者，如果买不对时点，短期就要承受亏损的心理压力。定期定额通过分批买入，虽不能保证买在低点，但保证不买在高点，长期投资之后，只要找一个相对好的时机卖出基金，获利的机会应是很大的。

定期定额的优点之二：聚沙成塔。

定期定额投资有点类似于银行的"零存整取"，但不要小看定期定额聚沙成塔的能力，长期投资加上复利的魔力。如果能早日开始，通过定期定额投资，父母可以为孩子储备长期的教育费用，单身贵族可以为自己准备买房基金，甜蜜的恋人也可以帮彼此储蓄养老基金，辛苦的上班族可以积累出国旅游资金……定期定额在震荡的行情中表现尤为出色。进行定期定额投资，最好选择波动程度稍大的基金品种，例如股票基金。

定期定额的优点之三：门槛低

单笔投资往往有最低入门门槛的要求，一般都在1 000元。对于刚刚毕业的大学生或者初步接触理财的客户压力较大。而定投则不需要投入过多的资金，可以根据自身收入来约定每个月的投资金额，甚至可以每个月仅仅投资100元，这样不论市场如何波动，基金投资都不会对客户的生活造成太大的影响。

【阅读资料】

不同人群的不同基金选择

第一类是新鲜社会人群。

众所周知，定投这种方法具有风险分散、门槛低、省时省心、流动性高的特点。刚刚踏入社会的年轻人可以从每个月的工资中挤出三五百元，没有太多的负担，也基本上不影响现有的生活质量。同时，定投业务每个月可以做到定时自动划款，无须跑银行网点，加上开放式基金灵活的赎回机制，基金资产可以很快变现。

另外，处于单身期的年轻人可以追求一下较高的收益，所以，建议投资于股票类基金。同时，在复利的帮助下，长期投资一定可以带来不错的收益。

第二类是家庭成熟期人群。

一般而言，由于进入家庭成熟期之后，投资者年龄相对较大，投资者风险承受能力相对较低，并不适合股票、期货等浮动型、高风险理财产品，应该以稳健投资为主。这类人群一般是退休或者即将退休，子女都有自己的工作，靠退休金安度晚年生活，比较适合固定收益型产品,如债券型基金、货币市场基金、国债、信托产品等。理财专家还建议,老年人进行理财应该回避投资期限比较长的品种,选择那些收益率相对银行定期存款保持较大优势、风险相对较小的短期品种进行资产配置。

此外,中老年人在银行柜台购买基金时,最好进行"投资风险能力测试"。老年人投资谨记"一百减年龄"原则,就是说用(100 – 年龄)×100%就是你风险投资的最大比例。对一名60岁以上的投资者,要的是稳定平安,他所承担的风险性投资不应超过个人资金的40%,60%的资金应该投资到国债等低风险项目或支取容易的储蓄上。

当然,处于其他家庭生命周期的追求稳健收益的投资者也可以选择基金进行投资。

项目小结

对于基金产品的投资越来越受到重视,因此,在充分了解基金产品的含义、种类、特征的同时,还必须掌握基金投资的步骤,以便投资者可以根据自身的投资目标选择适合自己的基金产品或者基金组合。

本章习题

一、单项选择题

1. 证券投资基金是一种实行组合投资、专业管理、利益共享、风险共担的(　　)投资方式。
   A. 集合　　　　　　B. 集资　　　　　　C. 联合投资　　　　　　D. 合作
2. 证券投资基金在美国被称为(　　)。
   A. 证券投资信托基金　　　　　　B. 共同基金
   C. 信托产品　　　　　　　　　　D. 单位信托基金
3. 基金的当事人即基金合同的当事人,是指基金的(　　)。
   A. 发起人、管理人和份额持有人　　B. 管理人、托管人和份额持有人
   C. 托管人、发起人和份额持有人　　D. 受益人、管理人和份额持有人
4. 封闭式基金的交易价格主要受(　　)的影响。
   A. 投资基金规模大小　　　　　　B. 上市公司质量
   C. 二级市场供求关系　　　　　　D. 投资时间长短
5. 通常情况下与股票和债券相比,证券投资基金是一种(　　)的投资品种。
   A. 高风险、高收益　　　　　　　B. 低风险、低收益
   C. 风险相对适中、收益相对稳健　　D. 基本没有风险
6. 证券投资基金中的(　　),在完成募集后,基金份额可以在证券交易所上市。
   A. 封闭式基金　　B. 开放式基金　　C. 公司型基金　　D. 契约型基金
7. (　　)一般有个固定的存续期。
   A. 封闭式基金　　B. 公司型基金　　C. 契约型基金　　D. 开放式基金

8. （　　）具有法人资格。
   A. 契约型基金　　B. 公司型基金　　C. 开放式基金　　D. 封闭式基金
9. 基金公司在发售基金份额时都会向投资者提供一份（　　）。
   A. 基金合同　　B. 风险揭示书　　C. 招募说明书　　D. 基金宣传册
10. 基金反映的是一种（　　）关系，是一种（　　）凭证，投资者购买基金份额就成为基金的受益人。
   A. 所有权，所有权　　　　　　　B. 债权债务，债权
   C. 信托，受益　　　　　　　　　D. 委托代理，代理

二、判断题

1. 证券投资基金通过独立托管保障基金财产安全的机制具体是指：基金管理人不参与基金财产的保管，独立于基金管理人的基金托管人负责保管基金财产。（　　）
2. 在我国，商业银行可以向中国证监会申请基金代销业务资格，从事基金的代销业务。（　　）
3. 我国基金份额持有人享有的权利包括对基金份额持有人大会审议事项行使表决权，查阅或者复制公开披露的基金信息资料。（　　）
4. 普通情况下，沪深单市场股票ETF的现金替代一般在T+1日完成补券。（　　）
5. LOF与ETF相比，LOF的参与门槛一般较低。（　　）

三、名词解释

封闭式基金　开放式基金　契约型基金　公司型基金　基金管理人　ETF　LOF

四、思考讨论题

1. 证券投资基金有哪些特征？证券投资基金与股票、债券的主要区别是什么？
2. 封闭式基金与开放式基金的主要区别包括哪些内容？
3. 交易型开放式指数基金具有哪些特点？
4. 进行基金理财的基本步骤有哪些？

五、案例分析题

【案例1】某投资者投资赎回开放式基金9 677.41份基金单位，赎回费率0.5%。假设赎回当日基金资产净值是1.168元，计算该投资者可得到的赎回金额为多少。

【案例2】徐女士，2019年30岁，在沈阳民企工作。丈夫李先生，33岁，在沈阳外企工作。两人均有社会保险。家庭税后收入10 000元左右，月生活费基本维持在4 000元，还房贷每月3 000元。夫妻之前购买的居住房屋仍有40万贷款，但是房子已升至80万。目前，有银行活期存款3万元。请根据其家庭情况，给出适合的基金理财计划。

项目八
互联网金融理财规划

【知识目标】
1. 了解互联网金融的含义与特征。
2. 把握互联网金融理财的特征。
3. 掌握众筹的概念、参与者与众筹运作流程。
4. 掌握 P2P 的含义与运作流程。

【能力目标】
1. 通过该项目的学习,初步认识互联网金融与互联网金融理财。
2. 熟悉互联网金融理财的主要类型。
3. 可以通过网络平台获取互联网金融理财产品的相关信息,并选取适合投资者的理财产品。

任务一 互联网金融理财概述

一、互联网金融

(一)互联网金融的概念

无论是互联网金融企业所从事的互联网金融业务,还是传统金融机构通过互联网技术扩展的传统金融业务,他们都属于互联网金融领域,本质上都是金融。所谓互联网金融,指的是注重互联网精神在金融领域应用的,传统金融机构与互联网企业通过移动通信技术和互联网技术等,为资金融通、支付、投资和信息提供金融中介服务的新业务。

(二)互联网金融的特征

互联网金融的表现形式既包括以互联网为主要载体的第三方支付、P2P 网贷、众筹等新兴金融业态,也包括网上银行、网上保险、网上证券等传统金融互联网化的新的发展形态。它的主要特点包括以下几点。

1. 普惠性强

首先,资金的供给方能够凭借信息技术获取更多相关信息,尽可能全面地辨识和分析资金的需求方,并据此进行相应的风险管理。其次,资金的供求双方或多方可以同时进行交易,追求资金配置效率的最大化。再次,互联网金融能够帮助解决传统金融服务的盲区,为中小微客户提供个性化的服务。

2. 低成本化

互联网金融借助第三方支付、社交平台、数据挖掘、云计算等技术，实现了客户足不出户就可以快捷地完成交易的梦想，从而使金融机构省去了设立众多分支机构、营业网点和雇用大量工作人员的服务成本与人力成本。另外，由于互联网技术的应用，使金融机构可以通过互联网对于资金需要方进行多角度辨识，简化原有的审查流程，大大提高了风险的控制能力。

3. 精准性好

金融业是一个与信息服务高度相关的行业，而数据是信息服务的重要决策资源和基础。金融业担任着数据生产者和应用者的双重角色。在互联网金融环境中，数据、信息、知识已成为金融的核心资产。在信息采集上，对互联网金融来说，市场主体不是孤立存在的，市场上的各主体之间会发生各种维度的关系，比如与上下游供货商、客户、银行等的联系。借助互联网从多个侧面搜集信息并通过拼接，可以对要观察的市场主体有一个整体性的认识，进而对该市场主体有一个更清晰的甄别。例如，通过分析客户在淘宝上的消费情况，对客户可能的生活状况和潜在的消费需求进行判断；通过分析客户交纳水电、煤气费的地址来判断客户是否有稳定的住所、客户的信用情况等。在信息处理技术上，基于架构在互联网和移动互联网之上的社交网络、信息搜索技术，可以实现信息的快速检索、排序和重构，有针对性地满足信息需求；云计算可以提高海量信息的处理能力，将信息不对称尽可能转化为对称，实现数据的标准化和结构化，最终形成动态变化、时间连续的金融市场信息序列。基于上述对数据的认识和对信息的应用形成的知识，将改变传统的客户关系管理和抵押品在金融业风险控制中的地位，增加信息分析的维度，以更全面的视角识别客户，有针对性地满足客户在信息挖掘和信用风险管理上的需求。

二、互联网金融理财的概念

所谓互联网金融理财，是指在传统金融理财的基础上，以互联网作为媒介实现的金融活动，它强调企业利用互联网大数据主动挖掘信息、深入解读数据、思考客户所想问题，并运用现代信息技术研判客户的真正需求、定位客户、细化客户肖像，从而为客户提供有针对性的理财服务。

互联网金融理财具有如下特点。

1. 互联网金融理财服务节省了大量的运营成本

互联网金融理财利用互联网的开放性、无边界性，不断为客户提供更高质量的服务。它相对于实体金融机构来说，节约了庞大的经营网点的相关运作费用。同时，由于信息共享技术的使用，大大降低了信息不对称性，可以更好地监控众多交易主体的资金流，降低风险控制成本。

2. 互联网金融理财覆盖率广、增长速度快

由于互联网的使用，使金融市场在空间上可以达到全球覆盖；在时间上，真正做到了 24 小时无休运营。同时，众多的互联网金融机构推出了类似余额宝的货币市场基金理财工具，实现了资金的 T+0 高速流动。

在现实生活中，移动支付也越来越得到普及的应用，不仅可以帮助我们完成日常生活中

的小额结算，也可以完成企业之间的大额支付业务。这些年，中国移动支付市场的交易规模更是不断攀升，增速远超市场预期。

3. 互联网金融理财流动性强

传统的货币基金市场需要赎回后 T+2 日才能实现到账，而现在的互联网金融理财产品，虽然是与货币市场基金挂钩，但是基本上实现了 T+0 的交易，即使在非人工工作时间，互联网金融理财也能做到实时支取。

4. 互联网金融理财投资门槛较低

传统的金融理财产品基本上最低的限额依旧是 5 万元，而一些高利息的理财产品起点金额往往更高。相对而言，互联网金融理财产品的起点往往非常低，有的只为 100 元，甚至部分理财产品将其投资的起始点降低为 1 元钱。这样就可以更多地吸引那些达不到银行理财起始金额要求的客户。

5. 互联网金融理财平台渠道具有比较强的优势

首先，互联网金融理财更加具有人性化的优势，可以帮助客户摆脱传统实体网点交易的约束，简化了金融理财交易流程和操作环节。其次，互联网金融理财可以将原本复杂、专业程度较高的理财产品，通过一种交互沟通方式使其具体化，还可以通过众多理财产品的列表比较，让客户选择出更适合自己的产品。再次，互联网金融理财可以通过网络上的庞大客户群体进行宣传，这种宣传具有定位准确、成本低廉的优势。

互联网金融理财既包括传统的线下实体银行、基金及证券的业务向虚拟互联网平台上的转移，也包括 P2P 网络信贷、众筹、第三方支付平台、移动支付平台、大数据金融服务平台等多项内容。下面，将对其中三种常见的互联网金融理财产品进行介绍。

任务二　网络贷款理财

一、P2P 的基本概念

网络贷款又称 P2P 网络借贷，是指个人或法人通过独立的第三方网络平台相互借贷。一般是指由 P2P 网贷平台作为中介机构或平台，借款人在平台上发放借款标，投资者进行竞标，向借款人放贷的行为。一般来说，借款者可自行发布借款信息（包括金额、利息、还款方式和还款时间等）实现自主式借款。投资者根据借款人发布的信息，决定是否借出资金。这种债权债务关系的形成脱离了银行等传统的金融机构，资金出借人可以明确地获知借款人的相关信息及资金的主要流向。在这种互联网理财模式中，P2P 网贷平台在借贷双方中充当着服务中介的角色，它既能够帮助需要资金的人以比较优惠的利息获得融资，又能通过安排比较多的出资人共同分担这一笔债务，使其风险降低。P2P 平台与银行的主要区别在于放款速度快，手续简便。银行审批需要时间较长，急需资金周转的个人或者组织往往会选择 P2P 平台进行贷款。

网络贷款模式起源于英国，2006 年之后传入了美国，并于 2007 年后传入中国。Zopa 和 Prosper 是在 2005 年成立的，Lending Club 则成立于 2007 年。虽然 Zopa、Prosper 和 Lending Club 成立的时间不同，但其创始人有着相似的创业理念。他们都不认同银行以无差别的金融产品和服务供给模式来满足拥有不同需求的金融消费者，力求通过自身商业模式和产品服务的创新，为消费者提供价值。例如，Zopa 的创始人 Richard Duvall 希望创造一种自由的方式，让已经厌倦大银行固化体制的消费者在使用资金时有更大的话语权；Prosper 的创始人 Chris Larsen 希望"推进借贷过程的民主化"；而 Lending Club 的创始人 Renaud Laplanche 则希望，利用消费者的"同质性"来为借款人和放款人提供更好的交易。

【阅读资料】

P2P 本身就有很多模式，我们来简单看一下 Zopa 所选择的竞标匹配模式是如何运作的。

Zopa 2005 年 3 月成立于英国，是全球首个 P2P 网络小额贷款平台。到 2012 年年底，已经促成了约 2.9 亿英镑的贷款。在 Zopa 平台内，出借人报出期望的贷款利率，参与竞标，利率低者胜出。借款人可借入 1 000 至 15 000 英镑的借款。借款资金按月偿还，提前还款不会收取任何的违约金或罚息。Zopa 将借款人按信用等级分为四个等级，出借人可以根据借款人的信用等级、借款金额和借款时限提供贷款，借款人也可以相应地选择能够接受的贷款利率。

Zopa 在整个交易中代替银行成为中间人，责任包括借贷双方交易中有关借款的所有事务、完成法律文件、执行借款人的信用认证、雇用代理机构为出借人追讨欠账等。Zopa 的收入包括收取借款人每笔 0.5% 以及出借人年借款额 0.5% 的服务费。

Zopa 的运营也很有特色。

第一，Zopa 的运营模式是纯粹的线上借贷模式，无担保无抵押，引入第三方专业机构，对信用评审和贷后资金管理等重要事项进行管理。所以，真正在伦敦 Zopa 公司就职的员工人数非常少。

第二，对于在平台上借款的人进行信用等级分级。信用评级的主要依据是借款人提供的资料，以及信用管理部门出具的个人信用报告。具有不同等级的信用状态，借款人所对应的市场利率是不同的，信用等级越低，风险系数越大，借款利率则要求越高，反之则利率低。

第三，平台引入了分散投资的理念。平台为了避免借款人违约给单个投资人造成比较大的经济损失，强制将每笔贷款按照 10 英镑一份分成了 n 份，将其分给风险适配性较高的 n 个出资人。

二、P2P 的交易流程

1. 借款人流程

第一步：寻找安全且利率适合的借款平台。

我国贷款平台数量众多，其背景比较复杂，有的是国有全资背景的，有的是上市公司背景的，也有民间纯私营状态的，等等。如何选择一个适合自己的平台，往往是进行网络借贷的第一步。

作为借款一方，对于平台的选择，我们首先要注意的就是避免登录诈骗平台，所以我们在选择的时候，要注意选择那些有资质的网络平台。我们可以通过查看平台的营业执照、成立时间、税务登记证件、组织机构代码、银行开户证明等来验证其真伪。

除此之外，我们也要注意到平台的实力及其影响力，因为这些都决定了我们能否在短时间内融到足够的资金。所以，我们还要查看平台经营团队是否专业、经验是否充足等，尤其需要关注其过往的口碑评价以及成绩。

第二步：进行账号的注册及登录。

国内有许多P2P网站，每一个网站都有自己的登录/注册界面，如果想要在P2P网站上进行借贷，就要完成注册/登录。除此之外，我们也可以选择P2P网贷平台的快捷登录方式（即通过与平台合作的QQ、微信、微博等进行登录）。

第三步：对个人的基础信息进行核对。

在第二步注册账号时，我们要提交重要的个人基础信息，主要包括：个人基础资料、银行卡、登录密码、提现密码等。这些基础资料，平台都必须进行验证核实。当贷款人准备通过平台进行借贷时，平台还需要审核借款人的身份凭证、资金用途、需要金额的、所能接受的利息幅度、所选择的还款方式和还款期限等信息。只有在平台审核通过后，贷款人才有资格发布其借款信息。

第四步：按约定还款。

在借款标的满标后，平台会扣除基本的手续费，将所借资金通过第三方支付机构或银行打到借款人的账户，在到期前，借款人有责任有义务按照其约定的方式、约定的金额、约定的利率进行还款。

2．出借人/投资人流程

第一步：选择安全且适合自己的借贷平台。

作为投资人，最重要的就是要选择一个安全的投资平台。目前我国投资平台众多，但存在问题的平台比例较高。所以在选择投资平台时，我们需要小心谨慎。我们可以通过考察以下几个方面来确定其安全程度：是否具有真实的借贷业务，借款标是否在平台能力覆盖范围之内，平台的风控团队能力强大与否，线下催收能力的强弱，网络技术安全能力，等等。

第二步：进行账号的注册及登录。

用户在平台上注册需要提供：真实姓名、用户名、登录密码、邮箱等。为了方便以后的登录，用户名和密码必须牢牢记住。

第三步：进行认证。

在平台进行注册之后，手机或邮箱会收到一些认证消息，我们需要根据认证消息的提示完成认证。

网络投资平台往往要求进行实名认证。实名认证与实名投资是保证资金安全的前提。投资者只需点击"实名认证"，根据提示提交相关身份证信息，并上传个人身份证正反面照片或扫描件，提交认证即可。

第四步：设置相关的银行卡信息和交易密码。

在充值前，可以提前设置好提现的银行卡信息（开户银行、开户行名称和银行账号）。网贷平台往往要求投资者设置交易密码。

第五步：充值、投标。

在投标前，投资人需要将银行卡上的资金转到平台账户上，充值的方式主要有在线充值和线下充值。

充值后，投资人可以在自己的账户中看到自己有多少可用资金。投资人可以通过借贷网站的主页面查看借款者的借款标。投资人选中某一借款标后，单击投标，输入投标金额、交易密码和验证码，确认投标后，即投标成功，投资标的从满标之日开始计息。若流标，则投资人的资金会被打回到投资人在平台的账户内。

第六步：提现及撤资。

所谓提现，就是将个人的平台账户中的资金提到个人的绑定银行卡上。大部分的平台对于提现都有相应的规定，而这些规定是投资人在投资时就有必要了解清楚的，例如，所有投资人都必须了解，从我们提交提现申请到款项实际到账，有一定的时间间隔。

另外，我们必须了解到，P2P理财方式跟其他的理财方式一样，投资者必须学会在适当的时机果断撤资，以寻求一个崭新的开始。

【阅读资料】

中宝投资自融诈骗案

成立于2011年的浙江省衢州市中宝投资有限公司，是第一家被立案侦查的"老牌"P2P网贷平台，由于其涉及金额巨大，消息一出，P2P界一片哗然。2014年4月14日，浙江省衢州市中宝投资有限公司（以下简称"中宝投资"）的企业法人周辉因涉嫌非法吸收公众存款罪被衢州市人民检察院批准逮捕。

根据网站数据初步统计，周辉向全国30余个省市1600余名投资人进行集资，目前尚有1100多名投资人的3亿元本金没有归还。衢州市公安局表示，经初步查明，自2011年2月以来，犯罪嫌疑人周辉利用中宝投资公司及其"中宝投资"网站，以开展P2P网络借贷为名，以高息为诱饵，对外发布含有虚假借款人和虚假借款用途等内容的贷款信息，向全国各地公众大量吸收资金。衢州市公安局副局长陈惠平表示，犯罪嫌疑人周辉对外宣称其"中宝投资"是从事民间网络借贷的P2P平台，吸引投资人创建账户并充值，随后利用掌握的40多个虚假会员账户频繁发布虚构的借贷协议，以高回报吸引投资者。由于贷款到期后平台会将本金加利息转入投资人网站账户，并可顺利提现，转入真实银行账户，众多投资人误将"中宝投资"当作可靠的P2P网贷平台。但事实上，周辉将其作为自己的融资平台，投资者的资金全部进入了周辉的个人银行账户。

任务三　众筹理财

一、众筹的基本概念

众筹（Crowdfunding），即大众筹资或群众筹资，是指一种向群众募资，以支持发起的个人或组织的行为。众筹由发起人、跟投人、平台构成，具有门槛低、多样性、依靠大众力量、注重创意的特征，一般而言是通过网络上的平台连接起赞助者与提案者。现代众筹指通过互联网方式发布筹款项目并募集资金。只要是网友喜欢的项目，都可以通过众筹方式获得项目启动的第一笔资金，为更多小本经营或创作的人提供成功的可能性。

众筹相对于其他互联网金融产品具有非常明显的特征。

（1）门槛低

无论身份、地位、职业、年龄、性别，只要有想法、有创造能力，就可以发起项目。

（2）多样性

众筹的方向具有多样性，在国内的众筹网站上的项目类别包括设计、科技、音乐、影视、食品、漫画、出版、游戏、摄影等。

(3) 依靠大众力量

支持者通常是普通的草根民众，而非公司、企业或风险投资人。

(4) 注重创意

发起人必须先让自己的创意（设计图、成品、策划等）达到可展示的程度，才能通过平台的审核，而不单单是一个概念或者一个点子，要有可操作性。

二、众筹的种类

市面上一般将众筹分为三种形式：募捐型众筹、回报型众筹、股权型众筹。

（一）募捐型众筹

募捐型众筹也叫公益型众筹，是一种不计回报的众筹。这种众筹主要用于公益事业。募捐型众筹模式下的出资者对于某一个项目的出资行为则表现为更多的"重在参与"的属性。换言之，出资者的出资行为明显地带有更多的捐赠和帮助的公益性质，他们根本不在乎自己的出资最终能够得到多少回报。

（二）回报型众筹

回报型众筹，又称为奖励式众筹或者预购式众筹，是指项目发起人在筹集款项时，投资人可能获得非金融性奖励作为回报。回报型众筹通常应用于创新项目的产品融资，而其所得到的回报也仅是一种象征。

回报型众筹平台，看上去与团购网站有些相似，但又有所不同。相似之处在于：两者都是通过网络上发布活动或项目来吸引大众参与或者支持；该项目或活动有明确的参与人数（或金额）下限和截止时间；在截止时间内完成或超过预订的目标人数（或金额）下限，该活动或项目生效，否则将资金返还给项目支持人。两者的区别则在于：众筹相对于团购又多了一项期货性质，我们也可以把众筹比喻成团购和预购相结合的产物，因为众筹的出资者无法在交付资金后，立刻获得其所应该得到的产品。

回报型众筹的优势表现为：一方面可以使消费者的消费资金前移，提高生产资金筹备和销售等环节的效率，帮助那些原来不具有生产条件的新产品进行生产；另一方面通过众筹行为，可以使厂商通过获取潜在消费者对于该产品的市场预期反馈，进行用户画像的细化，更准确地定位市场。

（三）股权型众筹

股权型众筹是指融资者借助互联网的众筹平台，将其准备创办或者已经创办的企业或项目信息向投资者进行展示，进而吸引投资者对其企业或项目进行投资，并以股权的形式回馈投资者的一种融资模式。股权众筹是当下新兴的一种融资模式，受到了市场的广泛重视。股权型众筹与其他形式众筹的主要区别是：融资者向投资者提供的回报是否是股权形式（至少绝大多数回报形式应体现在股权回报上）。

三、众筹的参与者

1. 项目发起人

项目发起人作为项目的直接发起者、资金筹集者以及日后项目的经营者，在项目创意与项目经营上具有优势，其主要工作内容是向外界展示项目创意、项目前景、项目风险、资金需求等，开展日后项目经营，分享项目成果。具体工作按流程主要包括项目申请、收获筹资、项目经营、成果分配。

如果你有创业或者特定的项目需要资金支持，可以通过众筹平台进行项目申请。所谓项目申请就是向众筹平台提交融资请求，主要内容包括：申请人信息、项目名称、项目团队介绍、项目描述、筹资额度与期限、项目回报。

如果你的项目申请已通过众筹平台审核，并且在设定的期限内完成了你所需要的筹资额，你就可以进行收货筹资。反之，则众筹失败。

如果众筹成功，接下来发起人最重要的工作就是项目经营，为了保证项目经营的顺利实施，投资者需要对项目进行监管，发起人也有义务定期向投资者发布项目的经营信息。

项目经营成功则要求发起人按照预先约定的时间完成承诺的回报。如果未能完成约定的承诺，则视为项目经营失败，发起人之后可以不再履行成果分配的义务。

2. 项目支持者

项目支持者具有资金优势，是众筹项目所筹集资金的主要来源。其主要的职责就是在发挥自身资金优势的前提下，支持并监督项目的实施，并最终获得项目成果的分享。

项目支持者可以在众筹开始时通过项目介绍、申请额度、项目回报等信息来评估该项目是否具有支持的价值。如果项目支持者对该项目非常有兴趣，则可以对其进行资金支持。支持者只需要按照众筹平台的指示，在网上完成对于该项目的资金支持。项目支持者为了保证其所投的项目顺利运营，需要定期或不定期地与发起人进行沟通，项目的发起人也有义务定期向项目的支持者发布重要信息，说明其经营状态。当所投的项目最终产生收益时，项目发起人需按照约定，对项目支持人进行承诺的回报支付。

对于手头有闲置资金的投资者，可以拿出一部分资金进行众筹投资，如果投资的项目最终获得成功，其收益颇丰。但是要注意的是，众筹投资，尤其股权众筹的风险比较大，需要谨慎进行。

另外，我国众筹发展历史比较短，发展状况仍不明朗，为了与非法集资相区别，大多数众筹平台均规定，不得以股权红利等形式进行回报承诺，承诺的回报必须是实物资产。

3. 众筹平台

众筹平台作为发起人与支持者的中介机构，具有专业化服务及平台优势，其主要工作内容是在保护发起人与支持者利益的前提下，为项目资金筹集牵线搭桥。具体工作按流程主要包括：项目审核、项目展示、筹资管理、收获佣金。

为了保护项目发起人和项目投资人的利益，在发起和参与众筹前，我们必须通过网络对众筹平台的资质、业绩等内容进行考察。

【阅读资料】

3W 咖啡

大家所熟悉的 3W 咖啡就是经典的众筹案例。最初，它向社会公众进行资金募集，每个人 10 股，每股 6 000 元人民币，相当一个人 6 万元。3W 咖啡成立之时正是微博最火热的时候，很快 3W 咖啡就汇集了一大帮知名投资人、创业者、企业高级管理人员，引爆了中国众筹式创业咖啡在 2012 年的流行。一时间，几乎每个城市都出现了众筹式 3W 咖啡。3W 咖啡很快以创业咖啡为契机，将品牌延伸到了创业孵化器等领域。

3W 咖啡有属于自己的独特的投资规则，并不是你有 6 万元就可以成为 3W 咖啡的股东，股东必须符合一定的条件。3W 咖啡强调的是互联网创业和投资的顶级圈子。没有人会为了 6 万元未来可以带来的分红进行投资，3W 咖啡给股东的价值回报更多在于圈子和人脉价值。试想，如果投资人在 3W 咖啡中找到了一个好项目，那么多少个 6 万元都赚回来了。同时，创业者花 6 万元就可以认识一大批同样优秀的创业者和投资人，既有人脉价值，也有学习价值。很多顶级企业家和投资人的智慧不是区区 6 万元可以买到的。

3W 咖啡是会籍式咖啡厅，很少有出资人是奔着财务盈利的目的去的，更多股东在意的是其提供的人脉价值、投资机会和交流价值等。为投资者提供更好的人脉圈子，这才是 3W 咖啡成功的核心。

任务四　互联网消费金融

一、互联网消费金融的含义

所谓消费金融，是指金融机构向不同需求层次的消费者提供消费信贷，满足其消费意愿的现代金融服务方式。消费金融又分为广义消费金融与狭义消费金融。广义的消费金融主要包括：住房贷款、汽车贷款、耐用消费品贷款、旅游贷款等。狭义的消费金融则是从广义消费金融中去掉了住房贷款和汽车贷款。传统的消费金融有两个显著的特点，首先，它要求贷款的申请者必须是个人或家庭，其次，消费金融提供的各种贷款主要用于满足消费者的消费目的，不能用于投资和经营。

消费金融在中国的发展起步比较晚，主要提供给那些具有超前消费需要的家庭与个人。当这类消费者有资金需求时，可主动向金融机构提出申请，金融机构对申请者的财务状况、信用能力等一系列指标进行评估后做出信贷决策。广义的消费金融，包括互联网支付、网络贷款和互联网消费金融。

所谓互联网金融消费模式，是指银行、消费金融公司或互联网企业等各类市场主体单独或共同出资，形成一种非存款类的借贷公司，用于满足具有超前消费需求的申请者的借贷需求。互联网消费金融主要依赖于互联网技术和信息通用技术。消费者可以通过互联网金融获取其所需要的资金，用于满足除住房和汽车之外的其他商品和服务的消费。

互联网消费金融的产业链主要包括：资金供给方、消费金融圈、催收或坏账收购方。资金供给方位于互联网消费金融的上游，主要包括消费金融服务的股东、消费金融服务商的资产受让方、P2P 网贷平台投资人等。消费金融圈主要包括消费金融服务商、零售商、消费者和评级机构。其中消费金融服务商包括银行、互联网消费金融公司、大学生消费分期平台、P2P 网贷平台等。一旦发生互联网消费金融失信问题，催收方就会去催收款项，或者由坏账收购方来专门收购坏账。

二、互联网消费金融的特征

互联网消费金融的特征主要是通过与传统消费金融的比较而获得的。

（一）运营成本较低

在传统的互联网金融模式中，消费者如果需要获得贷款，则必须到银行进行申请，咨询、签约、提现都需要到相关地点进行操作，费时费力。而互联网消费金融则可以帮助申请者节约更多的时间，消费者可以直接通过登录网站或者使用专业的 APP，按照流程填写相关信息，完成贷款的申请，互联网消费者甚至可以将其直接镶嵌到购物和支付的行为过程中。这样既方便了消费者，又降低了大面积铺设网点、大量使用人工的成本。

另外，由于移动通信和大数据的使用，互联网金融机构可以向更加准确的客户直接推送，相对于过去传统的消费金融机构的宣传方式更加节省成本。

（二）风险管控技术化强

互联网消费金融在整个实施过程中采用了大数据技术构建的有效的风险控制模型，同时采用云端反欺诈技术，这些技术都是传统金融业所不具备的。在为客户提供互联网消费金融服务之前，互联网消费金融公司将通过互联网征信系统对客户进行评分，信用等级高的客户将获得较高的信贷额度。互联网金融征信模式打破了传统金融模式较多依靠客户与银行过往交易情况来评判客户的局限性，加入了更多的考量因素。例如，阿里巴巴旗下的芝麻征信就是综合考量了用户的品德、资产、财务状况等众多信息来给客户进行评分的。

【阅读资料】

FICO 信用评分模型简介

目前，应用最广泛的个人信用评分是美国的 FICO 信用评分。FICO 评分主要用于贷款方快速、客观地度量客户的信用风险，缩短授信过程。它的基本思路是，将借款人的信用历史资料与数据库中全体借款人的信用习惯进行比较，检查借款人的发展趋势与经常违约、随意透支、申请破产等各种陷入财务困境的借款人发展趋势是否相似。FICO 信用评分的打分范围是 325~850 分，得分越高，其信用度也越高。一般来说，如果借款人的信用分达到 680 分以上，金融机构就可以认为借款人的信用卓著，可以毫不迟疑地同意发放贷款。如果借款人信用分低于 620 分，金融机构或者要求借款人增加担保，或者干脆寻找各种理由拒绝贷款。如果借款人的信用分处于 620~680 分，金融机构就要做进一步的调查，采用其他的信用分析工具，做个案处理。

有统计显示，信用值分低于 600 分，借款人违约的比例是 1/8；信用分处于 700~800 分，违约率为 1/123；信用分高于 800 分，违约率为 1/1292。因此，美国商务部要求在半官方的抵押住房业务审查中使用 FICO 信用评分。

FICO 评分要考虑如下主要因素：借款人的还款历史；未偿还信贷的数量；建立信用的时间；新贷款的查询与获取。

我们所熟悉的芝麻信用评估体系就是以 FICO 评分体系为基础的。

（三）强调场景化

互联网消费金融与我们的日常消费场景融合得非常紧密，我们在网络购物或日常消费中都会使用互联网消费金融。例如我们熟悉的蚂蚁花呗、京东白条、拍拍贷、分期乐等，它们都是非常有名的互联网消费金融产品。

三、常见的互联网消费金融模式

互联网消费金融对于大多数理财者最大的意义在于，可以根据自己的需求选择不同的融资模式。接下来，我们就来看一看互联网消费金融的模式有哪些。

（一）电商平台模式

电商平台消费金融模式中最常见的两种模式就是：京东白条和天猫分期。

京东白条既可以针对自营商品，又适用于联营的实物商品。京东会根据消费者历史交往数据对其进行授信，当消费者在京东商城购买其自营或联营商品时，消费者可以以贷款形式完成支付，并履行按约定还款的义务。京东白条模式的风险主要承担者是京东本身，吸收来自消费者分期付款的手续费。

天猫消费金融模式中，商家首先要开通分期购物服务，并确定可以分期购买的商品所选择的分期期数。当蚂蚁微贷完成授信的消费者在天猫商城进行购物时，蚂蚁微贷则会向商家支付货款，消费者则需要按约定通过支付宝进行还款。天猫消费分期模式中，蚂蚁微贷是风险的主要承担者，其主要收益来源于天猫商家及消费者支付的手续费。

（二）P2P 消费金融模式

P2P 消费金融模式已经成为互联网消费金融的主要形式，其主要是以 P2P 平台为中心，连接消费者和投资者。P2P 消费金融模式的主要应用流程为：消费者首先通过平台提出借款申请；平台审核通过后，将其信息发布；投资人对该项目选择是否进行投资；一旦募集完成，则向借款人打款，借款人进行消费；借款人按约定向 P2P 平台还款；平台将所收到的回款返还给投资人。

这种模式的经营形式往往还会存在一些个体差异。

（三）大学生分期平台模式

不同的大学生消费平台在运作上存在着不同的方式。有的消费分期平台是先用自有资金采购商品，再将债权转让或出售给 P2P 平台和互联网理财平台。有的平台则是直接购买商品，然后放在平台上进行销售。这种消费金融模式在 2014 年得到了快速的发展，其主要优势是融合了电商平台消费金融模式与 P2P 消费金融模式，使其成为连接大学生与供应商的关键。

四、互联网金融的应用趋势

（一）旅游消费金融即将成为新爆点

旅游对于很多人来说都是一件非常向往的事，他们心中都有着自己想要去旅行的地方，但是由于经费有限，这个梦想往往被搁置。旅游金融分期消费则自然而然地成为他们的首要选择。贷款旅游已经成为一种时尚。旅游金融类产品并不像我们所想象的那么单一，除了比较常见的旅游分期以外，还有附加服务，例如旅游理财、旅游保险等。从实际市场上来看，旅游金融的消费群体主要集中在经济能力有限的学生、白领，这也从客观上要求旅游消费平台不断强化自身风险控制能力。目前，在去哪儿、驴妈妈、途牛等旅游平台上，兴业银行、中国银行等金融机构都已经推出了旅游金融分期的服务，旅游消费金融服务也正在成为旅游平台竞争的新焦点。

（二）医疗消费金融将成为医疗保险的有益补充

面对高昂的医疗费用，有一些家庭是很难负担的，甚至可能选择放弃治疗。面对这样一个残酷的事实，大力发展医疗消费金融已经刻不容缓了。此项消费金融服务将会促使医疗门槛降低，可以帮助更多的困难家庭获得医疗资源，进一步打开收入较低人群的医疗市场。但是，我们目前医疗消费金融的发展程度较低，国内只有少数医院通过与银行合作推出了分期付款的医疗模式，而且还没有单独的医疗金融平台愿意去做这项金融服务。

（三）教育消费金融正在崛起

据统计，在美国的华人贷款市场中，住房贷款居于信贷市场的第一位，而学费贷款则居于信贷市场的第二位。目前，我国学费贷款市场的潜力也是非常巨大的。一些英语、计算机等技能培训班费用以及留学费用都是非常昂贵的，此时，分期付款往往成为他们的首要选择。

（四）汽车消费金融潜力巨大

目前，汽车销售市场上，大多数的交易仍然是通过线下完成的，消费者一般通过线下的汽车4S店购买汽车并通过其渠道办理汽车贷款。其实，在互联网上也已经出现了许多汽车交易平台，在线购买新车或二手车都可以进行贷款消费，这种平台也越来越受到年轻人的认可与接受。最重要的是，在这类平台上办理汽车贷款，申请流程及资质审核等方面都要比线下平台更快捷方便。现在最困扰线上消费金融发展的因素之一，就是如何有效引导消费者通过线上平台进行汽车金融消费。

【阅读资料】

互联网平台类理财产品——余额宝

支付宝是由阿里巴巴集团创办的第三方网上支付平台，而余额宝是支付宝为个人推出的，通过余额进行基金买卖、理财的服务产品。余额宝是第三方支付业务与货币市场基金产品的一种创新式的组合。用户将资金转入余额宝，就相当于认购了一定份额的货币市场基金。余额宝本质上就是一个基金直售平台，在这种模式下，支付宝不参与基金的销售业务，也不介入基金的投资业务，仅发挥互联网客户寻找和导入的作用。

余额宝的合作基金方是天弘增利宝货币基金，其主要投资范围是：现金、通知存款、短期融资券、1年以内（含1年）的银行定期存款、大额存单、期限在1年以内（含1年）的债券回购、期限在1年以内（含1年）的中央银行票据、剩余期限在397天以内（含397天）的债券、剩余期限在397天以内（含397天）的资产支持证券、剩余期限在397天以内（含397天）的中期票据、中国证监会认可的其他具有良好流动性的货币市场基金。

余额宝相对于传统理财产品优势明显。第一，余额宝内资金可以随存随取、随时消费；第二，余额宝转入的资金没有数额限制，最低一元计息；第三，余额宝的资金转入方式既可以是储蓄卡快捷支付，也可以是支付宝账户余额支付；第四，其实质是货币市场基金，虽有风险，但风险极低，且支付宝资金安全已经由平安保险全额承包。

项目小结

互联网金融产品种类众多，而且与我们的生活越来越贴近。现代人的生活基本上每天都离不开第三方支付、消费金融等互联网理财产品。所以，为了更好地使用互联网理财产品，我们有必要对常见的互联网理财产品的定义、特征及细分进行掌握，以便在未来的理财过程中，根据投资者的具体情况选择其适合的产品。

本章习题

一、单项选择题

1. 狭义的网络金融不包括（　　）。
   A. 网上银行　　　　　　　　　　　　B. 网上证券
   C. 网上支付　　　　　　　　　　　　D. 金融信息服务业
2. 第一款宝类产品"余额宝"是哪一年上线的？（　　）。
   A. 2011年　　　B. 2012年　　　C. 2013年　　　D. 2014年
3. 我国第一家互联网保险公司是（　　）。
   A. 众信保险　　B. 众筹保险　　C. 众安保险　　D. 众销保险
4. 京东推出的支持个人消费贷款的产品是（　　）。
   A. 京东白条　　B. 京东欠条　　C. 京东随心贷　　D. 京东随意贷
5. 天猫属于电商互联网借贷中的（　　）模式。
   A. B2B　　　　B. B2C　　　　C. C2C　　　　D. P2P
6. 众筹模式的核心是（　　）。
   A. 众筹支持者　　B. 众筹发起人　　C. 众筹平台　　D. 互联网
7. 余额宝产品对接的基金公司是（　　）。
   A. 汇添富　　　B. 华夏　　　　C. 广发基金　　D. 天弘基金
8. 互联网金融的特征不包括（　　）。
   A. 开放的经营环境　　　　　　　　　B. 市场运作不透明
   C. 虚拟化的服务方式　　　　　　　　D. 多样化的金融服务模式
9. 参与股权众筹的回报是（　　）。
   A. 商品　　　　B. 没有回报　　C. 公司股权　　D. 利息
10. 下列哪一项不是众筹的组成部分？（　　）。
    A. 发起人　　　B. 借款人　　　C. 众筹平台　　D. 支持者

二、判断题

1. 众筹股权是适用于初创企业的小额融资模式。（　　）
2. 网络经济的特征包括：虚拟化、成本低；竞争激烈；全天候、全球化；强大的创新性。（　　）
3. 互联网金融是指以依托于支付、云计算、社交网络以及搜索引擎等互联网工具，实现资金融通、支付和信息中介等业务的一种新兴金融。（　　）
4. 由于大数据、云计算与互联网金融征信的发展，现在的互联网金融理财产品可以说是非常安全的，基本是没有什么风险的。（　　）
5. 大学生消费分期平台的基础风险就是大学生的信用风险，投资人是最终风险的承担者。（　　）

三、名词解释

互联网金融理财　网络贷款　众筹　股权众筹　互联网消费金融

四、思考讨论题

1. 互联网金融理财与传统理财的区别与联系。
2. 参与网络贷款的常规流程是怎样的？
3. 众筹具体有哪些形式？介绍每一种形式的主要特征。
4. 互联网消费金融的主要特征有哪些？

项目九
外汇及黄金理财规划

【知识目标】
1. 外汇市场的特点和功能。
2. 个人外汇理财方式。

【能力目标】
1. 黄金市场的交易方式和黄金理财方式。
2. 常见的收藏品类别及理财策略。

任务一 外汇投资

一、外汇及汇率

(一) 外汇

外汇是一种以外国货币表示或计值的国际结算的支付手段，通常包括可自由兑换的外国货币、外币支票、汇票、本票、存单等。广义的外汇还包括外币有价证券，如股票、债券等。

(二) 汇率

汇率，又称汇价，指一国货币以另一国货币表示的价格，或者说是两国货币间的比价，通常用两种货币之间的兑换比例来表示。比如 USD/JPY = 120.39，表示 1 美元等于 120.39 日元，在这里美元称为单位货币，日元称为计价货币。以一种货币为基准来标度另一种货币价格的方法，称为汇率的标价方法。目前，国际上有四种标价法。

1. 直接标价法

直接标价法以一定单位（1，10，100，1 000）的外国货币为标准来计算应付出多少单位本国货币。包括中国在内的世界上绝大多数国家目前都采用直接标价法。例如，东京外汇市场上 USD1 = JPY106.20。

2. 间接标价法

间接标价法以一定单位（如 1 个单位）的本国货币为标准，来计算应收若干单位的外国货币。在国际外汇市场上，欧元、英镑、澳元和新元采用间接标价法。例如，伦敦外汇市场上 GBP1 = USD1.8775。

3. 美元标价法

美元标价法以一定单位美元为基准，折合若干其他国家货币单位。由于美元在货币定值、国际贸易计价、国际储备、干预货币、交易货币、存放款和债务发行等方面都起着重要的作用，目前世界各大国际金融中心的货币汇率都以兑换美元的比价为准。世界各大银行的外汇牌价，也都公布美元兑其他主要货币的汇率。

4. 交叉标价法

在国际经济往来中，为了方便转口贸易，会用到两个非美元的货币间的汇率，称为交叉汇率。

二、外汇市场

外汇市场是指由银行等金融机构、自营交易商、大型跨国企业参与的，通过中介机构或电讯系统联结的，以各种货币为买卖对象的交易市场。

（一）外汇市场的参与者

外汇市场有不同的参与者，它们出于各自的交易目的进行外汇买卖，从而对外汇市场产生不同的影响。

1. 中央银行

中央银行是外汇市场重要的参与者，其参与外汇买卖活动的目的是稳定外汇市场及本币汇率，使本币汇率朝着有利于本国经济发展的方向变动，而不是出于盈利的目的。

2. 外汇银行

外汇银行是外汇市场最主要的参与者，是外汇市场上外汇供求的媒介。其他市场参与者的外汇交易都是通过外汇银行进行的。外汇银行主要包括经营外汇业务的本国银行、外国银行在本国的分支机构等。

3. 外汇交易员和自营商

外汇交易员是在外汇银行从事外汇操作的人员。外汇自营商一般指外汇买卖业务的商号，多由银行、信托投资公司等构成，主要为客户提供金融服务以获得汇率的买卖差价。

4. 外汇经纪人

外汇经纪人是指外汇管理当局指定的外汇经纪商，外汇经纪人是撮合外汇买卖的媒介者，从中赚取外汇买卖的佣金。

5. 外汇的最终需求者与供给者

外汇的最终需求者与供给者主要包括进出口商、企事业单位、旅游者、对外投资者以及外汇市场上的投机者和套汇者。

（二）外汇市场的特点

1. 循环作业

由于全球各金融中心的地理位置不同，亚洲市场、欧洲市场、美洲市场因时间差的关系，连成了一个全天24小时连续作业的全球外汇市场。这种连续作业为投资者提供了没有时间和空间障碍的理想投资场所，投资者可以寻找最佳时机进行交易。

2. 有市无场

外汇买卖不像股票交易有集中统一的地点，而是通过没有统一操作市场的网络进行的。

但是，外汇交易的网络是全球性的，并且形成了没有组织的组织，全球外汇市场每天平均上万亿美元的交易，就是在这种既无集中的场所又无中央清算系统的管制，以及没有政府监督的情况下完成的。

3. 交易规模庞大，交易币种集中

目前，外汇日交易量突破2万亿元，虽然规模巨大，币种却主要是美元、英镑、欧元、日元等几种国际性货币。

4. 汇率波动频繁且幅度加大

世界各国经济发展不平衡以及外汇市场运作机制存在着差异，为国际投机炒家进行外汇投机创造了条件，加剧了外汇市场的动荡。

（三）外汇市场的功能

①充当国际金融活动的枢纽。国际金融活动只有通过在外汇市场上买卖外汇才能顺利进行。同时，外汇市场上的外汇交易在很大程度上进一步带动和促进了其他金融市场的交易活动。

②形成外汇价格体系。外汇市场的一个重要功能是确定一国货币的汇率水平和各国货币的汇价体系。在外汇市场上，外汇的买卖方式是公开报价和竞价，最后形成外汇的市场价格，进而确定一国货币的汇率水平和各国货币间的汇价体系。

③调剂外汇余缺，调节外汇供求。

④实现不同地区间的支付结算。

⑤运用操作技术规避外汇风险。

（四）外汇市场的交易机制

外汇市场的交易可以分为三个层次，即商业银行与客户之间的外汇交易、商业银行同业之间的外汇交易和商业银行与中央银行之间的外汇交易。

1. 商业银行与客户之间的外汇交易

一方面，商业银行从客户手中买入外汇；另一方面，商业银行又将外汇卖给客户。实际上，银行在外汇的最终供给者和最终使用者之间起着中间作用，赚取外汇的买卖差价。

2. 商业银行同业之间的外汇交易

商业银行为了规避外汇风险，通过商业银行同业之间的交易，轧平外汇头寸。此外，商业银行还出于投机、套利、套期保值等目的，从事同业之间的外汇交易。在外汇市场上，商业银行同业市场交易额占90%以上，它决定外汇汇率的高低。

3. 商业银行与中央银行之间的外汇交易

中央银行通过与商业银行之间的交易，对外汇市场进行干预。如果某种外汇兑换本币的汇率低于期望值，中央银行就会从商业银行购入该种外币，增加市场对该种外币的需求量，推动其汇率上行；反之，如果中央银行认为该外币的汇率偏高，就向商业银行出售该种外汇的储备，促使其汇率下降。

三、个人外汇理财

（一）外汇储蓄业务

活期储蓄存款起存金额一般不低于人民币20元的等值外汇。定期储蓄存款起存金额一般不低于人民币 50 元的等值外汇，存期有一个月、三个月、六个月、一年和两年。

（二）购汇业务

境内居民因私出境旅游（含港澳游）、探亲会亲、自费留学、其他出境学习、商务考察、出境定居、朝觐、境外就医、境外培训、被聘工作、缴纳境外国际组织会费、境外邮购、境外直系亲属救助、国际交流、外派劳务等项下，均可到相应机构办理用人民币购买外汇业务。

（三）外汇交易业务

1. 普通外汇交易业务

普通外汇交易业务主要是指银行接受个人客户的委托，参照国际金融市场即期汇率，将一种外币买卖成另一种外币的业务。从商业银行角度而言，个人外汇交易属于中间业务。从外汇市场的层次结构来看，个人外汇交易属于零售市场范畴，是外汇市场的有机组成部分。目前，我国不同的银行开展的外汇交易名称有所不同，如中国银行称为外汇宝业务，而工商银行则称为汇市通业务。

我国银行规定，凡持有有效身份证件，具有一定金额外汇，拥有完全民事行为能力的境内居民个人均可进行个人实盘外汇交易。对于普通居民来讲，持有一定的外币现钞或银行外币存单即可进行外汇买卖。个人外汇买卖业务交易的起始金额为 100 美元或等值外币，个别银行甚至取消了起始金额的限制。

2. 个人外汇理财产品

（1）个人外汇可终止理财产品

个人外汇可终止理财产品是一种创新的结构性理财产品，客户在约定的期限内，通过向银行出让提前终止该产品的权利，获得高于同档次普通定期存款利息的投资收益。该产品的特点有：本金安全有保障；收益高于普通定期存款；办理手续像存款一样简单；可以办理质押贷款，更加灵活方便等。

（2）个人外汇"两得"理财产品

个人外汇"两得"理财产品是一种创新的结构性理财产品，是指客户通过向银行出让货币选择权，获得选择权收益的个人外汇理财产品。

3. 个人外汇收益递增型理财产品

个人外汇收益递增型理财产品是一种创新的结构性理财产品，客户在约定的期限内，通过向银行出让一系列提前终止该产品的权利，获得随投资期限递延而分段递增的收益。该产品的发行包括客户预约、定期发行和限额管理三种形式。

4. 个人外汇累积收益型理财产品

个人外汇累积收益型理财产品是一种创新的结构性理财产品，客户在约定的期限内的实际投资收益与伦敦同业拆借利率挂钩累积计算，即伦敦同业拆借利率符合预设条件时，投资者可获得当日投资收益；反之，投资者当日无收益。此外，银行可根据约定，在规定时间享有提前终止理财产品的权利。

任务二 黄金投资

一、黄金

(一) 黄金的特性

黄金是一种贵重金属，也是一种特殊的商品，曾在很长一段时间内担任着货币的职能。黄金稀有而且珍贵，具有储藏、保值、获利等金融属性，极易变现，这是当代黄金的货币和金融属性的一个突出表现。

黄金长久以来一直是一种投资工具。它价值高，并且是一种独立的资源，不受限于任何国家或贸易市场，它与公司或政府也没有牵连。因此，投资黄金通常可以帮助投资者避免经济环境中可能发生的问题，而且，黄金投资是世界上税务负担最轻的投资项目。投资黄金意味着投资于金条、金币甚至金饰品，投资市场中存在着众多不同种类的黄金账户。

为了便于进行市场交易，黄金被制成各种重量的金条，其中最著名的是国际通用的伦敦交割标准金条，标准重量是 350～430 盎司（1 盎司等于 31.1035 克），最常用的是 400 盎司，也就是 12.5 千克。金条含金量的多少被称为成色，通常用百分或者千分含量表示。

例如，上海黄金交易所规定，参加交易的金条成色有 4 种规格：＞99.99％、＞99.95％、＞99.9％、＞99.5％。

(二) 影响黄金价格变动的因素

1. 供求关系及均衡价格

黄金市场的均衡要求黄金的流量市场和存量市场同时达到均衡。如果在一定的价格上，流量市场供大于求，会导致存量市场的供给过剩，进而导致价格下降；反之，则会上升。

2. 通货膨胀

通货膨胀时，产品的名义价格普遍上涨，黄金的名义价格必然相应上升。因此，一般而言，在面对通货膨胀压力的情况下，黄金投资具有保值、增值的作用。

3. 利率

实际利率较高时，持有黄金的机构就会卖出黄金，将所得货币用于购买债券或者其他金融资产来获得更高收益，因此会导致黄金价格的下降。相反，如果实际利率下降，机构急于持有黄金的机会成本（即由此造成的利息损失）就会减少，从而促进黄金需求的增加，导致黄金价格的上升。

4. 汇率

通常情况下，美元是黄金的主要标价货币，如果美元相对于其他货币贬值，则只有黄金的美元价格上升才能使黄金市场重新回到均衡。黄金的收益和股票市场的收益不相关甚至负相关，这个特性通常使它成为投资组合中的一个重要的分散风险的组合资产。

黄金理财产品和其他实物投资理财产品一样，具有内在价值和实用性，抗系统风险的能力强，但也存在市场不充分的风险和自然风险。

二、黄金市场

黄金市场是集中进行黄金买卖的交易场所。黄金交易与证券交易一样，都有一个固定的交易场所，世界各地的黄金市场就是由存在于各地的黄金交易所构成的。黄金交易所一般都在各个国际金融中心，是国际金融市场的重要组成部分。在黄金市场上买卖的黄金形式多种多样，主要有各种成色和重量的金条、金币、金丝和金叶等，其中最重要的是金条。大金条量重价高，是专业金商和中央银行买卖的对象，小金条量轻价低，是私人和企业买卖、收藏的对象。金价按纯金的重量计算，即以金条的重量乘以金条的成色。

（一）黄金市场的主要参与者

黄金市场由供给方和需求方组成。黄金的供给方主要有：产金商、出售或借出黄金的中央银行、打算出售黄金的私人或集团；黄金的需求方主要有：黄金加工商、购入或回收黄金的中央银行、进行保值或投资的购买者。

1. 国际金商

最典型的就是伦敦黄金市场上的五大金行，其自身就是一个黄金交易商。由于其与世界上各大金矿和黄金商有广泛的联系，而且其下属的各个公司又与许多商店和黄金顾客联系，五大金商会根据自身掌握的情况，不断报出黄金的买价和卖价。当然，金商要负责金价波动的风险。

2. 商业银行

参与黄金市场交易的商业银行可以分为两类，一类是仅仅为客户代行买卖和结算，本身并不参加黄金买卖的商业银行，以苏黎世的三大银行为代表，它们充当生产者和投资者之间的经纪人，在市场上起到中介作用；另一类是做自营业务的商业银行，如在新加坡黄金交易所（UOB）里，就有多家自营商会员是银行。

3. 对冲基金

近年来，国际对冲基金尤其是美国的对冲基金活跃在国际金融市场的各个角落。在黄金市场上，几乎每次大的下跌都与基金公司借入短期黄金，在即期黄金市场抛售和在纽约商品交易所黄金期货交易所构筑大量的淡仓有关。一些规模庞大的对冲基金利用与各国政治、工商和金融界千丝万缕的联系，往往较先捕捉到经济基本面的变化，利用管理的庞大资金进行买空和卖空，从而加速黄金市场价格的变化以便从中渔利。

4. 各种法人机构和个人投资者

这里既包括专门出售黄金的公司，如各大金矿、黄金生产商、黄金制品商（如各种工业企业）、首饰行以及私人购金收藏者等，也包括专门从事黄金买卖的投资公司、个人投资者等。根据对市场风险的喜好程度，各种法人机构和个人投资者可以分为避险者和冒险者。前者希望黄金保值而回避风险，希望将市场价格波动的风险降到最低程度，如黄金生产商、黄金消费者等；后者则希望从价格涨跌中获得利益，因此愿意承担市场风险，如各种对冲基金等投资公司。

5. 中央银行

各国的中央银行也是世界黄金市场的重要参与者。尽管世界各国央行的储备黄金总量巨大，但是每年通过减少黄金储备而向世界黄金市场供应黄金的中央银行主要是欧洲的央行，售金协定签约国，其他央行每年售金量极少。

6. 黄金经纪公司

黄金经纪公司是专门代理非交易所会员进行黄金交易，并收取佣金的经纪组织。有的交易所把经纪公司称为经纪行（Commission House）。在纽约、芝加哥、香港等黄金市场里有很多经纪公司，它们本身并不拥有黄金，只是派出场内代表在交易厅里为客户代理黄金买卖，收取客户的佣金。

（二）黄金市场的交易方式

1. 现货黄金交易

最普通的黄金市场交易方式自然是现货交易，不过并非像我们通常所说的一手交钱、一手交货，一般要求在1~2个工作日内完成交割手续。现货黄金交易是黄金市场中最基本的交易，也是其他各种交易的基础。

2. 远期黄金交易

远期交易是从现货交易发展来的，过去在谷物交易中，因为每年收成难以提前确定，收成好了可能卖不上价，收成不好也可能买不到，于是就发展了远期交易。由买主提前向生产者交一定数量的定金，谷物成熟后则由买主按照预先规定好的价格收购。

3. 黄金存贷交易

世界上已经生产出来的黄金中有很大一部分被人长期保存，作为储备或者投资。特别是各国央行持有近3万吨黄金。这些黄金如果仅仅放在仓库里，既要支付保管费，又不能产生任何收益。所以，他们就把这些黄金借给别人用，这些人则要付一些费用，这种借贷活动通常通过商业银行进行，和普通货币借贷的关系是一样的，我们称其为黄金的寄存和借贷。这种交易被称为存贷交易或者租赁交易。

4. 黄金掉期交易

黄金存贷时存入的一方能每年得到利息，但收益比较低。如果希望在贷出的同时得到一笔货币作他用，到期时再赎回来，类似于到典当行里当出去的做法，称为掉期。掉期也可以理解为一个现货交易和一个远期交易的合成。对贷方来说，即卖出现货合约、买入远期合约；对借方来说，即买入现货合约、卖出远期合约，也可以是在两个远期交易合约之间掉期，但两个交易的到期时间不同。

5. 黄金期权交易

黄金期权交易即购买黄金期权的一方在将来一定时间内有选择是否以事先商定的价格买入或卖出一定数量和规格的某种标的物或其合约的权利，而卖方有义务按照规定的条件满足买方未来买卖的要求。买方为获取此权利，须向卖方支付一定的费用，称作权利金。

三、黄金理财方式

（一）现货黄金投资

现货黄金投资是指买卖金条、金币等。金币包括投资性金币和纪念性金币两类。投资性金币又称为普质金币，是世界黄金非货币化后专门用于黄金投资的法定货币。纪念性金币是限量发行并具有明确纪念主题和精美图案的精致金币，具有较高的艺术品特征。在价值上，投资性金币的收益比纪念性金币稳定。金币比较适于少量投资，缺点是国内现在还没有回购，变现不方便。

金条是大家比较熟悉的一种投资方式，与金币类似，也分为投资性金条和纪念性金条两类。由于其价格和原料金价比较接近，买卖中的损失少，比较容易获利。缺点是金条的价值较高，变现不太方便。目前，通过商业银行进行个人实物黄金投资是个人参与实物黄金投资最为重要的渠道。当前，银行系统的实物黄金业务主要包括农行和招行的"高赛尔金条"、建设银行的"龙鼎金"、工商银行的"如意金"等。

（二）纸黄金

纸黄金又称为记账黄金，是一种账面虚拟的黄金，一般由资金实力雄厚、资信程度良好的商业银行、黄金公司或大型黄金零售商发行，投资者只在账务上从事黄金买卖，不做黄金实物的提取交割或存放。纸黄金投资是购买黄金的一种很好的替代方法，因为它不涉及实物，也就可以避免针对黄金的相关保管、储存、鉴定的费用支出，从而加快黄金的流通，提高黄金市场交易的速度。但是，纸黄金不能提取实物，没有保值功能，因此并不能抵御通胀风险。

（三）黄金期货

黄金期货是以黄金为买卖对象推出的一种统一的标准化合约。根据目前我国上海交易所的有关规定，黄金期货合约最低保证金为7%。随着交割月份的临近，保证金比例也会不断提高。进行黄金期货交易，首先需要选择一家期货公司开设账户。黄金期货落户于上海期货交易所（简称上期所），因此对于个人投资者而言，通过上期所经纪会员参与交易是个人进行黄金期货交易的唯一合法途径，投资者可以在上海期货交易所网站上从各会员单位的名单中挑选。开户后，投资者将领取到期货公司为个人申请的上期所的黄金期货交易编码，接下来便可进行期货的交易了。

（四）黄金期权

黄金期权是指规定按事先商定的价格、期限买卖数量标准化的黄金的权利，是最近20多年来出现的一种黄金投资品种，具有较强的杠杆性。与其他商品和金融工具的期权一样，黄金期权分为看涨黄金期权和看跌黄金期权。看涨期权的买者缴付一定数量的期权费，获得在有效期内按商定价格买入数量标准化的黄金的权利；卖者收取了期权费，必须承担满足买者要求，随时按商品价格卖出数量标准化的黄金的义务。看跌期权的买者交付一定数量的期权费，获得在有效期内按商定价格卖出数量标准化的黄金的权利；卖者收取期权费，必须承担满足买者要求，随时按约定价格买入数量标准化的黄金的义务。

任务三　收藏品投资

一、收藏品及其分类

收藏品是指具有艺术观赏价值、收藏价值和非再生性，体现个性和民族性的艺术载体。收藏品是个内涵极其广泛的概念，字画、邮品、珠宝、古董等都属于收藏品的范畴。如何对收藏品进行科学分类，在业内尚有争议。我们只为大家介绍目前常见的几种投资收藏品类型。

（一）艺术品

字画、陶艺、珠宝、雕塑、当代名人瓷器等，都属于艺术品的范畴。艺术品投资是一种中长期投资，其价值随着时间而提升。艺术品投资的收益率较高，但有明显的阶段性。当某种艺术品体现出高收益的时候，其他投资者就会纷纷加入这个市场中，使得收益率下降。

艺术品市场的分割状态严重，地域不同，艺术品价值有很大差异。艺术品投资与个人的偏好有很大关系，不同的艺术品对于不同的投资者来说，价值有较大差异。

艺术品投资具有较大的风险，主要体现在：流通性差，保管难，价格波动较大。

（二）古玩

一般而言，古玩包括玉器、陶瓷、古籍和古典家具、竹刻牙雕、文房四宝、钱币，有时也可外延至根雕、徽章、电话卡及一些民俗收藏品。古玩投资的特点是：交易成本高，流动性低；投资古玩要有鉴别能力；价值一般较高，投资人要具有相当的经济实力。

（三）纪念币和邮票

纪念币是各国政府或中央银行为某一纪念题材而限量发行的具有一定面值的货币。由于纪念币是具有相应纪念意义的货币，其价格构成除了货币的各项要素之外，还包括一定的收藏价值。

邮票的收藏和投资，同收藏艺术品、古玩相比较，其特点是较为平民化，每个人都可以根据自己的财力进行投资。一般而言，邮票发行量固定，一套邮票只会越来越少，随着需求增加，价格便随之上升，而且一般平稳上升，较少出现大起大落的情况。邮票投资的盈利性大于其风险性，且其风险低于股票等证券产品。邮票投资增值多少取决于时间的长短，如果有正确的眼光和足够的耐心，可获得较稳定的收益。

二、收藏品理财策略

人类对收藏品的投资有着漫长的历史。但与其他投资方式相比，收藏品并不算是很好的投资工具。一些收藏品的风险是比较大的，投资者在选择收藏品进行投资时，要保持平和的心态，并进行相应的专业学习，注意控制风险。

（一）要熟悉和掌握市场行情

投资者一般是先以买家的身份入市的，了解市场行情是必须和必要的。要通过各种媒体和自己的信息渠道熟悉市场行情，掌握行情变化的态势和规律，不打无准备之仗。投资者在了解市场时，应重点关注相应的信息，拨云见日，避免被纷纭复杂的现象搞昏头脑，影响正确的决策。

（二）选择好投资范围

收藏品市场的品类繁多，五花八门，既有各类古玩文物，又有新艺术品。

投资交易场所有拍卖会、古玩店、旧货摊、网站等，所面对的艺术品让投资者目不暇接。初进入市场的投资者，一般最好结合自己的兴趣爱好，同时兼顾市场行情来选择投资取向，确立具体投资范围，切忌贪"大"求"多"。有的投资者一开始就把投资范围搞得很大，什么都想吃进，结果反而分散了资金，哪一门都懂一点，哪一门也不精，影响资金回报率。

（三）掌握相关知识

不论投资人最终选定了什么投资方向，都有必要掌握相关的知识和投资规律。字画、陶瓷、玉器、青铜器、铜镜、古钱币、文房四宝、古籍善本等各种品类，都需要学习掌握相应的知识和鉴定方法。即使请人运作，自己也要懂。要进行全面系统的学习，除了书本知识外，更重要的是向专家、古玩商以及在市场摸爬滚打多年的行家里手请教学习。艺术品不论古今，不论中外，非真即伪，不存在第三种情况。如果缺少必要的知识准备，肯定要交"学费"，造成损失。不过，在这里应该向打算进军艺术品市场的准投资人指出，古今中外从未有过没交过"学费"的艺术品交易参与者。失败是成功之母，所有收藏大家、鉴定专家都是从这条路走过来的。有了这样的心理准备，才能不为一时的失败和挫折所动摇，逐步站稳脚跟，逐步走向成熟。

项目小结

本项目主要介绍个人理财的其他理财活动，分别介绍了外汇、黄金和收藏品的含义和特征，说明了各自价格的影响因素，揭示了其中存在的风险，并分析了各种收藏品的投资策略。

本章习题

一、名词解释

外汇　汇率　直接标价法　间接标价法　美元标价法　外汇市场　黄金　黄金市场　现货黄金　纸黄金　黄金期货　黄金期权　收藏品

二、思考讨论题

1. 简述外汇市场的特点和功能。
2. 影响黄金价格变动的因素有哪些？
3. 常见的黄金理财方式有哪些？
4. 常见的收藏品投资有几种类型？

三、案例分析题

3年前，对艺术品市场一腔热情的余女士，在南昌市榕门路开了一家不大不小的古玩店，之后还买了一辆轿车，方便自己到各地跑业务。因为自己不懂行，她就聘请了一位"资深人士"作为"顾问"，除了每月给对方一定金额的工资，每淘到一件"宝贝"还给予一定奖励。可是，这位所谓的资深人士，也并非真正的行家，不过是一位活跃于市场的"捐客"，经他"指教"收来的艺术品多数被行家判为废品。3年来，除了向"顾问"发放工资和奖金之外，余女士的损失超过50万元。

思考：

1. 余女士投资艺术品失败的原因是什么？
2. 个人在进行艺术品投资时需注意哪些问题？

项目十 纳税规划

【知识目标】
1. 了解纳税规划的含义及方法。
2. 掌握我国有关个人各项所得的税收制度。
3. 掌握个人所得税的纳税规划方法。

【能力目标】
1. 能充分理解纳税规划的含义、工具、方法，掌握我国个人所得税的税收制度。
2. 能熟练运用所学知识计算各项个人所得税纳税额并能合理地为自己及客户进行个人所得税方面的规划。

任务一　纳税规划概述

一、纳税规划的概念

税收的基本特征决定了税收征纳双方的矛盾。从纳税人利益考虑，纳税规划行为由来已久。可以这样说，当税收经济现象产生以后，作为税收的负担者——纳税人，不论是有意还是无意，减轻税负的现象就产生了。

从减轻税负角度讲，纳税规划包括避税规划和节税规划。避税规划是指纳税人在熟知税法的基础上，利用税法中客观存在的漏洞或缺陷，运用各种合法的手段，对涉税事项进行精心安排，以期达到税负最小的筹划行为。节税规划是指在税法规定的范围内，当存在多种税收政策、计税方法可供选择时，纳税人以税负最低为目标，对其经济活动进行的涉税选择行为。一些国家对节税与避税是不区分的，但将这两个概念加以区分将会更科学，也便于体现政府公共事务管理中的公民权利。

从规避风险角度讲，纳税规划还包括规避涉税风险的规划。涉税风险是指纳税人针对涉税问题采取各种应对行为，所可能涉及的风险。由于各种原因，一些纳税人不仅不能减轻自身税负，反而超出法律规定的义务多缴了税款，这虽然可以在法律上免除违法责任与风险，但是其自身利益却会受到损害。纳税人承担了经济利益受损的风险。

二、纳税规划的原则

虽然说纳税规划是纳税主体的权利，但因其过程和涉及对象的复杂性，为了避免纳税人非法减少应纳税行为的发生,使其恰当地行使权利,必须遵循一定的原则来进行规划。纳税规划的基本原则是合法性、效益性、公开性等原则。

三、掌握纳税规划的基本方法

纳税规划方法是指在合法的前提下,使纳税人尽量减少税负的手段和技巧。其主要方法包括:利用税收优惠政策,利用税率差异技术手段、税收扣除技术手段、税收抵免技术手段、优惠退税技术手段,通过分散税基实现纳税规划,通过延期纳税实现纳税筹划,通过税负转嫁实现纳税筹划。

任务二 个人所得税概述

一、个人所得税的纳税人

个人所得税是对我国居民的来自境内外的各项所得,以及非居民来自境内的所得征收的一种税收。

(一)个人所得税纳税人的确定

个人所得税的纳税人是指在中国境内有住所,或者虽无住所但在境内居住满1年,以及无住所又不居住或居住不满1年但有从中国境内取得所得的个人。包括中国公民、个体工商户,外籍个人,中国香港、澳门、台湾同胞等。

依据住所和居住时间两个标准,纳税义务人被区分为居民纳税人和非居民纳税人。

(二)居民纳税义务人的判定

作为中国居民的个人,是指在中国境内有住所,或无住所,但在中国境内居住满1年的个人。我国的居民纳税人,应就其所取得的应纳税所得,无论是来源于中国境内还是中国境外,依法向我国政府缴纳个人所得税,履行全面的纳税义务。

1. 关于"住所"的判定

所谓在中国境内有住所的个人,是指因户籍、家庭、经济利益关系而在中国境内习惯性居住的个人。习惯性居住不是指实际居住或在某一特定时期内的居住地,而是指个人因学习、工作、探亲、旅游等原因消除后,没有理由在其他地方继续居留时所要回到的地方。例如,某人因出国留学在中国境外居住,尽管其在一个纳税年度,甚至连续几个纳税年度都未在中国境内居住过一天,但留学结束后,如果他必须回到中国境内居住,则中国为该人的习惯性居住地,该人为中国居民纳税义务人。

2. 关于"居住时间"的判定

所谓在境内居住满1年,是指在一个纳税年度内,在中国境内居住满365日。在居住期间内临时离境的,即在一个纳税年度内,一次离境天数不超过30日或多次累计不超过90日的,视为在华居住,不扣减天数,连续计算。

【案例】

一名外籍人员从2018年11月起到中国境内公司任职,在2019年,曾于3月8日至15

日离境回国，12月25日至12月31日又离境回国一次。请判断该纳税人是否为我国的居民纳税人。

注意：我国税法规定的住所标准和居住时间标准，是判定居民身份的两个并列性标准，个人只要符合或达到其中任何一个标准，就可以被认定为是我国的居民纳税人。

（二）非居民纳税义务人的判定

非居民纳税义务人，是指在中国境内无住所而又不居住，或无住所而在中国境内居住不满1年的个人。即非居民纳税义务人的习惯性居住地不在中国境内，而且在一个纳税年度内未在中国境内居住过，或虽然居住但不满1年。非居民纳税人仅就其来源于中国境内的所得，向中国缴纳个人所得税。

二、个人所得税的征税对象

个人所得税的征税对象是个人取得的各项应税所得。在《个人所得税法》中列举了征收个人所得税的个人所得项目，共计11项。应税所得项目的具体内容如下。

（一）工资、薪金所得

工资、薪金所得，是指个人因任职或受雇而取得的工资、薪金、奖金、年终加薪、劳动分红、津贴、补贴以及与任职或者受雇有关的其他所得。

按照税法规定，年终加薪、劳动分红不分种类和取得情况，一律按工资、薪金所得课税。但对津贴、补贴中的下列项目不予征税。

①独生子女补贴。
②托儿补助费。
③差旅费津贴、误餐补助。
④执行公务员工资制度未纳入基本工资总额的补贴、津贴差额和家属成员的副食品补贴。

（二）经营所得

经营所得是指纳税人从事生产经营所取得的各项所得，具体包括以下所得。

①个体工商户从事工业、手工业、建筑运输业、商业、饮食业、服务业、修理业以及其他行业生产、经营取得的所得。
②个人经有关部门批准，取得执照，从事办学、医疗、咨询以及其他有偿服务活动取得的所得。
③个体工商户及其他个人从事个体工商业生产、经营取得的所得。
④个人对企事业单位的承包、承租经营所得。
⑤个人独资企业及合伙企业比照执行。

（三）劳务报酬所得

劳务报酬所得，指个人独立从事各种非雇佣劳务取得的所得。包括个人从事设计、装潢、安装、制图、化验、测试、医疗、法律、会计、咨询、讲学、新闻、广播、翻译、审稿、书画、雕刻、影视、录音、演出、表演、广告、展览、技术服务、介绍服务、经纪服务、代办服务以及其他劳务报酬的所得。个人担任董事职务且不在公司任职受雇取得的董事费收入，按劳务报酬所得项目征税。

注意：劳务报酬所得与工资、薪金所得有明显区别。劳务报酬所得属于独立个人劳务的所得，不存在雇佣与被雇佣的关系。如某教师从学校领取工资，属工资、薪金所得项目；该教师自行举办学习班、培训班取得的办班收入或课酬所得，就属于劳务报酬所得。

（四）稿酬所得

稿酬所得，是指个人因其作品以图书、报刊形式出版、发表而取得的所得。这里所说的作品，包括文字作品、书画作品、摄影作品，以及其他作品。作者去世后，财产继承人取得的遗作稿酬，也按稿酬所得征收个人所得税。

对报纸、杂志、出版等单位的职员在本单位的刊物上发表作品、出版图书取得所得征税问题的特别规定。

①任职、受雇于报纸、杂志等单位的记者、编辑等专业人员，因在本单位的报刊、杂志上发表作品取得的所得，与其当月工资收入合并，按"工资、薪金所得"项目征收。除上述专业人员以外，其他人员在本单位的报刊、杂志上发表作品取得的所得，应按"稿酬所得"项目征税。

②出版社的专业作者撰写、编写或翻译的作品，由本社以图书形式出版而取得的稿费收入，应按"稿酬所得"项目计算缴纳。

（五）特许权使用费所得

特许权使用费所得，是指个人提供专利权、商标权、著作权、非专利权以及其他特许权的使用权取得的所得。

根据税法规定，提供著作权的使用权取得的所得，不包括稿酬所得。对于作者将自己的文字作品手稿原件或复印件公开拍卖（竞价）取得的所得，属于提供著作权的使用所得，应按特许权使用费所得项目征收个人所得税。

个人取得特许权的经济赔偿收入，应按"特许权使用费所得"应税项目缴纳个人所得税，税款由支付赔款的单位或个人代扣代缴。

编剧从电视剧的制作单位取得的剧本使用费，按"特许权使用费所得"项目征税。

（六）利息、股息、红利所得

利息、股息、红利所得，是指个人拥有债权、股权而取得的利息、股息、红利所得。其中利息一般是指存款、贷款和债券的利息。股息是指个人拥有股权，从公司或企业取得的按照一定比率派发的每股息金；红利则是根据公司或企业分配给股东的，超过股息部分按股派发的利润。个人取得的上述所得，除另有规定外，均应缴纳个人所得税。

特别规定：

①自2008年10月9日起，储蓄存款利息、个人结算账户利息所得税暂免。

②职工个人取得的量化资产：对职工个人以股份形式取得的仅作为分红依据，不拥有所有权的企业量化资产，不征收个人所得税；对职工个人以股份式取得的企业量化资产参与企业分配而获得的股息、红利，应按"利息、股息、红利"项目征收个人所得税。

（七）财产租赁所得

财产租赁所得，是指个人出租建筑物、土地使用权、机器设备、车船以及其他财产取得的所得。个人取得的财产转租收入也属于财产租赁所得，由财产转租人缴纳个人所得税。

（八）财产转让所得

财产转让所得，是指个人转让有价证券、股权、建筑物、土地使用权、机器设备、车船以及其他财产取得的所得。个人取得的各项财产转让所得，都要征收个人所得税。但对股票转让所得暂不征收个人所得税，对个人转让自用5年以上并且是家庭唯一生活用房取得的所得免税。

（九）偶然所得

偶然所得，是指个人得奖、中奖、中彩以及其他偶然性质的所得。得奖是指参加各种有奖竞赛活动，取得名次得到的奖金；中奖、中彩是指参加各种有奖活动，如有奖销售、有奖储蓄，或购买彩票，经过规定程序，抽中、摇中号码而取得的奖金。对个人购买社会福利有奖募捐一次中奖不超过1万元的，暂免征收个人所得税，超过1万的全额征税。企业对累计消费达到一定额度的顾客，给予额外抽奖机会，个人的获奖所得属于偶然所得，全额征税。

由于偶然所得具有不确定性、不可预见性、偶然性和多样性，除了税法规定的得奖、中奖、中彩等所得外，其他偶然性所得的征税问题，需税务机关依法具体认定。

（十）其他所得

其他所得是指除上面列举的各项个人应税所得外，其他确有必要征税的，以及难以界定应税项目的个人所得。如个人因任职单位缴纳有关保险费用而取得的无赔款优待收入；股民个人从证券公司取得的回扣或交易手续费返回收入等。

三、个人所得税的税率

个人所得税分别按所得的项目，规定了超额累进税率和比例税率两种形式。

（一）综合所得适用的税率

综合所得适用的税率见表10－1。

个人所得税税率表一
（综合所得适用）

级数	全年应纳税所得额	税率（%）
1	不超过36 000元的	3
2	从36 000元至144 000元的部分	10
3	从144 000元至300 000元的部分	20
4	从300 000元至420 000元的部分	25
5	从420 000元至660 000元的部分	30
6	从660 000元至960 000元的部分	35
7	超过960 000元的部分	45

注1：本表所称全年应纳税所得额是指依照本法第六条的规定，居民个人取得综合所得以每一纳税年度收入额减除费用六万元以及专项扣除、专项附加扣除和依法确定的其他扣除后的余额。综合所得指：工资、薪金所得，劳务报酬所得，稿酬所得，特许权使用费所得。

注2：非居民个人取得工资、薪金所得，劳务报酬所得，稿酬所得和特许权使用费所得，依照本表按月换算后计算应纳税额。

个体工商户的生产、经营所得和对企事业单位的承包经营、承租经营所得适用的税率见表10-2。

表10-2　个人所得税税率表二
（经营所得适用）

级数	全年应纳税所得额	税率（%）
1	不超过30 000元的	5
2	从30 000元至90 000元的部分	10
3	从90 000元至300 000元的部分	20
4	从300 000元至500 000元的部分	30
5	超过500 000元的部分	35

注：本表所称全年应纳税所得额是指依照本法第六条的规定，以每一纳税年度的收入总额减除成本、费用以及损失后的余额。

（二）其他所得适用的税率

特许权使用费所得，利息、股息、红利所得，财产租赁所得，财产转让所得，偶然所得和其他所得，均适用20%的比例税率。但对居民个人按市价出租居住用房取得的租金所得，从2008年3月1日起按10%税率计税。

任务三　个人所得税应纳税额的计算方法

一、个人所得税应纳税额的确定

个人所得税的应纳税所得额是个人取得的各项收入减去税法规定的扣除项目或扣除金额之后的余额。如实确定应纳税所得额是依法征收个人所得税的基础和前提。我国现行的个人所得税采取分项确定、分类扣除，根据其所得的不同情况分别实行定额、定率和会计核算三种扣除办法。

（一）应纳税所得额的一般规定

①工资、薪金所得，以每月收入减除费用3 500元后的余额，为应纳税所得额。

$$应纳税所得额 = 月工资、薪金收入 - 费用扣除标准3\,500元$$

②个体工商户的生产、经营所得，采用会计核算办法，以每一纳税年度的收入总额减除成本、费用以及损失后的余额为应纳税所得额。

$$应纳税所得额 = 收入总额 - (成本 + 费用 + 损失 + 准予扣除的税金) - 规定的费用减除标准3\,500元$$

③对企事业单位的承包经营、承租经营所得，采用会计核算办法，以每一纳税年度的收入总额减除必要费用后的余额为应纳税所得额。所说的"纳税年度收入总额"，是指纳税人按承包经营、承租经营合同规定分得的经营利润和工资、薪金性质的所得。所说的"必要费用"是指按月减除3 500元，全年可减除42 000元。

应纳税所得额 = 个人承包、承租经营收入总额 − 每月费用扣除标准3 500元 ×
实际承包或承租月数

④劳务报酬所得、稿酬所得、特许权使用费所得、财产租赁所得，每次收入减除20%的费用，其余额为应纳税所得额。

⑤财产转让所得，以转让财产的收入额减除财产原值和合理费用后的余额，为应纳税所得额。所说的"合理费用"是指卖出财产时按规定支付的有关费用。

⑥利息、股息、红利所得，偶然所得和其他所得，以每次收入额为应纳税所得额，没有费用扣除问题。

（二）应纳税所得额的特殊规定

1. 附加减除费用

附加减除费用只是针对应税项目中的工资、薪金所得做出的特殊规定，其目的是不因征收个人所得税而加重外籍人员和在境外工作的中国公民的税收负担。

（1）适用附加减除费用的纳税人

适用附加减除费用的纳税人可归纳为以下三类。

第一，在中国境内的外商投资企业和外国企业中工作，取得工资、薪金所得的外籍人员。

第二，应聘在中国境内的企业、事业单位，社会团体，国家机关工作，取得工资、薪金所得的外籍专家。

第三，在中国境内有住所而在中国境外任职或受雇取得工资薪金所得的中国公民。

第四，财政部确定的其他人员，如远洋运输船员的工资、薪金所得。

此外，附加减除费用也适用于华侨和港澳台同胞。

（2）附加减除费用标准

上述适用范围内的人员，每月工资、薪金所得，在减除3 500元费用的基础上，再减除1 300元，即每月减除4 800元。

应纳税所得额 = 月工资、薪金收入 − 费用扣除标准3 500元 − 附加减除费用标准1 300元

2. 每次收入的确定

个人所得税中有7个应税所得项目明确规定按次计算征税，即每次收入都可以减除定额或定率的费用标准，以其余额计算应纳税额。如何准确划分"次"，对于维护纳税人合法权益，避免税收漏洞都十分重要。为此，税法按不同应税项目做出如下具体规定。

（1）劳务报酬所得

劳务报酬所得，根据不同劳务项目的特点，分别规定为：

第一，只有一次性收入的，以取得该项收入为一次。

第二，属于同一事项连续取得收入的，以一个月内取得的收入为一次，不能以每天取得的收入为一次。

（2）稿酬所得

稿酬所得，以每次出版、发表取得的收入为一次，具体可分为：

第一，同一作品再版取得的所得，应视为另一个稿酬所得计征个人所得税。

第二，同一作品先在报刊上连载，然后再出版，或者先出版，再在报刊上连载的，应视为两次稿酬所得征税，即连载作为一次，出版作为另一次。

第三，同一作品在报刊上连载取得收入的，以连载完成取得的所有收入合并为一次计征个人所得税。

第四，同一作品在出版和发表时，以预付稿酬或分次支付稿酬等形式取得的稿酬收入，应合并计算为一次。

第五，同一作品出版、发表后，因添加印数而追加稿酬的，应与以前出版、发表时取得的稿酬合并计算为一次。

(3) 特许权使用费所得

特许权使用费所得，以某项使用权的一次转让所取得的收入为一次。如果该次转让取得的收入是分笔支付的，以一个月内取得的收入为一次。

第一，财产租赁所得，以一个月内取得的收入为一次。

第二，利息、股息、红利所得，以支付利息、股息、红利取得的收入为一次。

第三，偶然所得以每次收入为一次。

第四，其他所得以每次收入为一次。

二、个人所得税应纳税额的计算

(一) 工资、薪金所得的计税方法

一般工资、薪金所得，按月计征税款，适用表10-1七级超额累进税率，按每月应税收入定额扣除3 500元或4 800元，作为应纳税所得额，并按适用税率计算应纳税额。

$$应纳税额 = 应纳税所得额 \times 适用税率 - 速算扣除数$$
$$= (每月收入额 - 3\ 500或4\ 800元) \times 适用税率 - 速算扣除数$$

【例10-1】刘易斯先生为来华工作的英籍专家，2012年8月份工资收入为40 000元。试问，该英籍专家2012年8月份应纳税额是多少？

例题解析：

应纳税所得额 = 40 000 - 4 800 = 35 200元

应纳税额 = 35 200 × 30% - 2 755 = 7 805元

【例10-2】年经理为中国公民，2012年的下半年每月工资收入5 000元。计算该经理下半年应纳个人所得税额。

例题解析：

每月应纳税额 = (5 000 - 3 500) × 3% - 0 = 45元

下半年应纳个人所得税额 = 45 × 6 = 270元

(二) 经营所得的计税方法

经营所得适用表10-2五级超额累进税率，以其应纳税所得额按适用税率计算应纳

税额。

$$应纳税额 = 应纳税所得额 \times 适用税率 - 速算扣除数$$

对于个体工商户的生产经营所得的应纳税额，实行按年计算、分月或分季预缴、年终汇算清缴、多退少补的征税方式。因此，需要分别计算按月预缴税额和年终汇算清缴税额。

$$本月应预缴税额 = 本月累计应纳税额所得额 \times 适用税率 - 速算扣除数 - 上月累计已预缴税额$$

$$全年应纳税额 = 全年应纳税所得额 \times 适用税率 - 速算扣除数$$

$$汇算清缴税额 = 全年应纳税额 - 全年累计已预缴税额$$

【例10-3】某市一个体工商户，账证齐全，2012年12月的营业额为120 000元，购进菜、肉、蛋、面粉、大米等原料费为60 000元，缴纳电费、水费、房租、煤气费等为15 000元，缴纳其他税费合计6 600元。当月支付给4名雇员工资共计4 800元，业主个人费用扣除标准为3 500元。1至11月累计应纳税所得额为55 600元，1至11月累计已预交个人所得税为14 397.5元。计算该个体户12月份应缴纳的个人所得税。

例题解析：

12月份应纳税所得额 = 120 000 - 60 000 - 15 000 - 6 600 - 4 800 - 3 500 = 30 100元

全年累计应纳税所得额 = 55 600 + 30 100 = 85 700元

12月份应纳个人所得税 = 85 700 × 30% - 9 750 - 14 397.5 = 1 563.5元

【例10-4】崔明承包经营锦绣商场，2018年度领得工资、薪金20 000元，承包经营利润80 000元。成本费用为42 000元，试计算崔明2012年度应纳个人所得税税额。

例题解析：

全年应纳所得额 = (20 000 + 80 000) - 42 000 = 58 000元

全年应纳税额 = 58 000 × 20% - 3 750 = 7 850元

(三) 劳务报酬所得的计税方法

劳务报酬所得适用20%的比例税率，其应纳税额的计算为：

$$应纳税额 = 每次收入额 \times (1 - 20\%) \times 20\%$$

若纳税人的每次应税劳务报酬应纳税所得额超过20 000元，应实行加成征税，其应纳税额依据相应税率和速算扣除数计算。

$$应纳税额 = 应纳税所得额 \times 适用税率 - 速算扣除数$$
$$= 每次收入额 \times (1 - 20\%) \times 适用税率 - 速算扣除数$$

【例10-5】著名演员刘某在中国境内的一场演出中，出场费为80 000元，计算其应纳个人所得税税额。

例题解析：

应纳税所得额 = 80 000 × (1 - 20%) = 64 000元

应纳税额 = 64 000 × 40% - 7 000 = 18 600元

(四) 稿酬所得的计税方法

稿酬所得以个人每次取得的收入定率减除规定费用后的余额作为应纳税所得额,适用20%的比例税率,并按规定对应纳税额减征30%的所得税。应纳税额计算公式如下:

$$应纳税额 = 每次收入额 \times (1-20\%) \times 20\% \times (1-30\%)$$

【例10-6】 作家谭某出版一部小说,获稿酬60 000元,问该作家应纳多少个人所得税?

例题解析:
应纳税所得额 = 60 000 × (1-20%) = 48 000元
应纳税额 = 48 000 × 20% × (1-30%) = 6 720元

(五) 特许权使用费所得的计税方法

特许权使用费所得适用20%的比例税率,其应纳税额的计算如下:

$$应纳税额 = 应纳税所得额 \times 适用税率$$

①每次收入不足4 000元的,应纳税额 = (收入-800) × 20%。
②每次收入4 000元以上的,应纳税额 = 收入 × (1-20%) × 20%。

注意:对个人从事技术转让中所支付的中介费,若能提供有效合法凭证,允许从其所得中扣除。

【例10-7】 小江获得一项技术专利,2012年5月小江将该专利权转让给顺达公司,获人民币20万元,问小江应纳多少个人所得税?

例题解析:
应纳税所得额 = 200 000 × (1-20%) = 160 000元
应纳税额 = 160 000 × 20% = 32 000元

(六) 财产租赁所得的计税方法

财产租赁所得以个人每次取得的收入(一个月内取得收入为一次),定额或定率减除规定费用后的余额作为应纳税所得额,并按照20%的税率计算应纳税额。计算公式如下:

①每次收入不足4 000元的,应纳税额 = (收入-800) × 20%。
②每次收入4 000元以上的,应纳税额 = 收入 × (1-20%) × 20%。

个人出租财产取得的财产租赁收入,在计算缴纳个人所得税时,应依次扣除以下费用,并按10%计算征收个人所得税(自2001年1月1日起):
①财产租赁过程中缴纳的税费。税费包括营业税、城建税、房产税及教育费附加。
②向出租方支付的租金。
③由纳税人负担的该出租财产实际开支的修缮费用,允许扣除的修缮费用扣除标准,按照每次800元为限,一次扣不完的,可在以后扣除。

另外,准予扣除的修缮费用需能够提供有效、准确的凭证,证明是由纳税人负担的该出租财产实际开支的修缮费用。

④税法规定的费用扣除标准。

其应纳税所得额的计算为：

每次收入不超过4 000元的，应纳税所得额 = 收入 - 税费 - 修缮费用(800 为限) - 800 (费用额)。

每次收入超过4 000元的，应纳税所得额 = (收入 - 税费 - 修缮费用) × (1 - 20%)。

【例10 - 8】中国公民王某2012年1月1日起，将其位于市区的一套公寓住房按市价出租，每月收取租金3 800元。1月因卫生间漏水发生修缮费用1 200元，已取得合法有效的支出凭证。试计算前两个月王某出租住房的应纳个人所得税额（不考虑其他税费）。

例题解析：

应纳个人所得税 = (3 800 - 800 - 800) × 10% + (3 800 - 400 - 800) × 10% = 480(元)

（七）财产转让所得的计税方法

财产转让所得适用20%的比例税率，其应纳税额的计算为：

$$应纳税额 = (收入总额 - 财产原值 - 合理税费) × 20\%$$

其中，关于财产原值的确定，根据财产的不同形式，分别加以确定。

①有价证券，为买入价及买入时按照规定缴纳的有关费用。而转让债权一般采用"加权平均法"确定财产原值和合理费用。

一次卖出某一种类的债权允许扣除的买价和费用 = 购进该种债券买入价和买进过程中缴纳的税费总和 ÷ 购进该种类债券总数量 × 一次卖出的该种类债券数量 + 卖出的该种类债权过程中缴纳的税费

②建筑物，为建造费或者购进价格及其他的有关费用。

③土地使用权，为取得土地使用权支付的金额、开发土地的费用及其他有关费用。

④机器设备、车船，为购进价格、运输费用、安装及其他有关费用。

⑤其他财产，参照以上方法确定。若纳税人未提供完整、准确的财产原值凭证，不能确定财产原值的，由主管税务机关核定其财产原值。

有关"合理费用"的确定，是指卖出财产时按照规定支付的有关费用。

【例10 - 9】王某2012年2月转让一套住房给刘某，取得转让收入220 000元。该套住房购进时的原价为180 000元，转让时支付有关税费15 000元。计算王某转让房产应缴纳的税额。

例题解析：

应纳税所得额 = 220 000 - 180 000 - 15 000 = 25 000元

应纳税额 = 25 000 × 20% = 5 000元

（八）利息、股息、红利所得的计税方法

应纳税额 = 应纳税所得额 × 适用税率 = 每次收入额 × 20%

注意：

①股份制企业以股票形式向股东个人支付应得的股息、红利时，应以派发红股的股票票面金额为所得额，计算征收个人所得税。

②对个人投资者从上市公司取得的股息红利所得，减按50%计入个人应纳税所得额。

③对证券投资基金从上市公司分配取得的股息红利所得，在代扣代缴个人所得税时，也暂减按50%计入个人应纳税所得额。

【例10-10】2009年5月，孟某获得A上市公司派发的红股10 000股。红股票面价值为1元/股，派发当日股票市值4元/股。试计算孟某获得的红股应缴纳的个人所得税。

例题解析：

对于股份制企业在分配股息、红利时，以股票形式向股东个人支付应得的股息、红利（即派发红股），应以派发红股的股票票面金额为收入额，计算征收个人所得税。对个人投资者从上市公司取得的股息红利所得，自2005年6月13日起，暂减按50%计入个人应纳税所得额。依照现行税法规定计征个人所得税。

应纳个人所得税 = 10 000 × 1 × 50% × 20% = 1 000（元）

（九）偶然所得及其他所得的计税方法

偶然所得适用20%的比例税率，其应纳税额为：

$$应纳税额 = 应纳税所得额(每次收入额) \times 20\%$$

任务四　个人所得税的特殊计税方法及税收优惠政策

一、个人所得税的特殊计税方法

（一）个人取得全年一次性奖金等应纳个人所得税的计算

1. 基本定义

全年一次性奖金是指行政机关、企事业单位等扣缴义务人根据其全年经济效益和对雇员全年工作业绩的综合考核情况，向雇员发放的一次性奖金。一次性奖金也包括年终加薪、实行年薪制和绩效工资办法的单位根据考核情况兑现的年薪和绩效工资。

2. 征收办法

纳税人取得全年一次性奖金，单独作为一个月工资、薪金所得计算纳税，由扣缴义务人发放时代扣代缴。

①先将雇员当月内取得的全年一次性奖金除以12个月，按其商数确定适用税率和速算扣除数。

如果在发放年终一次性奖金的当月，雇员当月工资薪金所得低于税法规定的费用扣除额，应将全年一次性奖金减除"雇员当月工资薪金所得与费用扣除额的差额"后的余额，按上述办法确定全年一次性奖金的适用税率和速算扣除数。

②将雇员个人当月内取得的全年一次性奖金，按上述第1条确定的适用税率和速算扣除数计算征税，计算公式如下。

情况一，如果雇员当月工资薪金所得高于（或等于）税法规定的费用扣除额，适用公式为：

$$应纳税额 = 雇员当月取得全年一次性奖金 \times 适用税率 - 速算扣除数$$

情况二，如果雇员当月工资薪金所得低于税法规定的费用扣除额，适用公式为：

$$应纳税额 = (雇员当月取得全年一次性奖金 - 雇员当月工资薪金所得与费用扣除额的差额) \times 适用税率 - 速算扣除数$$

注意：

一是，在一个纳税年度内，对每一个纳税人，该计税办法只允许采用一次。

二是，雇员取得除全年一次性奖金以外的其他各种名目奖金，如半年奖、季度奖、加班奖、先进奖、考勤奖等，一律与当月工资、薪金收入合并，按税法规定缴纳个人所得税。

【例10-11】假定张某2012年在我国境内全年每月工资为3 000元，12月31日又一次性领取了年终奖金18 500元。请计算张某取得该笔奖金应缴纳的个人所得税。

例题解析：

确定该笔奖金适用的税率级次：

按照12个月分摊后，每月的奖金数额为：[18 500 - (3 500 - 3 000)] ÷ 12 = 1 500元，对应税率为3%。

计算应纳个人所得税额为：

应纳税额 = （奖金收入 - 当月工资与费用扣除额3 500元的差额）× 适用税率 - 速算扣除数
= [18 500 - (3 500 - 3 000)] × 3% = 540 元

（二）境外缴纳税额抵免的方法

对于居民纳税人，为了避免重复征税和维护我国的税收权益，对其从中国境外取得的所得，准予其在应纳税额中扣除已在境外缴纳的个人所得税税款，但扣除额不得超过该纳税人境外所得依照税法规定计算的应纳税额。

1. 确定境外所得实缴税额

依照所得来源国税法规定应当且实际缴纳的税额。

2. 确定我国税法准予抵免限额

个人所得税的抵免限额采用分国限额抵免法。对分别来自不同国家或地区和不同应税项目，依照税法规定的费用减除标准和适用税率计算抵免限额。同一国家、地区内不同项目应纳税额之和为这个国家（地区）的抵免限额。

3. 确定允许抵免额

允许抵免额要分国确定，对一国或地区所得的抵免限额与实缴该国或地区的税款之间相比较：

境外实际已缴数 < 抵免限额时，在中国补缴差额部分税款。

境外实际已缴数＞抵免限额时,在中国本年无须补交税款,超出部分可在以后5年中,在该国家(地区)抵免限额的余额中补扣。

4. 申请抵免

境外缴纳税款的抵免必须由纳税人提出申请,并提供境外税务机关填发的完税凭证原件。

5. 应纳税额的计算

应纳税额 = ∑(来自某国或地区的所得 − 费用减除标准)×适用税率 − 速算扣除数 − 允许抵免额

(三) 两人以上共同取得同一项目收入的计税方法

两个或两个以上的个人共同取得同一项目收入的,如编著一本书、参加同一场演出等,应当对每个人取得的收入分别按照税法规定减除费用后计算纳税,即实行"先分、后扣、再税"的办法。

【例10-12】某高校5位教师共同编写出版一本50万字的教材,共取得稿酬收入21 000元。其中主编一人得主编费1 000元,其余稿酬5人平分。计算各教师应缴纳的个人所得税。

例题解析:

(1) 扣除主编费后所得 = 21 000 − 1 000 = 20 000 (元)
(2) 平均每人所得 = 20 000 ÷ 5 = 4 000 (元)
(3) 主编应纳税额 = [(1 000 + 4 000)×(1 − 20%)]×20%×(1 − 30%) = 560(元)
(4) 其余4人每人应纳税额 = (4 000 − 800)×20%×(1 − 30%) = 448(元)

二、个人所得税的优惠政策

为鼓励科学发明,支持社会福利、慈善事业和照顾某些纳税人的实际困难,个人所得税法对有关所得项目给予免税、减税的税收优惠,主要有以下几项。

(一) 免税项目

①省级人民政府、国务院部委和中国人民解放军以上单位,以及外国组织、国际组织颁发的科学、教育、技术、文化、卫生、体育、环境保护等方面的奖金。

②国债和国家发行的金融债券利息。其中,国债是国家财政部发行的债券;国家发行的金融债券,指经国务院批准发行的金融债券。

③按照国家统一规定发给的补贴、津贴。其是指按照国务院规定发给的政府特殊津贴和国务院规定免纳个人所得税的补贴和津贴。

④福利费、抚恤金和救济金。福利费是指根据国家有关规定,从企业、事业单位、国家机关、社会团体提留的福利费或者工会经费中支付给个人的生活补助费;救济金是指国家民政部门支付给个人的生活困难补助费。

⑤保险赔款。

⑥军人的转业安置费、复员费。

⑦按国家统一规定发给干部、职工的安家费、退职费、退休工资、离休工资、离休生活

补助费。其中，退职费是指符合国务院规定的退职条件，并按规定的退职费标准领取的退职费。

⑧依照我国有关法律规定应予免税的各国驻华使馆、领事馆的外交代表、领事官员和其他人员的所得。

⑨中国政府参加的国际公约以及签订的协议中规定免税的所得。

⑩个人取得的教育储蓄存款利息所得。

⑪经国务院财政部门批准免税的所得。

（二）减税项目

有下列情形之一的，经批准可以减征个人所得税。

①残疾、孤老人员和烈属的所得。

②因严重自然灾害造成重大损失的。

③其他经国务院财政部门批准减税的。

上述减税项目的减征幅度和期限，由省、自治区、直辖市人民政府规定。对残疾人个人取得的劳动所得才适用减税规定，具体所得项目为：工资薪金所得、个体工商户的生产经营所得、对企业事业单位承包和承租所得、劳务报酬所得、稿酬所得和特许权使用费所得。

（三）暂免征税项目

①外籍个人以非现金形式或实报实销形式取得的住房补贴、伙食补贴、搬迁费、洗衣费。

②外籍个人按合理标准取得的境内、外出差补贴。

③外籍个人取得的探亲费、语言训练费、子女教育费等，经当地税务机关审核批准为合理的部分。

④外籍个人从外商投资企业取得的股息、红利所得。

⑤个人举报、协查各种违法、犯罪行为而获得的奖金。

⑥个人办理代扣代缴税款手续，按规定取得的扣缴手续费。

⑦个人转让自用达5年以上并且是唯一的家庭居住房取得的所得。

⑧达到离休、退休年龄，但确因工作需要，适当延长离休、退休年龄的高级专家（指享受国家发放的政府特殊津贴的专家、学者），其在延长离休、退休期间的工资、薪金所得。

⑨对个人购买福利彩票、赈灾彩票、体育彩票，一次中奖收入在1万元以下的（含1万元），暂免征收个人所得税；超过1万元的，全额征收个人所得税。

⑩凡符合下列条件之一的外籍专家取得的工资、薪金所得，可免征个人所得税：

根据世界银行专项贷款协议由世界银行直接派往我国工作的外国专家。

联合国组织直接派往我国工作的专家。

为联合国援助项目来华工作的专家。

援助国派往我国专为该国无偿援助项目工作的专家。

根据两国政府签订的文化交流项目来华工作两年以内的文教专家，其工资、薪金所得由该国负担的。

根据我国大专院校国际交流项目来华工作两年以内的文教专家，其工资、薪金所得由该国负担的。

通过民间科协来华工作的专家,其工资、薪金所得由该国政府机构负担的。

⑪城镇企业事业单位及其职工个人按照《失业保险条例》规定的比例,实际缴付的失业保险费,均不计入职工个人当期的工资、薪金收入,免予征收个人所得税。

企业和个人按照国家或地方政府规定的比例,提取并向指定金融机构实际缴付的住房公积金、医疗保险金、基本养老保险金,免予征收个人所得税。

⑫个人领取原提存的住房公积金、医疗保险金、基本养老保险金,以及具备《失业保险条例》规定条件的失业人员领取的失业保险金,免予征收个人所得税。

(四) 个人所得税法专项扣除

子女教育、继续教育、大病医疗、住房贷款利息、住房租金和赡养老人等6项专项附加扣除。

任务五　个人所得税的规划

一、工作收入方面的所得税规划

(一) 应税收入福利化

以税务部门认可的各种补贴方式(如提供宿舍、伙食与其他集体福利)获取的权益,不会被视为薪资收入,也就不需要纳税。有些费用(如房租、午餐费、培训费)如果以税后工资支付,就不能抵减个人所得税。而如果以费用的方式抵减税前工资,税前工资降低后,所得税也会相对少缴。这一筹划方案适用于工资扣减社保费后仍超过3 500元的免税额者,但需要获得所在单位的配合。

(二) 薪资与年终奖金的合理分配

如果从事有业绩奖金激励的工作,且业绩淡旺季明显,可要求企业将每月或每季的业绩奖金延后到年底,以年终奖金的方式发放。这是因为年终奖金可以先除以12,再对应适用的税率。通过这种平均分摊的方式,可避免旺季时奖金多从而也要多纳税的情况。

对于某些年薪较高且在一定范围内可决定薪资与年终奖的企业高管,经由合理分配,可降低全年度的薪资收入税负。

【例10-13】一个月薪7万元、没有年终奖的白领,社保扣除额3 500元,免税额3 500元,应纳所得税额63 000元,适用35%的税率,速算扣除额为5 505元,则:

月应缴税额 = 63 000 × 35% - 5 505 = 16 545(元)

年缴税额 = 16 545 × 12 = 198 540(元)

但是,如果能与公司商量,在年薪不变的情况下,将月薪降到4万元,将36万元以年终奖金的形式发放,则在扣除社保扣除额和免税额后,应纳所得税额为33 000元,适用25%的税率,速算扣除额为1 005元,则:

月应缴税额 = (40 000 - 3 500 - 3 500) × 25% - 1 005 = 7 245(元)

年终奖应缴税额 = 360 000/12 × 25% - 1 005 = 88 995(元)

年缴税总额 = 7 245 × 12 + 88 995 = 175 935(元)

节税额 = 198 540 - 175 935 = 22 605（元）

(三) 薪资与劳务收入的转换

从事咨询服务的人士可以与企业签订劳动合同（领取薪资），也可以签订劳务合同（领取顾问费）。当收入较低时，薪资的税率比劳务收入的税率低，可选择领取薪资；当收入较高时，薪资的最高边际税率45%，高于劳务的最高税率40%，可选择领取劳务收入。

【例10-14】 月收入10 000元，领取薪资收入，社保扣除额以2 000元计算，应税收入为4 500元，适用20%的税率，应缴所得税 = 4 500 × 20% - 555 = 345（元）。领取劳务收入，扣额比例20%，税率20%，应缴所得税 = 10 000 ×（1 - 20%）× 20% = 1 600（元）。此时，领取薪资收入划算。

月收入20万元，领取薪资收入，社保扣除额以4 000元计算，应税收入为192 500元，则适用45%的税率，应缴所得税 = 192 500 × 45% - 13 505 = 73 120（元）。领取劳务收入，适用40%的税率，应缴所得税 = 200 000 ×（1 - 20%）× 40% = 64 000（元）。此时，领取劳务收入划算。

(四) 劳务收入分批计算

劳务收入的计算是以"次"计算，如果一个劳务合同采取一次性支付20万元，就要缴纳6.4万元的所得税；如果改为每月支付一次，分12个月支付，每月支付16 667元。则：16 667 ×（1 - 20%）× 20% = 2 667（元），2 667 × 12 = 32 004（元）。税负可以节省50%。

(五) 个体户由独资企业转为夫妻合伙企业

在同样的税前收入下，合伙企业按合伙份额先分后税，有两项生计费用扣除额，举例如下。

【例10-15】 某独资企业年税前收入20万元，应缴税额 =（200 000 - 42 000）× 35% - 14 750 = 40 550（元）。如果将配偶列为合伙人，每人份额50%，每人应缴税额 =（100 000 - 42 003）× 20% - 3 750 = 7 850（元），两人合计7 850 × 2 = 15 700（元）。

也就是说，个体户由独资企业转为夫妻合伙企业后，其他条件都不变，但可以节省一大半的税。在本例中，节税额 = 40 550 - 15 700 = 24 850（元）。

(六) 兼职人员最好选择不同收入类型的兼职

兼职人员至少在两家单位都有收入。如果两份收入都是薪资收入，就只能有一个免税额，若一份收入是薪资收入，另一份收入是劳务收入，就可以有两个免税额，在总收入相同的情况下，可以降低税负。

【例10-16】 某甲在主要单位的收入是10 000元，在兼职单位的收入是3 000元，如果都按照薪资收入发放，就要合并计税。由于一个人通常只在一处缴社保，以2 000元计算，应缴税费 =（13 000 - 2 000 - 3 500）× 20% - 555 = 945（元）。若10 000元是薪资收入，应缴税费=（10 000－2 000－3 500）×20%－555＝345（元）；3 000元是劳务收入，4 000元以下的免税额为800元，应缴税费＝（3 000－800）×20%＝440（元），合计785元。也就是说，在本例中，分开计算比合并计算能够节税160元。

二、理财行为方面的税务规划

（一）投资免所得税的投资工具

①在现行税法规定下，存款利息、国债债息都免利息所得税。但若投资公司债、企业债，其利息收入就要缴20%的利息所得税。

②个人投资上市公司股票，在二级市场进出的资本利得免征财产转让所得税。但是，投资未上市公司的股票或境外上市公司的股票所获得的资本利得则要征收20%的财产转让所得税。在比较不同税负的投资工具时，要用税后投资报酬率来计算。

③投保寿险的保险赔款免税，目前保单红利的部分免税。

④长期投资上市公司的股息免税。自2015年9月8日起，个人从公开发行和转让市场取得的上市公司股票，持股期限超过1年的，股息红利收入暂免征收个人所得税。持股期限在1个月以内（含1个月）的，其股息红利收入全额计入应纳税收入额；持股期限在1个月以上至1年（含1年）的，暂减按50%计入应纳税收入额；上述收入统一适用20%的税率计征个人所得税。

（二）投资商业房产的涉税规划

①设立公司持有商用房产，以房产价值转让公司股权，可节省增值税。财税〔2002〕（191号）规定：对股权转让不征收营业税。但若个人直接转让持有不满2年的商业房产投资，需要按照卖价（一线城市）或买卖差价（其他城市）征收营业税，营业税及附加合计5.6%。营业税改增值税时，税率不变。所以，若投资的主要标的为商业房产，如店面、写字楼等，通过设立房产投资公司来运作，可免除增值税。

②个人投资房产只征收一次财产转让所得税，公司投资房产利得要征收企业所得税。分红要征收个人所得税。针对个案来说，要在详细计算之后才能知道最后是否有节税效果。

③个人持有住宅房产，尤其是唯一住宅、普通住宅，长期投资最节税。

购买房产时要缴契税。个人购买住房属于家庭（成员范围包括购房人、配偶以及未成年子女，下同）唯一住房的，按照不同面积，所缴契税分别为：90平方米以上，买价乘以1.5%；90平方米及以下，买价乘以1%；不满足上述条件的，买价乘以3%。

出售房产时要缴增值税及附加。根据买卖相隔年限不同，所缴增值税及附加分别为：买卖间隔2年以内，卖价乘以5.6%；买卖相隔2年以上，普通住宅免征增值税。一线城市的非普通住宅所缴税额为买卖差价乘以5.6%。

买卖房产需缴财产转让所得税。

$$财产转让所得税＝房产交易应税收入\times 财产转让所得税率20\%$$

如出售的房产属个人唯一住房，且买卖相隔5年以上时，免征财产转让所得税。

④"营改增"后买卖房产相关税负。

计税价格。如果是出售房产，"营改增"后个人转让房屋的个人所得税应税收入不含增值税，其取得房屋时所支付价款中包含的增值税计入财产原值，计算转让收入时可扣除的税费不包括本次转让缴纳的增值税。计征契税的成交价格不含增值税。转让成本包含买价、契税、中介费、持有期间房贷利息、修缮费（不超过买价的10%）。

增值税税率（2016年5月1日起）。个人买卖住宅的，买卖相隔2年以内的，增值税税率为5%；买卖相隔2年以上的，免征增值税。北京、上海、广州、深圳对于非普通住宅买卖相隔2年以上的，以买卖差价征收增值税。

（三）员工福利的涉税规划

①个人缴纳三险一金以及年金的个人缴费部分，在不超过本人缴费工资计税基数的4%标准内的部分，暂从个人当期的应纳税收入额中扣除。其中，个人缴费工资计税基数不得超过参保者工作地所在城市上一年度职工月平均工资的3倍。

②达到法定退休年龄后领取的社保养老金收入，免缴所得税。企业年金仍按薪资收入的标准征税。退休再任职收入，应按"工资、薪金收入"项目计征个人所得税。个体户参加社保，退休后领取的养老金收入免税。若不参加社保，自己投资，要按前述的标准来看是否免税。

（四）赠予财产的涉税规划

①我国目前尚未实施遗产税与赠予税，但个人无偿赠予股权、不动产或其他财产，赠予的对象是配偶、直系亲属、兄弟姐妹或对其承担直接抚养或者赡养义务的抚养人或者赡养人的，不缴所得税。

②其他情况下的无偿赠予财产，视为受赠人的收入，按照"经国务院财政部门确定征税的其他收入"项目缴纳个人所得税，税率为20%。无偿赠予房产时，还要比照买卖房产的方式，按照赠予房产的价值或价差，对赠予人征收营业税，对受赠人征收契税。

三、高净值客户的税务规划

（一）工资奖金与股息分配的配置

以公司形态经营的企业主客户，自己可以决定薪资、年终奖金与企业股息分配的金额，可以以税率相等化原则来规划月薪与年终奖金的数额。此时，如果给自己或在家族企业任职的家人多发一部分薪资与奖金，会减少企业的税前净利，因此必须进行试算和比较。

公司企业在扣除20%~25%的企业所得税后，发放股息时还要扣除20%的个人所得税，总税率达到36%~40%。因此，如果小型企业主的工资与奖金的平均税率小于6%，一般企业主工资与奖金的平均税率小于40%，就可以采取多发工资、奖金的办法来降低税前净利，达到节税的效果。不过，如果企业有借款需求或有上市计划，就需要有比较好看的利润表，此时，关于节税的考虑就是次要的了。

（二）企业组织形态的选择

相对于独资或合伙企业，虽然以公司形态经营有双重征税的缺点，但独资或合伙企业主在计算所得税时只能扣除生计扣除额（每月3 500元），而公司企业主则不受此限制。考虑到经营风险与长期发展的需要，一般企业成长到特定阶段后就会改制为公司。此时，为了避免被双重征税，就可以按前面所讲的工资奖金与股息分配的配置来做规划。其总税负与个体工商户相比较，不见得会多缴税。因为个体户只要年税前利润超过10万元，边际税率就高达35%，而年度应纳税所得额不超过50万元，就可以10%的税率纳税的小型企业，其复合税率也就18%。因此，小型企业在对工资、奖金与股息进行最佳配置的情况下，多数情况下反而可以节税。

(三) 企业规模大小的选择

根据《企业所得税法实施条例》第92条的规定，可以享受企业所得税税收优惠的小型微利企业是指从事国家非限制和禁止行业，并符合下列条件的企业：

①工业企业，年度应纳税所得额不超过30万元，从业人数不超过100人，资产总额不超过3 000万元。

②其他企业，年度应纳税所得额不超过30万元，从业人数不超过80人，资产总额不超过1 000万元。

小型微利企业的企业所得税率为20%，低于一般企业（25%）。自2017年1月1日至2019年12月31日，对年应纳税所得额在50万元以下的小型微利企业，其收入减按50%，计入应纳税所得额，按20%的税率缴纳企业所得税。实际企业所得税率降为10%。

因此，如果企业主把一般企业按照研发、生产与销售分成3家公司，使每家企业都符合小型微利企业的标准，可以节税。

(四) 企业税务优惠条件的运用

符合高新科技、资源综合运用、环境保护与农林渔牧业，以及在地方政府设立的技术园区设厂等，都可以享受税收减免的优惠。企业主应查询适用条件，善加利用。

任务六　个人其他税种的纳税规划

一、房产税的纳税规划

(一) 房产税的税法规定

1. 定义

房产税是以房屋为征税对象，按房屋的计税余额或租金收入为计税依据，向产权所有人征收的一种财产税。

2. 纳税人与课税范围

纳税人为城市、县城、建制镇和工矿区的房屋产权所有人。

3. 计税依据

①从价计征房产的计税余值（经营自用），地方政府规定的减除比例为10%~30%。

②从租计征租金收入（出租）。

4. 税率

①采用比例税率。经营自用的税率为1.2%，出租的税率为12%。

②非试点地区免征。除上海、重庆等试点地区外，个人所有非营业用的房产免征房产税。

③减征税率根据财税〔2008〕（24）号文，自2008年3月1日起，对个人出租住房，按4%的税率征收房产税。对企事业单位、社会团体以及其他组织按市场价格向个人出租用于居住的住房，减按4%的税率征收房产税。

5. 计算公式

① 经营自用应纳税额 = 应税房产原值 × (1 - 减除比例) × 1.2%

② 企业出租应纳税额 = 租金收入 × 12% (面向非个人或个人非居住需求出租)

　　　　　　应纳税额 = 租金收入 × 4% (面向个人居住要求出租)

③ 个人出租应纳税额 = 租金收入 × 4%

(二) 房产税的税务筹划

1. 合理确定税基

计税的房产原值不包括独立于房屋之外的建筑物，如围墙、水塔、变电所、露天停车场、露天凉亭、露天游泳池、喷泉设施等。

2. 企业经营自用与出租决策

企业所有的房产，可出租也可自用时，根据租金、房产原值与减持比例做决策。如房产原值500万元，月租金1万元，减除比例30%。

作为自用的房产税 = 500 × (1 - 30%) × 1.2% = 4.2 (万元)

作为出租的房产税 = 1 × 12% × 12 = 1.44 (万元)

　　　　　　　4.2 - 1.44 = 2.76 (万元)

如果自用没有带来比出租高出2.76万元的收入，用来出租更划算。

二、契税的纳税筹划

(一) 契税的税法规定

1. 定义

契税是以所有权发生转移变动的不动产为征税对象，向产权承受人征收的一种财产税。

2. 计税依据

土地使用权赠予、房屋赠予，由征收机关参照国有土地使用权转让、房屋买卖的市场价格核定。

土地使用权交换、房屋交换，为所交换的土地使用权、房屋价格的差额。

3. 税率

实行3%～5%的浮动比例税率。

4. 计算公式

应纳税额 = 计税依据 × 税率

个人购买住房属于家庭（成员范围包括购房人、配偶以及未成年子女，下同）唯一住房的，减半征收契税。对个人购买90平方米及以下住房，且该住房属于家庭唯一住房的，减按1%税率征收契税。

(二) 契税的税务筹划

充分利用减税优惠。如果符合唯一住房条件，购买90平方米以下普通住房，税率可降到1%。

若有相互换房机会，以差额计算契税，可大幅节税。

项目小结

在本项目中，介绍了纳税筹划的基础知识，及经修改后我国个人所得税制度的基本概况，使学生掌握现行个人所得税的纳税人、征税对象、具体税目、税率、计税依据及征收管理的基础知识，进一步做到，在现实环境下，明辨个人所得税的纳税人，并准确核定应纳所得税额和计算个人所得税应纳税额，在此基础上进行合理的纳税筹划。

本章习题

一、单项选择题

1. 居民纳税人和非居民纳税人的划分标准是（　　）。
   A. 习惯性住所标准　　　　　　　　B. 居住时间标准
   C. 永久性住所标准　　　　　　　　D. 居住方式标准

2. 在中国境内有住所或者无住所而在境内居住满1年的个人，应就下列所得在我国缴纳个人所得税（　　）。
   A. 仅就来源于中国境内的所得　　　B. 仅就来源于中国境外的所得
   C. 来源于中国境内、外的所得　　　D. 不需要缴纳个人所得税

3. 工资、薪金所得适用的税率是（　　）。
   A. 20%的比例税率　　　　　　　　B. 10%的比例税率
   C. 5%~35%的五级超额累进税率　　D. 3%~45%的七级超额累进税率

4. 对企事业单位的承包经营、承租经营所得，是指个人承包经营、承租经营以及转包、转租取得的所得，包括个人按月或者按次取得的（　　）。
   A. 工资、薪金性质的所得　　　　　B. 劳务报酬所得
   C. 偶然所得　　　　　　　　　　　D. 特许权使用费所得

5. 《个人所得税法》中所说的劳务报酬所得一次收入畸高，是指个人一次取得劳务报酬，其应纳税所得额超过（　　）。
   A. 10 000元　　B. 20 000元　　C. 30 000元　　D. 40 000元

6. 工资、薪金所得的应纳税额，按月计征的，由扣缴义务人或纳税人在次月的（　　）内缴纳。
   A. 5日　　　　B. 7日　　　　C. 10日　　　　D. 15日

7. 某演员一次获得表演所得30 000元（含税），其应纳个人所得税税额为（　　）元。
   A. 7 200　　　B. 5 200　　　C. 4 800　　　D. 7 000

8. 赵某2019年1月将自有住房出租，租期一年，每月取得租金收入2 500元（超过当地市场价格），全年租金收入30 000元（不考虑其他税费）。赵某2019年的租金收入应纳的个人所得税税额为（　　）元。
   A. 5 840　　　B. 2 040　　　C. 4 080　　　D. 3 360

9. 个人在中国境内两处或两处以上取得应税所得的，个人所得税自行申报的纳税地点是（　　）。
   A. 收入来源地　　　　　　　　　　B. 税务局指定地点
   C. 纳税人户籍所在地　　　　　　　D. 纳税人选择并固定一地

二、思考讨论题

1. 如何理解纳税筹划的特点？

2. 如何理解纳税筹划的基本原则？
3. 在工作收入方面进行纳税筹划常用的方法有哪些？

三、案例分析题

【案例1】中国公民王某在国内某市单位任职，2018年3月份取得收入情况如下：

1. 工资收入8 000元，当月奖金1 000元，季度奖2 400元；取得2018年年终奖12 000元；
2. 接受某公司邀请担任技术顾问，当月取得收入35 000元，从中拿出10 000元通过希望工程基金会捐给希望工程；
3. 利用业余时间与其他三人共同进行一项设计活动，共取得设计费5 600元，因该设计活动最先由王某承揽，所以按协议王某应得2 000元承揽费，其余4人平分（不考虑相关税费）；
4. 将其拥有的两套住房中的一套转让，转让的房屋于2006年8月以35万元购入，现以150万元转让给他人（不考虑相关税费）；
5. 将一套三居室的住房出租，出租后仍然用于居住，月租金4 500元，当月支付房屋修缮费100元（不考虑印花税）；
6. 2018年购入1 000份债券，每份买入价10元，购进过程中支付的税费共计150元。本月以每份12元的价格卖出其中600份，支付卖出债券的税费共计110元。

根据以上资料和税法相关规定，计算2018年3月应纳的个人所得税税额。

【案例2】某纳税人在2012纳税年度从A、B两国取得应税收入。其中，在A国一公司任职，取得工资、薪金收入每月5 800元，全年共69 600元，因提供一项专利技术使用权，一次取得特许权使用费收入30 000元，这两项收入在A国缴纳个人所得税5 000元；因在B国出版著作，获得稿酬收入（版税）15 000元，并在B国缴纳该项收入的个人所得税1 720元。试计算在我国应缴纳税额。

【案例3】陈某2018年1月1日与地处某县城的国有饭店签订承包合同，承包该国有饭店经营期限3年，承包费30万元（每年10万元）。合同规定，承包期内不得更改名称，仍以国有饭店的名义对外从事经营业务，有关国有饭店应缴纳的相关税、费在承包期内由陈某负责，上缴的承包费在每年的经营成果中支付。2012年陈某的经营情况如下：

1. 取得餐饮收入280万元；
2. 取得歌厅娱乐收入120万元；
3. 应扣除的经营成本（不含工资和其他相关费用）210万元；
4. 年均雇用职工30人，支付年工资总额21.6万元；陈某每月领取工资0.4万元；
5. 其他与经营相关的费用30万元（含印花税）。

已知：歌厅娱乐业的营业税税率为20%，餐饮业营业税的税率为5%。

要求计算：

1. 2018年该国有饭店应缴纳的与经营相关的各种税款。
2. 陈某2018年应缴纳的个人所得税。

项目十一
退休养老规划

【知识目标】
1. 了解退休养老规划的含义及意义。
2. 掌握制订退休养老规划的原则。
3. 掌握制订退休养老规划的方法和步骤。
4. 了解基本养老保险制度及企业年金制度。
5. 了解商业养老保险。
6. 熟悉退休养老规划的工具选择。

【能力目标】
1. 能够根据投资目标及个人财力、家庭情况为自己和客户选择适合的理财产品。
2. 做好退休养老规划,进行个人及用户理财投资。

任务一 退休养老规划概述

一、制订退休养老规划的必要性

退休养老规划是个人理财规划的重要组成部分,是为自己在将来有一个自立、有尊严、高品质的退休生活而提前做的财务规划和安排。退休后面临的风险并不是死得太早的风险,而是活得太久以致于生活费用不够用的风险。由于医学科技的迅猛发展,应当充分考虑未来人类寿命普遍大幅提高带来的养老支出问题,退休后选择不同的生活状态对应着不同的资金需求。确定了退休目标之后,就应当进一步预测退休后的资金需求,进行这一预测的简单方法就是以当前的支出水平和支出结构为依据,将通货膨胀等各因素考虑进来,然后分析退休后的支出水平和支出结构的变化。这样按差额调整后,就大体得到了退休后的资金需求。

按照我国对基本养老保险制度的总体思路,未来基本养老保险的替代率为58.5%左右,即养老金领取水平要尽量保持在退休前工资收入水平的60%左右。这一指标是基于个人基本工资而言,但是如今大多数人的基本工资只占到正常收入的一半甚至更低。假如一个人现在有1万元的月收入,其中基本工资只有300元,那么现在退休的话,以60%的替代率估计,退休金只有100元,与工作时的总收入相差很大,影响退休后的生活质量。

从2008年各地退休人员养老金标准来看,单靠基本养老金已无法维持退休后的生活质量。虽然未来养老金制度可能继续变化，但为使退休后的生活更安心，还得靠自己多积累资产，且越早积累越好。另外，对马上面临退休的中老年人来说，短期内想要积累养老金，需要选择风险较高的投资方式，以获得高收益，这样产生的后果是养老金有去无回，无法养老，风险更大。如果长期积累，就不必为短期波动所困扰，心理承受能力也逐渐增强。因此，人们应该尽早地进行养老理财规划。

总之，为养老做准备，一定要尽早开始养老金的规划，不断吸收市场上最新的养老理财观念，以便为你"经济自主"的晚年生活提前做好准备。养老规划就是协调即期与远期的收支平衡关系，22~60岁是收入积累期，60岁以后收入下降，支出远远大于收入，这需要用前期收入来弥补，这也是养老规划的实质意义所在。

二、退休养老规划的对象

退休目标是职业生涯规划中对退休人员的发展规划设计。退休目标是指人们所追求的退休之后的一种生活状态，可以分解成两个因素：

第一，退休年龄：男性年满60周岁，女工人年满50周岁，女干部年满55周岁。

第二，退休后生活质量要求：客户的生活方式和生活质量要求应当是建立在对收入和支出进行合理规划的基础上，不切实际的高标准只能让客户的退休生活更加困难。退休养老规划是保证你在职业生涯结束后，仍然可以过满意、高水平的生活。退休后能够享受自立、有尊严、高品质的退休生活是一个人一生中最重要的财务目标，合理有效的退休养老规划不但可以满足退休后漫长生活的支出需要，而且能够保证自己的生活品质，抵御通货膨胀的影响，提供金融安全。退休养老规划需要考虑长期的收支平衡，从人的寿命来说，每个人大致有40年的积累期，即从20岁开始工作进行积累，到60岁退休为止。假设退休人员的平均寿命为20年，则退休规划需要统筹考虑以40年的收入支持20年的支出。

退休养老规划的内容分为退休前和退休后。退休前是资金投入的有序安排，包括时间安排、投入金额安排以及投资工具和方式的安排；退休后是支出的安排，指消费如何安排不会使前期投入的退休养老资金出现缺乏的状态，避免"人还在，钱用完了"。

根据客户对象划分，退休养老规划可以分为个人退休规划、家庭退休规划。家庭退休规划是对家庭成员所有人的退休规划，一般而言，退休规划都是以家庭为整体来进行的。家庭成员如果年龄差距较大，退休间隔就会相差较大，做规划时需要考虑年龄差距的影响，特别是对于家庭成员之一为主要家庭收入的贡献者并且先退休的情况，更应做好退休资金投入与使用安排。总之，依据自身经济状况，在综合考虑家庭收入和支出的情况下，人们应该对自己退休后的生活方式和生活质量进行恰当的评估和合理的安排。一方面，要尽量维持较高的生活水平，不能降低生活质量；另一方面，还要考虑到自己的实际情况，不能盲目追求超标准生活。

三、制订退休养老规划的原则

我们在制订退休养老规划的时候，通常都要根据自身实际情况来进行操作。而每个人的情况都不一样，所以在规划遇到一些问题时完全没有头绪。其实，只要掌握了退休养老规划的一些基本原则，就无须担心这些问题了。如何尽早实现理想的退休生活？这就需要做好退休养老规划，退休养老规划的制订原则如下。

(一) 及早规划原则

退休养老规划越早越好,退休养老规划准备得早,可以在一个较长的时期内进行定投和其他方式的资金运作,具有比较高的成功率;而且养老规划起步早,每期投入的资金相对少一些。否则,即使你在每月投入上进行最优化选择,剩下的时间也不能让退休基金累积到足够供你晚年过舒适悠闲的生活。

对退休年龄、退休后的生活方式、财务目标等内容的提早确定,可以帮助个人退休理财规划执行得更为顺利。确定自己的退休年龄很重要,因为退休后收入一般都会大幅度减少,这会影响个人的生活水平和质量。无论退休养老金以何种形式进行储备,都应未雨绸缪,提前做好规划和安排,越早开始积累越轻松,持之以恒才能有美好的明天。

(二) 弹性化原则

退休养老规划的制订要留有充足余地,应当视个人的需求及实际能力而定,若发现拟定的目标偏高,可以适当调整。对退休后的生活,不同人有不同的期望,不同期望所需要的费用也不尽相同,既取决于其制订的退休计划,又受到人们职业特点和生活方式的约束。人们的生活方式和生活质量应当建立在对收入和支出进行合理规划的基础上,不切实际的高标准只能让退休生活更加困难。为此,我们需要慎重对待自己的消费习惯,一方面要尽力维持较高的生活水平,不降低生活质量;另一方面还要考虑到自己的实际情况,不能盲目追求高端生活。

总之,退休养老规划应具有弹性或缓冲性,确保能根据环境的变动做出相应调整,以增强其适应性。

(三) 谨慎性原则

总会有一些人对自己退休后的经济状况过于乐观,他们往往高估退休之后的收入,而低估了退休之后的开支,在退休养老计划上过于吝啬。充分考虑各种情况,再确定自己的养老目标,避免对退休后的经济状况过于乐观或过于保守,应本着谨慎性原则,多估计些支出,少估计些收入,使退休后的生活有更多的财务资源。谨慎性原则,并不是说要放弃高风险的投资,而是应根据预计投资年限和退休资金使用情况,对高低风险收益的投资进行合理搭配。年龄越大的投资者,投资高风险的理财产品的比例越低,因为通过投资高风险的理财产品需要较长的时间才能够获得较高的收益,年龄较大的投资者对于资金需求有紧迫性,所以不建议即将退休的投资者再去投资风险较高的产品。

(四) 动态化原则

退休养老计划制订好以后,并不是束之高阁,而是后期要不断修订与更新。毕竟退休养老规划的覆盖时间比较长,"计划赶不上变化",最初制订的退休养老规划的假设可能发生改变。比如,随着通货膨胀水平的提高,个人所需养老金的数量也要相应提高。此外,个人生活水平、不同投资工具投资回报率和社会保障体系完善程度等多种因素的改变,都将直接影响到退休养老计划的安排。由于退休养老金的积累时间跨度比较大,投资组合方案要不断进行修正,对退休计划进行动态的管理是一个必不可少的环节。

(五) 兼顾长期收益性和流动性原则

随着年龄的增长,逐渐增加家庭和个人预留应急资金,养老规划需要结合自身特点和需求，但由于养老规划周期较长、可选择的品种较多、影响因素复杂，建议个人通过保险、银行、基金、独立第三方理财等专业机构了解产品信息和理财建议，使自己的养老规划更加合理、更加科学实用。

任务二　制订退休养老规划的方法

一、养老规划目标的确定

据预测，到2040年，中国退休人口将达到4.5亿，占当时人口总数的三分之一，中国面临着未富先老的严峻形势。目前，社保养老金的个人账户一直处于空账的状态，估计将来也很难填补上这部分亏空。所以，目前的中青年把养老完全寄希望于社保是不现实的，必须未雨绸缪，及早动手，积极参加补充养老保险，并为养老进行专项长期投资。

随着医疗及生活水平的不断飞跃，国内人均寿命不断增长，其结果是，我们需要面对退休后的漫长生活：收入下降、身体素质下降导致医疗投入增加，有大把的时间可以支配，这一切都需要退休前自己制订完善的退休养老计划来支撑。退休养老的生活目标，是指人们所追求的退休之后的一种生活状况。对退休后的生活，不同人会有不同的梦想。根据退休生活不同方面（衣、食、住、用、行等）的不同要求，存在四个需求层次：第一层次是退休后基本的生活需求，第二层次是退休后维持与现阶段同水准的生活，第三层次是退休后想过高于目前生活水准的生活，第四层次是想给子女留下较丰厚的遗产。对于不同的需求层次，需要的投资工具也有所不同。例如，第一层次最普通的基本生活需要，可能通过基本社保或年金保险来满足；而最高层次想给子女留有更多的遗产，则需要投资风险高、收益高的工具，以尽可能多地赚取资产。

退休生活的基本目标可以以收入或消费为标准：退休收入替代率目标（从收入角度），即退休前收入的一定比例，一般经验认为60%~70%左右；退休生活消费目标（从消费角度），即退休前消费的一定比例，一般经验认为80%左右。以上收入和消费目标与职业、生活方式、个性选择相关，可进行期望调整，最大不超过根据未来收入确定的持久消费水平。此外，还有特殊退休目标，例如旅游、补充医疗、社会活动、迁居、抚育第三代、长期护理、购房、购车。

总之，对退休后的生活，不同人会有不同的期望，不同期望下所需要的费用也不尽相同。目标的确定决定了你的投资年限和投资工具的选择。

二、估算收支

确定目标之后，就要估算退休生活的收支情况，毕竟消费支出是以收入为最大限度来源的。对于多数退休养老的人来说，收入分为以下几类：首先是稳定的经常性收入，包括养老金、企业年金以及人寿保险等；其次，某些具有特殊技能和才华的人，可能退休后并没有停止工作，收入来源有劳务收入，比如返聘、自营收入，这部分收入是主动性收入，并非永久性的，而且随着年纪的增大和精力的有限，这部分收入有可能会逐步减少或没有；第三类是投资收入，包括储蓄、债券、基金、股票、房租等，投资性收入的多少和稳定与否取决于投资工具的风险和个人投资操作水平。除了房租和储蓄有相对的稳定性，其余类型的投资工具的收益受市场行情以及经济大环境的影响；还有其他类收入，比如子女、亲属的赡养费收入。总之，退休后收入不是一成不变的，应不断地根据实际情况进行调整和完善。

退休后的支出，首先是基本的衣、食、住、行的生活费用，然后是参与各种社会活动的费用、旅游费用，以及随着年纪的增长逐步增加的医疗费用等。每个人应依据自身的经济状况，在综合考虑家庭收入和支出的情况下，对自己退休后的生活方式和生活质量进行恰当的评估和合理的安排，一方面要尽量维持较高的生活水平、不降低生活质量；另一方面还要考虑到自己的实际情况，不能盲目追求超标准的生活。然后设定一个切合实际的个人退休计划。在制订个人退休计划时，对退休生活的期望应尽可能详细，并根据各个条目列出大概所需的费用，同时应考虑通货膨胀的因素，据此来估算个人退休后的生活成本，在对自己退休以后想过的生活有了清晰的认识之后，再考虑自身已经准备了多少养老金，这些退休金能否满足自己设想的退休生活。

三、制订计划

养老规划就是计算出退休生活的需求和收入之间的差额，具体步骤如下：

①计算当前每月日常支出（年度支出分摊到每个月）A：

$$A = \frac{年度预计总支出}{12}$$

②考虑通货膨胀率以及需求增加的生活费增长率的因素，计算退休时当年每月需要的费用B。

$$B = A \times (1 + 通货膨胀率 + 生活费增长率)^n$$

式中，n为现在距离退休的年数。

③退休后，由于通货膨胀因素存在，实际上每年的生活费用都是要递增的，但为了计算简单，我们假设退休后的投资回报率能够基本抵消每年通货膨胀的影响，则退休后生活总费用为C。

$$C = B \times 12 \times 退休年限$$

同时考虑一笔老年后的大病医疗费用M，就大约是退休后所需的费用总和了，命名为E。

$$E = C + M$$

④如果已经有保险、存款等养老投资，可以从退休金总数中减去这部分，得到养老金缺口F。

$$F = E - 已准备养老金$$

退休生活总需求 - 已累积之净额 - 退休时可领退休金 = 需自筹的退休金

从上面的公式可以看出，退休养老规划的设计主要是明确养老金缺口，也就是需自筹的退休金。根据退休生活设计，确定退休生活总需求；根据工作生涯设计确定已累积之净额和退休时可领的退休金，剩余部分即是需要自筹的退休金，这部分应考虑投资报酬率、通货膨胀率、薪资增长率以及尚有工作年限等。

⑤根据个人的投资回报率、投资时间，以及养老金缺口F，就可以确定每月投资额G了，只要能按计划每个月投资G，并达到预定投资回报率，就一定能在预定时间安心退休。

四、筛选工具

根据养老金缺口选择不同的投资产品，来达到预定的投资目的。退休养老规划的渠道主要有四个方面：一是社保养老金保险，每月由企业和个人缴纳一定比例的社保养老金，退休后就可以领取一定的退休金；二是企业年金保险，个人与企业固定支付一笔钱用来投资累积养老金，退休后按规定方式支付；三是商业保险，养老商业保险在设计上比较人性化，在领取时间上完全因人而变，可以挑选有实力的保险公司购买；四是自筹退休金，自筹退休金主要是积蓄投资，使有限资金发挥更大效用，可以选择市场上合适的投资工具。

基本社会养老保险和企业养老年金部分属于被动的养老规划，当事人无法自主进行调节。因此，制订退休养老规划的重点应放在商业保险、证券投资基金和股票投资等资产的配置上，同时也可以利用以下途径来实现对退休养老规划的修改：提高储蓄比例；延长工作年限并推迟退休；减少退休后的花销；进行收益率高的投资等。在养老规划的工具选择上面，每个人根据资金使用情况和风险承受能力的不同，会有多种资产配置组合，可以按照一定的比例进行合理搭配，并获得一定的收益。对性格保守、安全感需求高的投资者来说，可以选择低风险的投资工具；有一定风险承受能力的投资者可以在理财师的指导下进行高风险的投资工具的配置，满足高品质的生活支出。

五、动态调整

退休养老规划确定以后，应密切监督、定期评价规划实施的效果，根据实际情况的改变对规划做出相应调整。在对原来规划做出调整时，既不能因金融市场波动而频繁调整金融工具的配置，增加相应的成本，也不能因为不愿意支付调整成本而失去调整的最佳时机，退休养老规划的时间跨度比较大，最好每隔三五年对退休养老规划的收支进行重新估算，并且审视资产配置，看是否能达到当初的理想目标。这是一个动态执行并调整的过程，不要想一劳永逸地制订出养老方案，而不再改变。

任务三　制订退休养老规划的工具选择

传统的养老理财工具有银行存款和社会养老保险等。银行存款难以抵抗通货膨胀的侵蚀，社会养老保险保障水平较低，只能满足人们最基本的生活需求，保障程度较弱，仅仅依靠上述工具养老，往往会捉襟见肘。过去的一些养老经验已经不适用于现在的养老需要了。

随着金融产品的创新和丰富，养老规划可以选择更多的理财工具。适合养老理财的常用工具还有：股票投资、债券投资、基金投资和商业养老保险，等等。

其中，股票和债券的长期投资收益能够抵御通货膨胀对财富的侵蚀。以美国为例，20世纪一百年间，美国的年平均通货膨胀率为3.2%，股票和债券投资的年平均收益率达到了10.1%和4.8%。多年以来，全球的投资者喜欢从股市和债市中获取长期回报，持续了一代又一代。然而，个人投资者在进行股票投资和债券投资方面，由于信息不对称、专业性不足和时间精力有限等因素，与机构投资者相比往往不具备优势。

基金投资的风险收益视品种而定，股票型、债券型、货币市场基金等，风险收益各异，可根据自身的风险承受能力选择不同类型的基金品种，采取一次性投资或定期定额的方式投资。基金的专业化管理可以帮助个人投资者从大量的投资细节中解脱出来，轻松享受财富增值的乐趣。

此外，适合养老理财的品种还有黄金投资、房产投资和收藏品投资等，依据个人对上述品种的熟悉程度、经济水平和风险承受能力而定，这里就不详细展开了。综合以上内容，现代养老规划工具主要有：

一、社会基本养老保险制度

社会养老保险制度是国家根据人民的体质和劳动力资源情况，规定一个年龄界限，当劳动者达到这个年龄界限时因为年老丧失劳动能力，解除劳动义务，由国家和社会提供物质帮助，保障其晚年基本生活的一种社会保障制度。

我国原有的社会基本养老保险依照人群的不同，有三类基本养老保险制度，即城镇职工基本养老保险（职保）、新型农村社会养老保险（新农保）和城镇居民社会养老保险（城居保）。原来公务员或事业单位的人员实行退休养老制度，即费用由国家或者单位负担，个人不缴费，养老金标准以本人工资为基数，按照工龄长短计发后进行退休养老制度的并轨改革。现有三类基本养老保险制度：机关事业单位养老保险、城乡居民基本养老保险（将新农保与城居保合并），以及城镇职工养老保险。

二、企业年金

作为我国正在建立的劳动者养老保障的三大支柱——社会基本保险、企业补充保险的基础上，自愿建立的补充养老保险，企业年金不能代替职工的基本养老保险，更不是企业年底给职工发的奖金。它是国家为建立多层次的养老保险制度、更好地保障职工退休后的生活而建立的补充养老保险。作为企业为职工购买的一项福利保障，它补充了高覆盖、低保障的社会基本养老保险保障的不足。

（一）企业年金与职业年金

2011年2月，为维护企业年金各方当事人的合法权益，规范企业年金基金管理，人力资源和社会保障部出台了《企业年金基金管理办法》，2015年又对部分章节做出了修订。2015年4月，国务院发布《关于机关事业单位工作人员养老保险制度改革的决定》，明确提出"机关事业单位在参加基本养老保险的基础上，应当为其工作人员建立职业年金"。

企业年金与职业年金都是养老保险的补充，均需在参加基本养老保险的基础上建立，但是这两种年金针对的对象、缴费金额、领取方式、参保条件都有所不同。企业年金可划分为强制性和自愿性两类，自愿性指国家通过立法，制定基本规则和基本政策，企业自愿参加。企业一旦决定实行企业年金，必须按照既定的规则运作；具体实施方案、待遇水平、基金模式由企业制定或选择。

（二）企业年金基金的运行方式

企业年金基金实行完全积累，采用个人账户方式进行管理。企业年金基金可以按照国家规定投资运营，企业年金基金投资运营收益并入企业年金基金。因此企业年金基金包括企业缴费、职工个人缴费、企业年金基金投资运营收益。企业缴费应当按照企业年金方案规定比例计算的数额计入职工企业年金个人账户,职工个人缴费额计入本人企业年金个人账户。企业年金基金投资运营收益,按净收益率计入企业年金个人账户。职工在达到国家规定的退休年龄时,可以从本人企业年金个人账户中一次或定期领取企业年金。职工未达到国家规定的退休年龄的,不得从个人账户中提前提取资金。出境定居人员的企业年金个人账户资金,可根据本人要求一次性支付给本人。职工变动工作单位时,企业年金个人账户资金可以随同转移。职工升学、参军、失业期间或新就业单位没有实行企业年金制度的,其企业年金个人账户可由原管理机构继续管理。职工或退休人员死亡后,其企业年金个人账户余额由其指定的受益人或法定继承人一次性领取。

由此可知,我国的企业年金为确定缴费型,即企业年金计划不向职工承诺未来年金数额或替代率,职工退休后年金的多少完全取决于职工个人的缴费金额以及投资收益。另外,执行年金计划的企业不能自行确定企业年金的领取年龄,而是参照国家统一规定的退休年龄。

建立企业年金的企业,应当确定企业年金受托人,受托管理企业年金。受托人可以是企业成立的企业年金理事会,也可以是符合国家规定的法人受托机构。

三、商业养老保险

商业养老保险是社会养老保险的有益补充,品种较多,缴费水平比社会养老保险高,相应保障水平也高。风险收益水平较低,流动性一般,退保成本较高。个人在选择商业养老保险时,可以结合自身需要的保障程度灵活选择,重视产品的保障功能,不要太关注某些产品附加的分红功能。

社会养老保障体系有三大支柱,分别是社会保险、企业年金与个人商业养老保险。在美国的养老保险体系中,40%由社会保险负担,40%依靠企业年金,20%依靠个人购买商业保险。但实际上,国内目前大多数人仍以社会保险养老为主,购买商业养老保险的人极其有限。商业养老保险是以获得养老金为主要目的的长期人身险,它是年金保险的一种特殊形式,又称退休金保险,是社会养老保险的补充。

商业养老保险丰富了社会养老保险的种类。社会养老金只能按月领取固定数额,缺乏弹性,而商业养老保险提供了更多的选择,可以按月领、按年领,还可以一次性领取一大笔资金,或者按月领取的同时,到一定年龄时再领取一部分养老金,如年金保险中给付的祝寿金、满期生存金等。

四、其他类

除了以上所说的社会保险、年金以及商业养老保险,个人还可以通过基金定投、股票、债券等工具构筑自己的养老金蓄水池。养老对于每个人来说都是一项重要的人生规划。从目前的情况来看,个人拟订未来的养老计划很大程度上必须依赖在各人生阶段所做的储蓄、投资及保险计划。

在老龄化时代,"有房无钱"的现状使一种新兴的养老模式在中国开始受到人们的关注——以房养老,这是在国外普遍采用的一种金融产品,就是指房屋产权的拥有者把自有产权的房子抵押给银行、保险公司等金融机构,这些金融机构在综合评估房主年龄、健康状况、预期寿命以及房产价值等诸多因素后,在特定的年限范围内,每月付给房主一笔固定的资金,而房主在生存期间仍获得居住权,一直到其去世。其房产出售,所得用于偿还贷款本息和评估费用,升值及超出部分归抵押权人及其继承人拥有。以房养老也称为住房反向抵押贷款或者倒按揭,指老人将自己的产权房抵押或者出租出去,以定期取得一定数额养老金或者接受老年公寓服务的一种养老方式。

【阅读资料】

反向按揭不同模式

美国模式

美国住房反向抵押贷款产品主要有三种:联邦住房管理局的房产转换抵押贷款、联邦国民抵押贷款协会提供的住房保留项目和财务自由基金公司提供的财务独立计划,这三种产品几乎占据了当今美国住房反向抵押贷款市场的所有份额。

1. **房产转换抵押贷款**。房产转换抵押贷款由美国住房和社区发展委员会的下属机构美国联邦住房管理局开发,于1989年进入市场。房产转换抵押贷款有终身年金支付、固定期限年金支付、信用额度、终身年金支付和信用额度组合、固定期限年金支付和信用额度组合五种支付方式。在终身年金或固定期限年金支付方式下,每月年金支付额根据支付方式、借款人年龄、贷款利率和住房价值确定。信用额度是房产转换抵押贷款的一大特色,贷款额度可以随着时间增长,因此非常受借款人的欢迎。

2. **住房保留计划**。住房保留计划于1995年由联邦国民抵押贷款协会推出。这种产品与房产转换抵押贷款非常相似,不同之处是贷款的支付方式较少,借款人只能选择按月领取年金、一定限额内自由支取贷款额度或者两者组合的支付方式。

   住房保留计划的贷款利率比房产转换抵押贷款高,但借款人往往可以获得更高的贷款最高额度。住房保留计划没有对贷款最高额度设限,这也是住房保留计划的特点之一。

3. **财务独立计划**。财务独立计划由财务自由基金公司提供,没有政府担保。借款人可以取得的贷款最高额度和所需承担的贷款成本都比房产转换抵押贷款和住房保留计划高得多。所以,通常房产价值高,并希望取得较高贷款额度的借款人会来申请这一计划。财务独立计划的最大特色是贷款额和还款额为房产价值的同一比例。1999年财务独立计划实现了证券化,由标准普尔对其资产组合进行评级。财务自由基金公司在2001年和2003年又分别设计了标准现金账户和零点现金账户两种住房反向抵押贷款产品,其中零点现金账户是第一个借款人无须支付贷款费用的住房反向抵押贷款产品。

英国模式

英国的养老金体系主要由三部分构成:一是按比例缴纳的国家基本养老金,所有人退休后所获养老金数额一致;二是雇主为雇员提供的职业养老金,这部分目前不是强制性缴纳;三是个人购买的养老储蓄或保险等,但英国35%的在职者没有建立私人养老金。这就意味着他们退休后依靠国家养老金,而这部分钱在2010年是每人每周97.65英镑,只相当于以最低工资水平工作两天的收入,这对于维持一个相对舒适的晚年生活显然不够,因此,多数英国人通过以房养老的方式来解决这个问题。

英国的住房反向抵押贷款项目称为资产释放计划,产生于20世纪60年代中期。早期资产释放计划,借款人获得的是一些债券和股票。早期资产释放计划产品的设计原理,是用债券收益与资产释放计划产品利息之间的差额作为老年人的养老费用。但英国在20世纪80年代末期陷入了经济衰退,全球又遭遇股灾,利率上升,股票、债券价格普遍下降,早期的资产释放计划以失败告终。2001年4月,新的资产释放计划推出,老年房主可以把部分或者全部住房价值转换成现金,并居住在抵押住房内直至生命终结。

不同公司提供的资产释放计划贷款条件不同,对贷款人的年龄、住房类型、住房价值等规定也有所不同。

英国的资产释放计划有两大品种,即生命周期贷款和住房转换计划。

生命周期贷款建立在住房价值基础上,可以分为滚动利息贷款、单纯利息贷款、住房收入计划和住房改进计划四种产品。

住房转换计划则建立在出售的全部或者部分住房价值基础上,老年人可以通过出售全部或者部分自己的住房产权获得一次性总额支付或者每月年金。在这一计划下,借款人虽然已经不完全拥有住房产权,但可以作为一个租房者,通过免费或者象征性地缴纳租金的方式继续住在住房中。借款人去世后,开办机构可拥有抵押产权比例的住房处置权,同比例住房价值的增值收益也归开办机构所有。

由于生命周期贷款比住房转换计划更易操作,所以近年来发展迅猛,业务量已经超过住房转换计划,占资产释放计划的主导地位。在英国,金融服务管理局负责监管资产释放贷款,认证贷款机构和提供咨询。通常提供资产释放计划的机构都签订了安全承诺条款,认证的会员机构保证提供公平、安全和完全有保障的资产释放计划。

日本模式

日本从1981年开始引进以房养老的概念,2002年正式设立这一制度,主要包括由各地方政府参与的直接融资方式和通过银行等金融机构参与的间接融资方式。目前,一些金融机构还将这种制度作为金融产品来推销,最近房地产公司也利用"倒按揭"的形式来推销商品房。

日本以房养老制度主要针对一些退休后想继续住在自己的老房子里的低收入老人。他们可以用自己的住房作为抵押来预支贷款。不过,这项制度对申请人的条件要求比较苛刻。以东京为例,申请人的年龄必须在65岁以上,要居住在自己持有产权的住宅中,且不能有子女同住。申请人家庭的人均收入要在当地的低收入标准之下,已经申请低保等福利政策的家庭不能享受这项政策。此外,申请人持有产权的房屋必须是土地价值在1 500万日元以上的独门独户建筑,集体住宅是不可以申请的。

审核获得通过后,申请人每月可以领到30万日元以下的生活费,但总额度不能超过抵押房屋土地价值的70%,借贷期限和贷款额度达到总额度上限为止。生活费每三个月发放一次。贷款的利率比较低,每年3%左右。贷款的偿还期限是申请人去世后三个月内,由担保人负责一次性偿还。

资料来源:金辉《国外"以房养老"是怎么运作的》,载《经济参考报》,2013-09-26。

任务四　制订退休养老规划的步骤

一、分析客户养老需求的步骤

第一步，确定退休目标。

退休目标是指人们所追求的退休之后的一种生活状态，可以分解成两个因素。

①退休年龄。男性年满60周岁，女工人年满50周岁，女干部年满55周岁。

②退休后生活质量要求。客户的生活方式和生活质量要求应当建立在对收入和支出进行合理规划的基础上，不切实际的高标准只能让客户的退休生活更加困难。

第二步，从退休后的支出角度预测资金需求。

在调整的时候，可遵循以下四个原则。

①按照目前家庭人口数与退休后家庭人口数的差异调整膳食和购买衣物的费用。

②去除退休前可支付完毕的负担，如子女的高等教育费用、房屋还贷每月应摊的本息、限期缴纳的保险费等。计算退休费用时，可以将这些费用从现有费用中减除。

③减去因工作而必须额外支出的费用，如交通费和上班衣着费用。

④加上退休后根据规划而增加的休闲费用及因年老而增加的医疗费用。

调整以后的费用就是根据目前的价格水平所计算出来的退休时所要花费的费用。然后，再参考上年度的物价变化，设定通货膨胀率，最后测算出退休后第一年的生活费用。

最简单的算法，不考虑这笔钱的投资收益率与以后每年的通货膨胀率，或假设两者相互抵消，则退休时需准备的退休养老基金应该等于退休后第一年的生活费用乘以退休后余寿。

第三步，制订退休养老规划的程序。

1. 预测退休收入

客户的退休收入包括社会保障、企业年金、商业保险、投资收益和兼职收入等。对客户退休收入的预测，主要是基于客户当前的退休养老规划。

由于退休养老规划往往涉及较长的时期，不确定因素很多，因此，理财规划师在预测收入时不应过分强调准确，而应充分利用专业知识加以判断。

2. 确定客户退休后的资金需求，找出差距并制订详细的退休养老规划

通常，理财规划师可以利用提高储蓄的比例、延长工作年限并推迟退休、进行更高投资收益率的投资、减少退休后的花费和参加额外的商业保险等方式来实现退休养老计划的进一步修改。

【案例】

张先生夫妇今年均刚过35岁，打算55岁退休，均没有社保。估计夫妇俩退休后第一年的生活费为9万元，考虑通货膨胀的因素，夫妇俩每年的生活费会以每年3%的速度增长。预计生活到80岁，并且现在拿出10万元作为启动资金，每年年末投入一笔固定的资金进行退休基金的积累。退休前后的投资回报率分别为6%和3%。若采取定期定投的方式，每年应投入多少钱？

第一步：计算张先生夫妇55~80岁时退休基金必须达到的规模，即55岁时现值（生活

费上涨3%，投资回报率3%）。

退休养老基金 $PV55 = 9 \times 25 = 225$（万元）

第二步，计算10万元的启动资金到55岁时增长到的数额。

$N = 20$，$I/Y = 6$，$PV = -100\ 000$；

$CPT\ FV = 320\ 714$（元）。

第三步：计算退休养老金的缺口。

养老金缺口 $S = 2\ 250\ 000 - 320\ 714 = 1\ 929\ 286$（元）

第四步，计算每年应定期定投的资金。

$N = 20$，$I/Y = 6$，$FV\ (S) = 1\ 929\ 286$（元）；

$CPT\ PMT = 52\ 447$（元）

二、方案调整

退休养老资金的筹集只是养老规划的前提，还需要考虑形式多样的养老方式，包括家庭养老方式、社会机构养老方式、医院养老方式、社会化居家养老方式等，以满足老年人的特殊需求。随着客户退休目标、资金需求和预期收入的变化，规划也要不断调整。理财规划师可以考虑多种因素（提高储蓄比例、延长工作年限、减少退休后花费、参加商业保险等）进行调整。

①降低退休后生活质量。

②推迟退休年限。

③退休后兼职工作。

④降低即期消费水平。

⑤寻找收入更高的工作。

⑥提高投资收益。

项目小结

对于养老规划的投资越来越受到重视，因此，在充分了解养老规划产品的含义、种类、特征的同时，还必须掌握养老规划投资的步骤，以便于投资者根据自身的投资目标选择合适的养老规划产品。

本章习题

一、思考讨论题

1. 你认为有必要制订退休养老规划吗？
2. 简述制订退休养老规划的原则。
3. 商业养老保险的选择应注意哪些问题？
4. 简述制订退休养老规划的时间对退休养老金的影响。
5. 选择退休养老规划的投资工具时应注意哪些问题？

二、案例分析题

该不该买商业养老保险

有不少人觉得社会保险提供的基本养老保险保障不足，但不知道自己到底该不该买商业养老保险。理财师指出，判断商业养老保险是否值得购买，不用大费周章地去计算，只要看它能不能跑赢通货膨胀就行了。数据显示，我国的通货膨胀率大概为3.5%。换句话说，一款商业养老保险的年均收益率（记住，是"年均"而非某单一结算日）如果达不到3.5%，那么它肯定不能帮你实现资产保值，更别说增值了。

都说配置商业养老保险可以在退休后，作为社会养老保险的补充，提高自己的晚年生活质量。但钱可不是白领的，我们从投保之日起，每年都要支出1万~3万元不等的保费，还得坚持10~20年，如果分红所得和收益无法跑赢通货膨胀，我们就是赔本儿赚吆喝了。

每个月定投500元钱，如果坚持20年，即使收益保守一些，按10%计算，到时候也能获得近35万元的资产。就算到时候也就值个10多万元，但总比现在拿出大笔的资金购买商业养老保险值。

从目前我国商业养老保险的保障范围上看，还不足以称其为"养老保险"。随着未来退休年龄的上调，等自己退休时都60多岁了，此时你最需要或者担心的是什么？儿女孝顺、几代同堂先不说，拥有一个健康的身体，或者有病敢去医院才是我们最迫切需求的。但是很遗憾，目前的商业养老保险在这方面的保障还很欠缺。如果单纯购买养老险，没有额外购买重疾险，交了那么高的保费，一旦罹患重大疾病，是得不到赔付的。

以某保险公司的终身年金保险为例，基本保额1万元，选择10年缴费，每年10 973元，10年合计109 730元。55~60岁时每年返还500元，60岁至终生，每年返还2 000元，身故返还所缴保费。

如果此时拿10万元钱买五年期的国债，一年还有5 000多元的收益呢！

理财师的观点很明确，如果不属于高收入高净值的人群，尽量不要购买商业养老保险。千万不要听保险销售人员说的每年能稳稳当当地获得百分之多少的收益。什么都不如从现在开始每年拿缴保费的钱去做长期投资划算。

当然，这类养老保险并非一无是处，它还是适合一部分群体的。

1. 高收入人群。你有很多的钱，可以轻松负担每年1万元以上的养老险保费，以及额外必需的健康险、意外险的保费。年保费支出控制在年收入的10%~15%之间。

2. 年轻群体。提早购买此类保险，保费负担相对较轻。另外，如果你的父母没有社会保险，劝你不要盲目花重金购买商业养老保险，很可能出现"保费倒挂"（即所缴保费高于所获保额）的现象。

3. 无法承担投资风险，可以接受稳定收益的人群。就目前来看，养老保险的平均年收益大多为2%~3.5%。购买养老保险的好处是不会有资金亏损的风险，但收益就比较低了。

资料来源：腾讯新闻

思考：

你觉得商业养老保险适合哪些人群？请查阅相关资料，说明商业养老保险有哪些类型以及各自的特点。

项目十二 财产分配与传承规划

【知识目标】
1. 掌握家庭成员权利义务关系的相关知识。
2. 掌握家庭财产分配的相关法律知识。
3. 掌握遗产的界定及遗产分割的原则。

【能力目标】
1. 能够分析财产分配涉及的财产问题。
2. 能够分析遗产规划涉及的财产问题。

任务一 财产分配规划

财产分配规划，是指为了保证家庭财产及收益在家庭成员之间进行合理分配而制订的财务规划。这通常是针对夫妻财产而言的，是对婚姻关系存续期间夫妻双方的财产关系进行的调整。

一、家庭成员关系

要进行财产分配规划，首先要正确界定围绕家庭财产产生的各种关系。

（一）婚姻关系

婚姻是家庭财产关系形成的前提，婚姻是否有效直接影响到婚姻关系双方的财产界定和分配结果。

1. 婚姻关系成立的条件

婚姻关系的成立包括形式要件和实质要件。

（1）形式要件

结婚登记是婚姻成立的形式要件，是婚姻成立的法定程序。《中华人民共和国婚姻法》（以下简称《婚姻法》）第8条规定："要求结婚的男女双方必须亲自到婚姻登记机关进行结婚登记。符合本法规定的，予以登记，发给结婚证。取得结婚证，即确立夫妻关系。未办理结婚登记的，应当补办登记。"

（2）实质要件

这是婚姻关系成立的关键。婚姻成立的实质要件又称为结婚条件，即婚姻当事人双方本身的情况以及双方之间的关系必须符合法律的规定。具体包括：

①结婚必须男女双方完全自愿，不许任何一方对他方加以强迫或任何第三者加以干涉。

②结婚年龄，男不得早于 22 周岁，女不得早于 20 周岁。

③禁止重婚。禁止有配偶者与他人同居。

④禁止直系血亲和三代以内的旁系血亲结婚；禁止患有医学上认为不应当结婚的疾病的人结婚。

2. 婚姻关系成立的时间

婚姻关系成立的时间以批准登记时间为准，是完成登记、颁发结婚证之时。

3. 夫妻关系

夫妻关系分为夫妻人身关系和夫妻财产关系，是基于婚姻关系的建立而产生的。

夫妻人身关系包括夫妻双方地位平等和独立；夫妻姓名权；夫妻人身自由权；夫妻住所选定权。

夫妻财产关系包括以下几点。

（1）夫妻之间有相互扶养义务

即在夫妻关系存续期间，夫妻双方在物质上和生活上互相扶助、互相供养的义务。夫妻相互扶养义务是法定的，具有法律强制性，无论就财产的归属做出怎样的规定，都不能免除扶养义务。夫妻之间的扶养义务是相互的，一方不履行扶养义务时，需要扶养的另一方有权经过调解或诉讼程序，要求对方履行义务。对拒绝履行扶养义务、情节恶劣的，应依法追究刑事责任。各国法律均明确规定，夫妻有相互扶养的义务。

（2）夫妻双方的共同财产所有权

夫妻共同财产，是指夫妻双方或一方在婚姻关系存续期间，除特有财产和双方另有约定之外所得的财产。共同财产包括工资、奖金；生产、经营的收益；知识产权的收益；继承或赠予所得的财产；其他应当归共同所有的财产。

（3）夫妻一方的财产所有权

根据《婚姻法》规定，有下列情形之一的，为夫妻一方的财产：一方的婚前财产；一方因身体受到伤害获得的医疗费、残疾人生活补助费等费用；遗嘱或赠予合同中确定只归夫或妻一方的财产；一方专用的生活用品；其他应当归一方的财产。

（4）夫妻有相互继承遗产的权利

夫妻在婚姻关系存续期间所获得的共同财产，除事先约定的以外，在分割财产时，应当先预提配偶所拥有的双方共同财产的一半，剩余的则为被继承人的遗产，并且夫妻互为第一顺序法定继承人。我国《继承法》第 30 条规定：夫妻一方死亡后，另一方再婚的，有权处分所继承的财产，任何人不得干涉。

【案例】

李某（女）十年前和一位姓赵的老人再婚。她有一个儿子，老伴有一子二女，在他们再婚时都成年了。再婚后，她一直尽心照顾老伴，她和继子女们的关系也一直很好。在此期间，老两口购买了一套 80 平方米的房子。但不久前，老伴因病不治，由此引发了房产纠纷。李某的继子女找到李某，说他们的父亲留有遗嘱，父亲死后，房子归他们所有。继子女还以此为由，要求李某搬出现在住的房子到她自己的儿子处居住，房子由他们继承。

【案例分析】

如果按照法定继承，对于死者的遗产，李某将先分得一半，然后再和其他继承人分剩余的一半。但如果死者生前有遗嘱，并将房产全部赠予他人，这份遗嘱也是部分有效的。因为，这份房产是夫妻共同财产，死者只能处分他所有的部分，而不能将李某拥有的部分赠予他人。因此，李某的继子女要求老人搬出房子，于法无据。

（二）亲子关系

亲子关系是指父母子女关系。在法律上是指父母和子女之间的权利、义务关系。父母和子女是血缘最近的直系血亲，为家庭关系的重要组成部分。

1. 父母子女关系

（1）自然血亲的父母子女关系

这是基于子女出生的法律事实而发生的，其中包括生父母和婚生子女的关系、生父母和非婚生子女的关系。其特点为：自然血亲的父母子女关系，只能因依法送养子女或父母子女一方死亡而终止。在通常情况下，他们之间的相互关系是不允许解除的。

（2）拟制血亲的父母子女关系

这是基于收养或再婚的法律行为以及事实上抚养关系的形成，由法律认可而人为设定的。包括养父母和养子女的关系、继父母和受其抚养教育的继子女的关系。其特点为：拟制血亲的父母子女关系，可因收养的解除或继父（母）与生母（父）离婚及相互抚养关系的变化而终止。

2. 父母和子女之间的权利、义务关系

父母子女关系建立的原因可能不同，但权利义务是相同的。

（1）父母对子女有抚养教育的义务

父母不履行抚养义务时，未成年的或不能独立生活的子女有要求父母付给抚养费的权利。

（2）父母对未成年子女有保护和教育的权利义务

我国《婚姻法》（修正案）第23条规定："父母有保护和教育未成年子女的权利和义务。在未成年子女对国家、集体或他人造成损害时，父母有承担民事责任的义务。"

（3）子女对父母有赡养扶助的义务

我国《婚姻法》（修正案）第21条规定："子女对父母有赡养扶助的义务。子女不履行赡养义务时，无劳动能力的或生活困难的父母，有要求子女付给赡养费的权利。"这一条款说明，父母子女间的权利义务是对等的。父母抚养了子女，对社会和家庭尽到了责任。当父母年老体衰时，子女也应尽赡养扶助父母的义务。

（4）父母子女有相互继承遗产的权利

我国《婚姻法》（修正案）第24条规定："父母和子女有相互继承遗产的权利。"这一权利是基于双方的特定身份而产生的。依照我国继承法，子女和父母互为第一顺序的法定继承人。父母死亡时，子女有继承他们遗产的权利；子女死亡时，父母有继承他们遗产的权利。父母和子女均为独立的继承主体。子女，包括婚生子女、非婚生子女、养子女和有抚养关系的继子女；父母，包括生父母、养父母和有抚养关系的继父母。形成抚养关系的继子女和继父母为拟制直系血亲，继子女继承了继父母遗产的，仍可以继承生父母的遗产。但是，继子女如果已依收养法被继父或继母收养，则不得继承不与其共同生活的生父或生母的遗产了。

（三）兄弟姐妹

兄弟姐妹是血缘关系中最近的旁系血亲。依法律规定，兄弟姐妹在一定条件下，相互负有法定的抚养义务。有负担能力的兄、姐，对于父母已经死亡或父母无力抚养的未成年弟、妹，有抚养义务；有负担能力的兄弟姐妹，对于无劳动能力而且生活困难的兄弟姐妹，应给予经济上的帮助。

（四）祖父母、外祖父母

祖父母、外祖父母是孙子女、外孙子女除父母以外最近的直系亲属。依据有关规定，有负担能力的祖父母、外祖父母，对于父母已经死亡或父母无力抚养、未成年的孙子女、外孙子女，有抚养义务。因此，在一定条件下，祖父母、外祖父母与孙子女或外孙子女具有一定的人身和财产关系。

二、家庭财产

（一）家庭财产的内容

家庭财产既可以是作为生活资料使用的财产，也可以是作为生产资料使用的财产，主要包括以下四个方面。

1. 合法收入

家庭合法收入是指家庭成员通过各种合法途径取得的货币收入与实物收入。如劳动收入、接受继承、赠予、遗赠的收入以及由家庭财产产生的天然孳息和法定孳息等。

2. 不动产

家庭不动产主要指房屋。房屋是家庭生活中的重要财产，可以通过自建、购买、继承、赠予等方式取得房屋所有权。房屋是不动产，按照法律规定，必须依法登记后才能取得完全的法律效力。

3. 金融资产

随着居民家庭收入的不断增加以及金融市场的不断发展，金融资产在家庭财产中占据的份额越来越大，品种也越来越多，主要包括储蓄、债券、保险、基金、股票等。

4. 其他财产

除以上所列资产外，家庭财产中还包括其他一些资产，如家庭所拥有的家电、家具、珠宝首饰、家庭收藏的古董字画等。

（二）家庭财产的属性

1. 夫妻法定财产

夫妻法定财产是指夫妻在婚前或婚后均没有对双方共有的财产做出约定，或者约定不明确时，依照法律的规定直接对夫妻双方的财产所做的划分。一般情况下，夫妻法定财产分为法定共有财产和法定特有财产。

（1）夫妻法定共有财产

夫妻法定共有财产是指夫妻在婚姻关系存续期间所取得的、归夫妻双方共同所有的财产。即在婚姻关系存续期间，除了个人特有财产和夫妻另外有约定的财产外，夫妻双方或一方所得的财产，均归夫妻共同所有。在共同所有还是个人所有不能确定时，推定为共同所有。夫妻法定财产通常有以下几类。

①工资奖金。

②生产、经营的收益。

③知识产权的收益。

④金融资产。

⑤因继承或赠予所得的财产，但遗嘱或赠予合同中确定只归夫或妻一方的财产除外。

⑥其他应当归夫妻共同所有的财产。

（2）夫妻法定特有财产

夫妻法定特有财产又称夫妻个人财产或夫妻保留财产，是夫妻在拥有共有财产的同时，依照法律规定，各自保留的一定范围的个人所有财产。婚姻一方对属于自己的这部分财产可以自由地进行管理、使用、收益和处分，以及承担有关的财产责任等，不需要征得另一方的同意。

法律规定的夫妻个人财产通常有以下几类。

①一方的婚前财产。婚前财产是指夫妻在结婚之前各自所有的财产，包括婚前个人劳动所得财产、继承或受赠的财产以及其他合法财产。婚前财产归各自所有，不属于夫妻共有财产。

②一方因身体受到伤害获得的医疗费、残疾人生活补助费等费用。这里的医疗费、残疾人生活补助费等费用是指与生命健康直接相关的财产。由于这些财产与生命健康关系密切，对于保护个人利益具有重要意义，因此应当专属于个人所有，而不能成为共有财产。这样，有利于维护受害人的合法权益，为受害人能够得到有效治疗、残疾人能够正常生活提供了法律保障。

③遗嘱或赠予合同中确定只归属于夫妻其中一方的财产。因继承或赠予所得的财产，属于夫妻共同财产。但为了尊重遗嘱人或赠予人的个人意愿，体现公民对其财产的自由处分，如果遗嘱人或赠予人在遗嘱或赠与合同中明确指出，该财产只遗赠或赠给夫妻一方，另一方无权享用这些财产，那么，该财产就属于夫妻特有财产，归夫妻一方个人所有。

④一方专用的生活用品。一方专用的生活用品具有专属于个人使用的特点，如个人的衣服、鞋帽等，属于夫妻特有财产，应当作为个人财产处理。

⑤其他应当归一方的财产。这项规定属于概括性规定。夫妻特有财产除前四项外，还包括其他一些财产和财产权利。

一般认为，以下几类也属于夫妻个人所有的财产。

①一方从事自身职业所必需的财产，但价值较大的除外。

②夫妻某一方所获得的奖品。

③具有人身性质的保健费、保险赔偿金等。

④复员、转业军人所得的复员费、转业费、复员军人从部队带回的医药补助费和回乡生产补助费等。

⑤国家资助优秀科学工作者的科研津贴。

⑥一方创作的文稿、手稿、艺术品的设计图、草图等。

⑦劳动关系的补偿金、用人单位发放的再就业补贴、提前退休补贴、吸收劳动力安置费等。随着社会经济的飞速发展、新的财产类型的出现以及个人独立意识的增强，夫妻个人特有财产的范围也必将大幅增加。

夫妻在婚姻关系存续期间，通常以共有财产负担家庭的生活费用，在夫妻共有财产不足以负担家庭生活费用时，夫妻应当以各自的特有财产来分担。

2. 夫妻约定财产

所谓夫妻约定财产制，是指法律允许夫妻用契约、协议的方式对他们在婚前和婚后财产的归属、占有、管理、使用、收益和处分以及对第三人债务的清偿、婚姻解除时财产的分割等事项做出约定，从而排除或部分排除夫妻法定财产制适用的制度。法定财产制是依照法律直接规定而适用的财产制，而约定财产制是夫妻以协议、契约的方式依法选择适用的财产制，其效力要高于法定财产制，只有在当事人未就夫妻财产做出约定，或所做的约定不明确，或所做的约定无效时，才适用夫妻法定财产制。

（1）夫妻财产约定制的三种类型

我国法律规定了夫妻财产约定制的类型：分别财产制、一般共同制和部分共同制。即夫妻可以约定婚姻关系存续期间所得的财产及婚前财产归各自所有、共同所有或部分各自所有、部分共同所有。对于这三种形式，夫妻双方只能选择其中一种进行财产约定。

①分别财产制，是指夫妻双方婚前财产及婚后所得财产全部归各自所有，并且各自行使管理、使用、收益和处分权的夫妻财产制度。夫妻之间对自己的财产行使独立的管理权，如果夫妻一方委托对方管理财产，适用有关委托管理的规定。

②一般共同制。一般共同财产制是指除法律另有规定外，夫妻双方婚姻关系存续期间所得的财产以及婚前财产全部归夫妻共同共有，夫妻双方平等地共同享有财产的所有权的夫妻财产制度。新《婚姻法》第18条规定："有下列情形之一的，为夫妻一方的财产。一方的婚前财产；一方因身体受到伤害获得的医疗费、残疾人生活补助金等费用；遗嘱或赠予合同中确定只归夫或妻一方的财产；一方专用的生活用品；其他应当归一方的财产。"这种制度为大多数人所接受，是中国大部分家庭一直以来所采用的传统方式。

③部分共同制又叫限定共同制，是指当事人双方协商确定一定范围内的财产归夫妻双方共有，共有范围之外的财产均归夫妻各自所有的财产制度。夫妻双方可以约定财产实行部分各自所有、部分共同所有，前提是既不违反法律的禁止性规定，没有损害社会公共利益，也不会损害到第三人的利益。夫妻双方可以在约定实行某种财产制下再以明确表示方式将某部分财产排除在外。在现实社会中，越来越多的年轻人在组建家庭时开始推崇部分共同制，我国现今家庭实行约定财产制的夫妻绝大多数倾向于采用部分共同制。

夫妻双方可以在法律规定的以上三种制度框架内，选择适合的方式来对财产进行约定。只有在夫妻双方对财产没有约定或者约定不明确的情况下，才能按照法律的规定对家庭财产进行界定。

（2）夫妻财产协议的有效要件

一份合法有效的夫妻财产协议才会对财产分配规划产生实质性的影响，夫妻财产协议应符合以下条件。

①夫妻双方具有合法的身份。夫妻财产约定的主体自然是夫妻，夫妻之外的人无权对夫妻财产进行约定，重婚或非法同居双方进行的财产约定不属于夫妻财产约定。

②夫妻双方必须具有完全行为能力，如果不符合这一条，会导致夫妻财产协议无效。

③夫妻对财产的约定是基于其真实的意思表示，如果一方采取欺诈、胁迫等手段迫使另一方违背自己的真实意思签订夫妻财产协议，该协议无效。

④夫妻约定的内容必须合法。夫妻不能利用财产协议来规避法律以损害国家、集体或他人的利益，不能违背社会公共利益。约定的内容不能超出夫妻财产的范围，也不能利用约定逃避对第三人的债务和其他法定义务。

⑤约定一定要采取书面形式。夫妻财产约定属于重大的民事行为，应当采用书面形式，以更好地维护婚姻当事人与第三人的利益。如果没有采用书面形式，一旦发生纠纷就会被认定为没有约定。所谓书面形式包括协议书、信件和数据电文（包括电报、传真和电子邮件）等可以明确地表现所载内容的形式。

（3）约定的内容

对夫妻财产约定的内容，即法律不限制夫妻对财产进行约定的内容，夫妻可以对其财产进行自由约定。可供双方约定的财产范围包括婚姻关系存续期间所得财产，也包括婚前财产；既可以对全部财产的归属进行约定，也可以对部分财产的归属进行约定；可以是财产所有权和债权债务的约定，也可以是对财产使用权、收益权、处分权等某项权利的约定。例如，夫妻双方可以约定，男方收入用于偿还房屋贷款和汽车贷款，女方收入用于购买生活消费品，所有权仍为共同共有。显然，这类约定有利于夫妻合理处理家庭生活支出。

（4）约定的时间

关于夫妻财产约定的时间，目前世界上有两种立法：一是仅限于婚前订立，其理由是，婚后易受到劝诱等感情因素的影响，订立夫妻财产契约对某一方可能不公平。二是无限制，夫妻财产契约可以在结婚前或结婚后缔结。《婚姻法》（修正案）〔2001〕与原《中华人民共和国婚姻法》一样，对夫妻财产约定时间未做规定，根据民事立法的"法无即可以"的原则，这也就等于没有时间限制。根据我国的实际情况，夫妻财产约定已有生效条件要求上的限制，为尊重当事人的意愿，满足实际生活多样化需要，在缔约时间上没必要再作更多的限制。只要是当事人双方的真实意思表示，可以婚前或婚后任何阶段进行约定。

（5）约定的效力

约定的效力分为对内效力（指夫妻之间）和对外效力（指对第三人）。

夫妻之间的财产约定对夫妻双方均具有约束力，也就是说一旦达成协议，夫妻双方必须遵守夫妻财产约定的内容，根据其约定的内容来确定夫妻财产的所有权。对约定财产享有所有权的一方可以自由处分归其所有的财产，而对方要尊重该方对财产的所有权，不能擅自处理不属于自己的财产。

中国没有建立夫妻财产登记制度，而是采取"第三人明知"为对外生效依据。第三人明知的举证责任由婚姻当事人承担，若当事人不能举证证明，则财产约定对第三人不产生效力，夫妻一方对第三人的债务，按照法定财产制下的清偿原则偿还。

【案例】

林某（男）与王某结婚后，林某向朋友秦某借款5万元，开始做饭店生意。2016年，林某的经营处于亏损状态。王某担心风险太大，于2017年1月与丈夫约定，林某的生意与家庭无关。家庭的共同存款8万元全由王某掌握。之后，秦某多次上门催林某还款，但林某都说无力偿还。后秦某听说王某有8万元存款，因此再度提出还款一事。但林某告知秦某自己与妻子有约定，自己的经营与妻子无关。秦某在协议无望的情况下诉至法院，要求林某夫妻以共同财产承担还款责任。

【案例分析】
夫妻就财产关系进行约定后，即对双方当事人及第三人发生法律约束力。首先，对夫妻双方发生法律约束力，这是对内效力。其次，根据公平原则，为保护第三人的利益和维护交易安全，夫妻财产约定须为第三人所明知或经公证的，才能发生对外效力。即第三人知道夫妻财产各自所有的约定，该约定对第三人具有法律效力。如果第三人对夫妻财产的约定不知情，该约定的效力不能及于第三人。即债务不能由夫妻一方承担，而是由双方承担。本案中林某与王某的财产约定从表面上符合法律规定，但为规避经营中的风险，进行了财产约定，显然对第三人即债权人秦某是极不公平的。因此，这一财产约定对秦某不具有法律效力。根据有关规定，林某所欠债务，应以其家庭财产承担清偿责任。

（三）夫妻债务

夫妻债务是影响夫妻财产分配的一个因素，直接影响夫妻实际待分配财产的总额。

夫妻债务是指夫妻双方因婚姻共同生活及在婚姻关系存续期间所负的债务。一般包括夫妻在婚姻关系存续期间为维持共同生活需要和出于共同目的从事经营活动所负的债务。夫妻债务包括夫妻个人债务和夫妻共同债务。

1. 夫妻个人债务

夫妻个人债务是指夫妻约定为个人负担的债务，或者一方从事无关家庭共同生活的经营时所产生的债务。主要包括以下几种。

①夫妻各自的婚前债务。如夫妻一方或双方为购置财产负担的债务，该项财产没有用于婚后共同生活的，应当认定为个人债务。

②双方约定由个人负担的债务，但以逃债为目的的除外。夫妻双方将本属共同生活所负的债务，约定由一方负担的，可以视为夫妻个人债务。这种约定原则上不对债权人产生对抗效力，除非债权人事先知道该约定或者事后追认该约定。

③夫妻一方因个人不合理的开支所负债务。如酗酒，一方瞒着对方借钱参加高消费的文化娱乐活动，或为个人购置贵重生活用品等。

④遗嘱或赠予合同中确定只归夫或妻一方的财产为一方个人财产，附随这份遗嘱或赠予合同而来的债务也应由接受遗嘱或赠予的一方单独承担，他方无清偿责任。

⑤夫妻一方未经对方同意，擅自资助没有扶养义务的人所负担的债务。

⑥夫妻一方未经对方同意，独自筹资从事生产或者经营活动所负债务，且其收入确未用于共同生活的。

⑦其他依法应由个人承担的债务。包括夫妻一方实施违法犯罪行为（如赌博、吸毒）、侵权行为所负的债务。

2. 夫妻共同债务

共同债务必须具备两个特征：一是为了共同生活所负债，二是为履行法定义务所负债。主要包括以下几种。

①夫妻为家庭共同生活所负的债务。如购置共同生活用品所负债务，购买、装修共同居

住的住房所负的债务，为支付一方医疗费用所负的债务。

②夫妻共同从事生产、经营活动所负的债务。

③履行法定赡养义务所负的债务。

④夫妻一方或双方的教育培训、治疗疾病所负的债务。

⑤为支付正当必要的社会交往所负的债务。

⑥夫妻一方或双方为履行法定扶养义务所负的债务。

⑦夫妻协议约定为共同债务的债务。

3. 夫妻债务的认定

夫妻的债务认定包括以下几点。

①一方在婚姻关系存续期间对外举债的，如果夫妻双方对此无异议，认定为夫妻共同债务。

②一方对此有异议并能证明此债务为另一方与债权人的个人债务的，则为个人债务而非夫妻共同债务。

③一方有异议但无证据证明为另一方的个人债务时，另一方应当证明举债的原因。如果能证明是为了夫妻共同生活或为履行抚养义务、赡养义务所负债务的，认定为夫妻共同债务；如果不能证明的认定为夫妻个人债务。

4. 夫妻债务的清偿

夫妻债务的清偿包括以下几种。

（1）共同债务的清偿

《婚姻法》第 41 条规定：离婚时，原为夫妻共同生活所负的债务，应当共同清偿。

所谓"夫妻共同生活所负的债务"，是指在婚姻关系存续期间，夫妻双方为共同生活，履行抚养、赡养义务，为生产经营等的需要而负的债务。共同生活所负的债务，应当以夫妻共同财产清偿。

在夫妻关系存续期间所负的债务，应当用共同财产清偿。在离婚分割共同财产时，应首先清偿共同债务，清偿后的余额由夫妻双方协商分割。如果共同财产不足以清偿，应在离婚时协商确定清偿责任。如果协商分割不成或协商确定清偿责任不成，可诉请人民法院判决。

在婚姻关系存续期间，夫妻双方如无特别约定，则适用法定的所得共有制。夫妻对共同债务都有清偿的责任，而且是一种连带责任。因此，共同财产不足偿还的，需要用夫妻的个人财产偿还。对于这种连带清偿责任，不经债权人同意，债务人之间无权自行改变其性质，对债权人而言显然有利。

如果夫妻双方约定在婚姻关系存续期间所得的财产归各自所有，此种情况下，夫妻并无共同财产，夫妻应以各自的个人财产对夫妻共同债务负无限连带责任。对此，《婚姻法》第 41 条第 1 项有明文规定。但是，第三人知道夫妻双方由此约定的除外，夫或妻一方应该就"第三人知道"负举证责任。

（2）个人债务的清偿

对于一方婚前个人债务或夫妻关系存续期间所负的个人债务，其处理原则为：无论是婚姻关系存续期间还是离婚后，或者是负债的一方失踪、死亡的，均只能由其个人财产负责偿还，双方约定用夫妻共同财产偿还的除外。个人财产不足以清偿的，不能够要求用夫妻共同财产偿还，或者要求分割夫妻共同财产后用一方的个人财产偿还。

《婚姻法》第19条规定：夫妻在婚姻关系存续期间所得的财产约定归各自所有，夫妻一方对外所负的债务，第三人知道该约定的，以夫或妻一方所有的财产清偿。

（四）共有财产的分割原则和方法

离婚不仅解除了夫妻间的身份关系，也终止了夫妻间的财产关系。因此，夫妻在离婚时，往往伴随着夫妻财产分割问题。夫妻离婚时，夫妻财产的分割主要是指对夫妻的共同财产进行分割。在夫妻财产的分割中，确定夫妻共同财产的范围以及如何分割夫妻财产是其中的关键问题。

1. 分割原则

为避免纠纷，减少矛盾，使分割顺利进行，在分割共有财产时，需要坚持以下原则。

（1）分割共有财产应遵守法律的规定

不能把属于国家、集体的财产，以及隐匿的赃款、赃物当成共有财产分割。分割房屋要依法办理过户登记手续。法律对共有财产的规定并不明确，基本上只是定义性的规定。因此，在分割共有财产时，需要特别注意遵守其他法律的相关规定。分割夫妻共有财产需要遵守《中华人民共和国婚姻法》的有关规定。这些法律、制度对有关共有财产的分割问题都有比较具体的规定。

（2）分割共有财产应充分贯彻平等协商、和睦团结的精神

共有财产的分割直接涉及各共有人的物质利益，容易引起纠纷，影响团结，因此在分割共有财产时，对有争议的问题就要本着平等协商、和睦团结的原则来处理。各共有人对共有财产的分割的范围、期限、方式以及分配方法等，都可通过协商决定。共有关系终止时，共有人对共有财产的分割没有达成协议的，应当根据等分原则处理，并应考虑共有人对共有财产的贡献大小，适当照顾共有人生产、生活的实际需要等情况。在按份共有中，按份共有人就共有财产的分割不能取得一致意见的，可以由多数共有人和持有半数以上份额的共有人决定。

（3）分割共有财产应遵守合同的规定

分割共有财产应遵守合同的规定，如果共有人之间事先订立合同，明确规定了共有财产的分割方式，则各共有人应依合同的规定分割共有财产。按份共有的共有人对其共有关系通常都有约定，否则就难以区分共有关系。

遵守约定与遵守法律规定的关系是，有约定的应先遵守其约定，当然前提是约定合法有效；对于没有明确约定的事项才遵守法律的有关规定。

2. 共有财产的分割方法

对共有财产的分割可以根据当事人的要求及财产的性质，以下述三种方式分割。

（1）实物分割

对于共有财产的分割，在不影响共有财产的使用价值和特定用途时，可对共有财产采取实物分割的方式。可以进行实物分割的共有物一般是可分物，例如金钱、粮食、布匹等。当共有财产是一项由多个物组成的集合财产时，即使其中的物是不可分物，也可以在估定各自的价值后，采取适当搭配的方法进行实物分割。实物分割是分割共有财产的基本方法。除非共有财产是一个不可分割的物（比如一辆车），在其他情况下均有办法进行实物分割。分割共有财产的通常做法是先进行实物分割，对剩余的无法进行实物分割处理的财产，再用其他方法处理。

（2）变价分割

变价分割是将共有财产出卖,换成货币,然后由共有人分割货币。共有财产如果不能分割或分割有损其价值,而且各共有人都不愿接受共有物,可以将共有物出卖,所得由各共有人共分。另外,如果共有财产是一套从事某种生产经营活动的集合财产(如合资兴办的一间工厂),要将共有财产整体拍卖后再分割资金。

(3) 作价补偿

作价是指估定物的价格。对于不可分割的共有物,例如一辆汽车,共有人中的一人愿意取得共有物的,可以由该共有人取得该共有物。对于共有物的价值超出其应得份额的部分,取得共有物的共有人应对其他共有人作金钱补偿。一般来说,在共有财产分割中,只要有的共有人希望取得实物,有的共有人不希望取得实物,不管共有财产是否可分,经大家协商之后,都可以采取折价补偿的办法分割共有财产。

任务二 财产传承规划

财产传承规划是指当事人在其健在的时候通过选择遗产管理工具和制定遗产分配方案,将拥有或控制的各种遗产或负债进行安排,确保在自己去世或丧失行为能力时能够实现家庭财产的代际相传或安全让渡等特定目标。

一、认知财产传承

(一) 财产传承规划的重要性

1. 个人财产逐步积累

贝恩公司和招商银行联合发布的《2017 中国私人财富报告》显示,2016 年中国个人可投资资产1 000万元以上的高净值人群规模已达到158 万人,在经济 L 型运行的背景下,中国私人财富市场继续保持高速增长。2016 年,中国个人持有的可投资资产总体规模达到165 万亿人民币,2014—2016 年年均复合增长率达到21%;2017 年年底,可投资资产总体规模达 188 万亿元人民币。2016 年,中国高净值人群人均持有可投资资产约3 100万元人民币,共持有可投资资产49 万亿元人民币;2017 年底,高净值人群持有的可投资资产规模将达58 万亿元人民币。

近年来,保证财富安全、财富传承和子女教育一直作为高净值人群最关注的财富目标,创造更多财富则被挤出前三位。

2. 遗产继承纠纷频发

从西方国家经验来看,为财产传承提前订立遗嘱是一件很普遍的事。但中国传统文化认为,事先写遗嘱不吉利。受此观念影响,很多中国人突然离世,生前未对遗产做出安排,亲属之间可能会因财产继承出现纠纷,甚至对簿公堂。

3. 财产分配范围广,形式多

随着个人财产的增加,个人拥有的有待传承的财产种类越来越多,财产形式除了现金、银行存款和房产外,还有股票、债券、基金、信托、保险等形式。这些财产的处置和传承,需要事先充分的考虑和规划。

(二) 财产传承的主要方式

现阶段最常用的财产传承方式包括遗产继承、家族信托、人寿保险等。

二、财产传承之遗产继承

(一) 遗产的界定范围

遗产指被继承人死亡时遗留的个人所有财产和法律规定可以继承的其他财产权益,包括积极遗产和消极遗产。积极遗产指死者生前个人享有的财物和可以继承的其他合法权益,如债权和著作权中的财产权益等。消极遗产指死者生前所欠的个人债务。

1. 遗产的特征

(1) 范围限定性

遗产必须是公民个人所有的财产,他人的财产不能作为遗产。遗产不能是人身权,如姓名权、肖像权。有些财产依其人身专属性不具有可继承性,因此不得继承。如养老保险金请求权,被保险人死亡后则该种权利归于消灭。

(2) 合法性

公民死亡时遗留的财产必须是合法所有财产才可继承。如非法所得、非法侵占他人的财产,不能作为遗产继承。这里的所有是广义上的所有,既包括作为物权的所有权和其他物权,又包括死者生前享有的债权,还包括知识产权、股权等各种复合权中的财产权利部分。

(3) 时间的特定性

必须是公民死亡时遗留的财产。遗产在法律上具有时间的特定性,只有在公民死亡时至遗产分割完毕前的这一特定时间内,生前遗留的财产才能被称为遗产。

(4) 权利义务的对称性

继承人在继承遗产的同时也要以所继承的财产为限承担被继承人生前的债。同理,如果继承人放弃继承权,则清偿被继承人生前债务的义务自动解除。

2. 遗产的内容

①公民的合法收入。如工资、奖金、存款利息、从事合法经营的收入、继承或接受赠予所得的财产。

②公民的房屋、储蓄、生活用品。

③公民的树木、牲畜和家禽。树木,主要指公民在宅基地上自种的树木和自留山上种的树木。

④公民的文物、图书资料。公民的文物一般指公民自己收藏的书画、古玩、艺术品等。如果上述文物之中有特别珍贵的文物,应按《中华人民共和国文物保护法》的有关规定处理。

⑤法律允许公民个人所有的生产资料。如农村承包专业户的汽车、拖拉机、加工机具等。城市个体经营者、华侨和港澳台同胞在内地投资所拥有的各类生产资料。

⑥公民的著作权、专利权中的财产权利,即基于公民的著作被出版而获得的稿费、奖金,或者因发明被利用而取得的专利转让费和专利使用费等。

⑦公民的其他合法财产,如公民的国库券、债券、股票等有价证券,复员、转业军人的复员费、转业费,公民的离退休金、养老金等。

概括地说,在我国,遗产主要有三个方面:财产所有权,包括公民拥有所有权的各类动产和不动产;债权;知识产权中的财产权,包括专利权、商标权、著作权当中的财产权部分。

3. 遗产分配原则

（1）遗嘱优先于法律规定的原则

从效力上说，法定继承的效力低于遗嘱继承，遗嘱的效力优先于法定继承。《继承法》第5条规定："继承开始后，按照法定继承办理；有遗嘱的，按照遗嘱继承或者办理；有遗赠扶养协议的，按照协议办理。"

虽有遗嘱，但遗产中的有关部分按照法定继承办理。《继承法》第27条规定，有下列情形之一的，遗产中的有关部分按照法定继承办理。

①遗嘱继承人放弃继承或者受遗赠人放弃受遗赠的。
②遗嘱继承人丧失继承权的。
③遗嘱继承人、受遗赠人先于遗嘱人死亡的。
④遗嘱无效部分所涉及的遗产。
⑤遗嘱未处分的遗产。

（2）法定继承中实行优先顺位继承的原则

《继承法》第10条规定，遗产按照下列顺序继承：

第一顺序：配偶、子女、父母。第二顺序：兄弟姐妹、祖父母、外祖父母。

继承开始后，由第一顺序继承人继承，第二顺序继承人不继承。没有第一顺序继承人继承的，由第二顺序继承人继承。

（3）同一顺序继承人原则上实行平均分配的原则

《继承法》第13条第一款规定，同一顺序继承人继承遗产的份额，一般应当均等。

（4）照顾分配的原则

《继承法》第13条第二款规定，对生活有特殊困难的缺乏劳动能力的继承人，分配遗产时，应当予以照顾。生活有特殊困难和缺乏劳动能力，两个条件缺一不可。

（5）鼓励家庭成员及社会成员间的扶助的原则

《继承法》第12条规定，丧偶儿媳对公、婆，丧偶女婿对岳父、岳母，尽了主要赡养义务的，作为第一顺序继承人；第13条规定，对被继承人尽了主要扶养义务或者与被继承人共同生活的继承人，分配遗产时，可以多分。有扶养能力和有扶养条件的继承人，不尽扶养义务的，分配遗产时，应当不分或者少分。继承人协商同意的，也可以不均等。第14条规定，对继承人以外的依靠被继承人扶养的缺乏劳动能力又没有生活来源的人，或者继承人以外的对被继承人扶养较多的人，可以分给他们适当的遗产。

（二）法定继承

1. 法定继承的含义

法定继承又称无遗嘱继承、非遗嘱继承，是指在被继承人没有对其遗产立有遗嘱的情况下，由全体继承人按照《继承法》规定的继承人的范围、继承顺序、遗产分配的原则继承遗产的一种继承形式。

《继承法》第27条规定，有下列情形之一的，遗产中的有关部分按照法定继承办理。

①遗嘱继承人放弃继承或者受遗赠人放弃受遗赠的。
②遗嘱继承人丧失继承权的。
③遗嘱继承人、受遗赠人先于遗嘱人死亡的。
④遗嘱无效部分所涉及的遗产。

⑤遗嘱未处分的遗产。

2. 法定继承人

法定继承人是指按法律规定有资格继承遗产的人。

3. 法定继承顺序

法定继承顺序是指法定继承人继承遗产的先后次序。我国法定继承分为两个顺序。第一顺序：配偶、子女、父母。第二顺序：兄弟姐妹、祖父母、外祖父母。

《继承法》所指子女，包括婚生子女、非婚生子女、养子女和有抚养关系的继子女。《继承法》所指兄弟姐妹，包括同父母的兄弟姐妹、同父异母或同母异父的兄弟姐妹、养兄弟姐妹、有扶养关系的继兄弟姐妹。同一顺序中的继承人的权利是相等的。继承开始后，由第一顺序继承人继承，第二顺序继承人不继承；如果没有第一顺序继承人继承的，则由第二顺序继承人继承。法律规定，丧偶儿媳对公婆，丧偶女婿对岳父岳母，尽了主要赡养义务的，作为第一顺序继承人。

4. 法定继承的遗产分配原则

①分割遗产，应当先将夫妻共同所有的财产的一半分出为配偶所有，其余的份额作为被继承人的遗产。

②同一顺序继承人继承遗产的份额，一般应当均等。

③遗产分割时，应当保留胎儿的继承份额。

④下述几种情况下，分配遗产份额上可以不均等。

对生活有特殊困难的缺乏劳动能力的继承人，分配遗产时，应当予以照顾。

对被继承人尽了主要抚养义务或者与被继承人共同生活的继承人，分配遗产时，可以多分。

有抚养能力和有抚养条件的继承人，不尽抚养义务的，分配遗产时，应当不分或者少分。

继承人协商同意的，也可以不均等。

（三）遗嘱继承

遗嘱是遗嘱人在法律允许的范围内按照自己的意愿处分自己财产和安排与此有关的其他事务，并于遗嘱人死后发生法律效力的声明。

遗嘱继承（指定继承），是与法定继承相对的，继承人按照被继承人生前所立的合法有效的遗嘱进行继承的继承方式。其中，依照遗嘱的指定享有遗嘱继承权的人为遗嘱继承人，生前设立遗嘱的被继承人称为遗嘱人或立遗嘱人。

1. 遗嘱的形式

按照我国《继承法》第17条的规定，遗嘱必须符合下列五种形式之一，方为有效。

（1）公证遗嘱

公证遗嘱，是指遗嘱人生前订立并经公证机关公证的遗嘱。遗嘱人可以在法律允许的范围内，按照法律规定的方式对其遗产或其他事务做出个人处分，并于遗嘱人死亡时发生效力，这种处分行为就是遗嘱。遗嘱的方式中以公证遗嘱的证明力最高。

公证遗嘱的具体内容包括：第一，遗嘱人的姓名、性别、出生日期、住址；第二，遗嘱处分的财产状况（名称、数量、所在地点以及是否共有、抵押等）；第三，对财产的具体处理意见；第四，有遗嘱执行人的，应当写明执行人的姓名、性别、年龄、住址等；第五，遗嘱制作的日期以及遗嘱人的签名或盖章。

公证遗嘱的程序：第一，遗嘱人须亲自申请办理公证；第二，遗嘱人须在公证人面前亲自书写遗嘱或者口授遗嘱；第三，公证人须依法做出公证，出具《遗嘱公证证明书》。

公证书由公证机关和遗嘱人分别保存，公证人员在遗嘱开启前，有为遗嘱人保守秘密的义务。

（2）自书遗嘱

指遗嘱人亲笔书写的遗嘱。自书遗嘱必须由遗嘱人亲笔书写遗嘱的全部内容，遗嘱人在上面签名，并注明年、月、日。自书遗嘱不能由他人代笔，也不能打印。这种遗嘱设立形式简便易行，具有较强的保密性，是比较常用的遗嘱形式。

（3）代书遗嘱

代书遗嘱是指遗嘱人自己不能书写遗嘱或者不愿亲笔书写，可由他人代笔书写制作遗嘱。代书遗嘱须符合以下要求才有效：代书遗嘱须由遗嘱人口授遗嘱内容，由他人代书；代书遗嘱须有两个以上的见证人（代书人也可以为见证人）在场见证；代书人、其他见证人和遗嘱人在遗嘱上签名并注明年、月、日。

（4）录音遗嘱

录音遗嘱指用录音磁带、录像磁带记载遗嘱内容的遗嘱。录音遗嘱须符合以下要求方有效：磁带中所录制的须是遗嘱人口述的遗嘱内容；须由两个以上见证人见证，见证人的见证证明也应当录制在录制遗嘱的音像磁带上。录音遗嘱设立后，应将录制遗嘱的磁带封存，并由见证人共同签名，注明年、月、日。录音遗嘱比口头遗嘱更为可靠，且取证方便，不须他人的复述。但是，录音带、录像带也容易被剪辑、伪造。

（5）口头遗嘱

口头遗嘱指立遗嘱人仅有口头表述而没有其他方式记载的遗嘱。口头遗嘱必须符合以下条件才有效。

①只有在不能以其他方式设立遗嘱的危急情况下才可以立口头遗嘱。所谓危急情况，一般指遗嘱人生命垂危或者处于战争中或遭遇意外灾害，随时都有生命危险，来不及或无条件设立其他形式遗嘱的情况；危急情况解除后，遗嘱人能够用书面或者录音形式设立其他形式遗嘱的，所立的口头遗嘱无效。

②须有两个以上的见证人在场见证。

《继承法》第20条规定，遗嘱人可以撤销、变更自己所立的遗嘱。立有数份遗嘱，内容相抵触的，以最后的遗嘱为准。自书、代书、录音、口头遗嘱，不得撤销、变更公证遗嘱。

2. 遗嘱见证人

（1）遗嘱见证人应具备的条件

遗嘱见证人应当具备以下条件：具有完全民事行为能力的人；与继承人、遗嘱人没有利害关系。

《继承法》第18条规定，下列人员不能作为遗嘱见证人。

第一，无行为能力人、限制行为能力人。无民事行为能力人、限制民事行为能力人包括未成年人和精神病人。见证人是否具有民事行为能力，应当以遗嘱见证时为准。

第二，继承人、受遗赠人。遗嘱对于遗产的处分直接影响着继承人、受遗赠人对遗产享有的权利，与遗嘱有着直接的利害关系，由他们做见证人难以保证其证明的客观性、真实性。

第三，与继承人、受遗赠人有利害关系的人。继承人，受遗赠人的债权人、债务人、共同经营的合伙人，也应当视为与继承人、受遗赠人有利害关系，不能作为见证人。

遗嘱见证人身份的取得，应当由遗嘱人指定。未经指定，即使出现在设立遗嘱的现场、能够证明遗嘱内容真实性的人，也不是遗嘱见证人，其见证也是无效的。正是因为遗嘱见证人身份的取得是基于遗嘱人的信任和特别指定，其能否做见证人取决于遗嘱人的意思表示。当然，是否做见证人属于见证人意思自治的范围，见证人可以接受遗嘱人要求其见证的请求，也有权拒绝。

3. 遗嘱的内容

遗嘱的内容是遗嘱人在遗嘱中表示出来的对自己财产处分的意思，是遗嘱人对遗产及相关事项的处置和安排。为便于执行，遗嘱的内容应当明确、具体，一般包括以下几方面。

①指定遗产继承人或者受遗赠人。
②说明遗产的分配办法或份额。
③对遗嘱继承人或受遗赠人附加的义务。
④再指定继承人。
⑤指定遗嘱执行人。

三、财产传承之家族信托

（一）家族信托的含义

家族信托是一种信托机构受个人或家族的委托，代为管理、处置家庭财产的财产管理方式，以实现富人的财富规划及传承目标。家族信托，资产的所有权与收益权相分离，富人一旦把资产委托给信托公司打理，该资产的所有权就不再归他本人，但相应的收益依然根据他的意愿收取和分配。富人如果离婚分家产、意外死亡或被人追债，这笔钱都将独立存在，不受影响。家族信托能够更好地帮助高净值人群规划"财富传承"，也逐渐被中国富豪认可。

（二）家族信托的要素

1. 委托人

委托人是信托的创立者，可以是自然人，也可以是法人。委托人提供财产、指定和监督受托人管理和运用财产。家族信托的委托人一般都是自然人。

2. 受托人

受托人承担管理、处理信托财产的责任。受托人根据信托合同为受益人的利益管理"信托资产"，具体包括信托资产的管理、行政及分配等。受托人必须对信托相关资料保密，履行职责义务，遵照相关法律，为受益人的最大利益服务。一般受托人都由独立的信托公司担当，在境外也可以是家族成员自己成立的私人信托公司。

3. 受益人

由委托人指定，根据委托人意愿获得相关资金或收益的分配。委托人在某些条件下，也可成为受益人。在家族信托中，受益人一般都是委托人的家族成员。

4. 监察人

为了使家族信托更好地按照委托人的意愿执行，家族信托的委托人可以指定信得过的人作为家族信托的监察人。监察人被委托人赋予各种权利，如更改或监管受益人等。监察人可以是律师、会计师、第三方机构等。

5. 投资顾问

根据信托财产的类别，家族信托可以聘请不同的投资顾问打理信托财产，使信托财产保值增值。投资顾问可以是银行、资产管理公司等。

6. 信托财产范畴

家族信托中可持有的财产没有限制。只要该信托财产的所有权能够被转移，持有的资产是现金、金融资产、房产、保单、股票、家族企业的股权、基金、版权和专利等。由于目前中国法律的一些界定问题以及缺乏全国范围内的房地产资产管理合作伙伴，不少金融机构目前纳入家族信托的资产还只限于金融资产。

7. 家族信托设立地点

家族信托设立的地点非常重要，可以设立在境内，也可以设立在境外。目前国内家族信托由于信托财产登记制度的原因，能接受的信托财产类别非常少，所以实际操作过程，一般都将家族信托设立在境外，比如全球著名的避税圣地：开曼群岛、中国香港、英属维尔京群岛等。委托人必须先清楚设立地点的相关法律法规后，再选择最符合自己利益的地点。

项目小结

随着个人财产的增加，个人及家庭涉及的财产纠纷和遗产纠纷越来越多。通过本项目的学习，应掌握家庭成员权利义务关系的相关知识，掌握遗产的界定及遗产分割的原则。

本章习题

一、单项选择题

1. 下列情形不属于无效婚姻的有（　　）。

   A. 甲男和乙女未到法定婚龄而结婚的
   B. 甲男婚前患有医学上认为不应当结婚的疾病，婚后未治愈
   C. 甲男乙女是表兄妹而结婚
   D. 乙女因受家庭强迫与甲男结婚

2. 遗嘱的生效条件是（　　）。

   A. 立遗嘱人死亡
   B. 有立遗嘱人的亲笔签名
   C. 立遗嘱人必须指定合法继承人
   D. 立遗嘱人必须指定可以被合法继承的财产

3. 下列说法正确的有（　　）。

   A. 养子女可以继承生父母的遗产，也可以继承养父母的遗产
   B. 继子女可以继承生父母的遗产，也可以继承有抚养关系的继父母的遗产

C. 非婚生子女不享有继承父母的遗产的权利

D. 丧偶儿媳或女婿一旦再婚，即失去对公婆或岳父母遗产的继承权

4. 刘先生于2016年设立一份自书遗嘱，2017年设立一份公证遗嘱，2018年又设立了口头遗嘱。三份遗嘱均形式有效，但内容冲突。2019年2月刘先生病逝，遗产应按（　　）处理。

A. 自书遗嘱　　　　B. 公证遗嘱　　　　C. 口头遗嘱　　　　D. 法定继承

二、判断题

1. 我国遗产继承的方式有法定继承、遗嘱继承等方式，法定继承优先于遗嘱继承。（　　）
2. 生父母对其非婚生子女不享有继承权。（　　）
3. 夫妻之间有相互扶养义务，而且夫妻双方对共同财产拥有平等处分权。（　　）
5. 夫妻财产约定可以采用口头形式，也可以采用书面形式。（　　）
6. 婚后一方取得的知识产权权利及通过知识产权取得的经济利益均属于夫妻共同财产。（　　）
7. 立有数份遗嘱、内容相抵触的，以最后的遗嘱为准。（　　）
8. 遗嘱人可以在遗嘱中对遗嘱继承人、受遗赠人附加一定的义务。（　　）

三、案例分析题

【案例1】小方的父母协议离婚，小方归母亲抚养。有一天小方将同学打伤，须赔偿医药费2万元，小方的母亲因生活困难，只能负担8 000元医药费，于是小方母亲要求小方的父亲支付其余的赔偿款，但遭到小方父亲的拒绝。

思考：

1. 小方的父亲是否应该负担医药费赔偿款？为什么？
2. 如果小方的父亲应该负担赔偿款，负担的比例是多少？为什么？

【案例2】任飞和曹甜于2012年相识并于2013年4月1日登记结婚。2011年，任飞首付40万元，贷款购买了一套价值120万元的房子，婚后共同偿还房屋贷款30万元。2014年，曹甜分得父亲遗产30万元。2012年，任飞出版小说一部，2013年6月获得稿酬收入46万元。2014年，曹甜遭遇车祸，获得保险赔偿金25万元。2016年，任飞和曹甜由于性格不合而分居，2017年，二人起诉离婚。

请根据案例所提供的信息，对家庭财产进行分配。

【案例】刘大爷有三个孩子，儿子和小女儿在外地，大女儿在身边，自己跟着大女儿生活。2017年刘大爷病重住院，大女儿和女婿一直照料，直至刘大爷出院。刘大爷住院期间，儿子一直未来探望，小女儿出差时来医院探望。刘大爷病重时决定将自己名下的房产留给大女儿。由于无法亲笔写字，刘大爷口头表述了自己的意愿。大女儿、女婿、小女儿在场，表示同意刘大爷的想法。后刘大爷病好出院，由大女儿代为书写遗嘱，刘大爷签字，其他人不在现场。2018年4月，刘大爷病逝。进行遗产分割时，儿子对房产的处理提出异议。

思考：

1. 分析刘大爷两份遗嘱的有效性。
2. 房产继承应如何分割？

参考文献

[1] 万思杻. 理财规划实训教程 [M]. 成都：西南财经大学出版社，2018.
[2] 闻定军. 理财规划实务 [M]. 北京：清华大学出版社，2013.
[3] 孙黎. 个人理财实务（第2版）[M]. 北京：中国人民大学出版社，2015.
[4] 刘标胜，吴宗金. 个人理财实务 [M]. 北京：中国人民大学出版社，2017.
[5] 中国证券业协会. 证券投资分析 [M]. 北京：中国金融出版社，2012.
[6] 张玲，成康康，高阳. 个人理财规划实务 [M]. 北京：中国人民大学出版社，2018.
[7] 李鸿，朱长福. 理财经理基础与实务 [M]. 北京：机械工业出版社，2018.
[8] 曹文芳，付慧莲. 个人理财规划 [M]. 北京：中国轻工业出版社，2017.
[9] 高泽金，郑兴. 个人理财实务（第2版）[M]. 大连：东北财经大学出版社，2018.
[10] 张红兵，李炜. 个人理财理论与实务（第2版）[M]. 北京：中国人民大学出版社，2018.
[11] 银行业专业人员职业资格考试办公室. 个人理财（银行业职业资格考试辅导教材）[M]. 北京：中国金融出版社。
[12] 林强. 互联网金融教程 [M]. 北京：中国人民大学出版社，2017.
[13] 罗瑞琼. 个人理财 [M]. 北京：中国金融出版社，2014.
[14] 宋晓薇，黄良杰. 个人理财 [M]. 北京：清华大学出版社，2014.
[15] 周伟. 金融理财 [M]. 北京：清华大学出版社，2006.